南方集体林区依法行政与经济转型耦合发展研究

韩俊英 ◎ 著

中国财经出版传媒集团

经济科学出版社
Economic Science Press

·北京·

图书在版编目（CIP）数据

南方集体林区依法行政与经济转型耦合发展研究/
韩俊英著．－－北京：经济科学出版社，2023.10
ISBN 978 - 7 - 5218 - 5155 - 7

Ⅰ.①南…　Ⅱ.①韩…　Ⅲ.①集体林－行政执法－关
系－转型经济－研究－中国　Ⅳ.①F326.2

中国国家版本馆 CIP 数据核字（2023）第 180363 号

责任编辑：周国强
责任校对：刘　昕
责任印制：张佳裕

南方集体林区依法行政与经济转型耦合发展研究

NANFANG JITI LINQU YIFA XINGZHENG YU JINGJI ZHUANXING

OUHE FAZHAN YANJIU

韩俊英　著

经济科学出版社出版、发行　新华书店经销

社址：北京市海淀区阜成路甲 28 号　邮编：100142

总编部电话：010 - 88191217　发行部电话：010 - 88191522

网址：www. esp. com. cn

电子邮箱：esp@ esp. com. cn

天猫网店：经济科学出版社旗舰店

网址：http://jjkxcbs. tmall. com

固安华明印业有限公司印装

710 × 1000　16 开　17 印张　280000 字

2023 年 10 月第 1 版　2023 年 10 月第 1 次印刷

ISBN 978 - 7 - 5218 - 5155 - 7　定价：98.00 元

（图书出现印装问题，本社负责调换。电话：010 - 88191545）

（版权所有　侵权必究　打击盗版　举报热线：010 - 88191661

QQ：2242791300　营销中心电话：010 - 88191537

电子邮箱：dbts@ esp. com. cn）

　　南方集体林区作为我国传统的三大林区之一，同时作为我国集体林区制度改革推行的试点区域，在全国率先基本完成了集体林权制度改革，在我国森林资源与林业经济发展中具有重要地位。集体林权制度改革基本完成后，南方集体林区经过多年的经济发展，经济社会发生了根本性的变化，同时也面临着许多新的问题，各种新的社会矛盾不断凸显，特别是行政主体与经营主体在追求生态效益与经济效益平衡上的矛盾日渐成为影响南方集体林区林业经济持续发展的重要问题。本书以南方集体林区依法行政与经济转型的耦合发展为研究对象，在依法行政与经济转型的耦合系统中，依法行政子系统与经济转型子系统以政府职能的有效转变为媒介促进要素间的相互影响与相互作用，厘清二者之间的相互作用机理，对于有效辨识南方集体林区行政主体与经营主体之间的利益诉求与内生关系，有效解决行政主体与经营主体之间的矛盾具有重要的现实意义。

　　本书以法经济学理论、依法行政理论、经济转型理论、系统耦合理论以及可持续发展理论为主要理论支撑，借助极差方法、距离协调度模型以及灰色系统理论等方法的综合运用，实现定性与定量方法相结合的研究范式，系统分析了南方集体林区依法行政与经济转型耦合发展的运行机理、关键影响因素与耦合度测量方法等问题。研究的主要内容包括：

　　（1）对涉及本书的研究文献进行全面梳理，对依法行政、经济转型以及二者关系的研究进行了全面阐述；做了相关的理论梳理，分析了法经济学理论、依法行政理论、经济转型理论、系统耦合理论以及可持续发展理论。

（2）以南方集体林区十省区典型经济指标特征确定划分标准，将其划分为第一类地区、第二类地区和第三类地区，分别对三个区域的依法行政与经济转型发展的现状进行了深入分析，并结合三区域的实际发展状况分别总结共性问题与个性问题，为本书后续研究奠定现实基础。

（3）辨识南方集体林区依法行政与经济转型耦合发展的关键影响因素。在文献分析与专家调查的基础上，构建林区依法行政与经济转型耦合发展的初始影响因子集，运用灰色系统理论构建白化函数，对初始指标集合进行客观筛选，最终共得到七大类46项关键影响因素，作为构建依法行政与经济转型耦合发展评价指标体系的有效依据。

（4）对南方集体林区依法行政与经济转型系统的耦合机理进行深入分析。在对南方集体林区依法行政与经济转型系统耦合的目标、功能以及结构等进行深入分析的基础上，分别对南方集体林区依法行政与经济转型系统主分量各序参量之间、主分量与子系统之间以及各子系统之间的耦合机理进行了全面深入的理论分析，为二者耦合发展的评价与耦合度表征奠定基础。

（5）构建南方集体林区依法行政与经济转型耦合发展评价指标体系与耦合度评测方法体系。结合研究对象实际特点，在对关键影响因素进行有效整合的基础上，设计了包括行政经济主分量和资源条件子系统、科技创新子系统、社会环境子系统以及市场环境子系统等在内的评价指标体系，其中行政经济主分量主要包括经济环境、产业环境与行政环境影响因素指标，三者的指标要素能够很好地表征南方集体林区依法行政与经济转型耦合发展的具体效应，而关键影响因素中资源条件、科技创新水平、人文与地理环境以及资金与市场环境则分别对应设计为资源条件子系统、科技创新子系统、社会环境子系统和市场环境子系统等要素指标，作为南方集体林区依法行政与经济转型系统的辅助子系统来表征子系统间以及主分量与子系统间的耦合度。结合依法行政与经济转型耦合度测量的实际需要，分别用极差方法、距离协调度模型以及灰色关联度模型构建南方集体林区依法行政与经济转型系统耦合度测量方法体系，其中运用极差方法确定指标与序参量权重系数，运用协调度与灰色关联度模型测量耦合度。

（6）以广东省为例对集体林区依法行政与经济转型耦合发展的评价进行了实证研究，以进一步检验前述研究结论，特别是耦合度测量指标体系与耦合度测量方法体系的可行性与可操作性。

（7）针对南方集体林区十省区的共性与个性问题，结合实证研究结论，给出适用于南方集体林区依法行政与经济转型耦合发展的保障对策。

南方集体林区依法行政与经济转型的耦合发展是一个全新的理论命题，但是二者的耦合具有广泛的现实与理论基础。南方集体林区十省区之间无论是在依法行政还是经济转型发展方面都存在较大差距。林业经济相对发达的省区，表现出法治政府建设相对规范，政府行政效率和依法行政水平较高，直接反映了林区经济转型发展与依法行政存在一定的内生关系。正确处理好依法行政、政府职能转变与经济转型发展之间的关系，是解决南方集体林区林权改革后新生矛盾的有效路径。

目　录

第 1 章

绪　论

1.1　研究背景

南方林区是我国最重要的三大林区之一，南方集体林区丰富的森林资源为发展林业经济提供了坚实的基础。改革开放四十多年来，随着南方经济社会的快速发展，资源与环境要素也发生根本性的改变。从总体上看，南方集体林区已由自然经济向商品经济转变，已由封闭区域经济向开放区域经济转变，已由农村社会向工农结合、城乡接合转变，南方集体林区经济在改革开放的过程中得到了较快的发展。然而，我国南方林业也存在着森林资源结构不合理、森林资源质量不高、林地产出率低、林产品加工业落后、规模效益不高和整体森林生态功能不强等问题。随着 2008 年集体林权制度改革全面推广，南方集体林区林农致富愿望迫切与林业效益偏低的矛盾日益尖锐。特别是 2008 年金融危机以来，全球经济进入"大调整"与"大过渡"时期，此种背景与我国多种阶段性因素的叠加决定了我国经济已进入增速阶段性回落的"新常态"时期。深刻理解中国经济新常态，认清林业经济发展环境转变的大趋势，关系到南方集体林区乃至中国林业经济的可持续与快速发展。

中国改革开放的四十多年，也是我国经济逐渐由计划经济向市场经济，粗放型经济向集约型经济过渡的四十多年。经济转型归根结底是市场经济的转型，而要使市场在资源配置中发挥基础决定性作用，政府转型是关键。因此，必须正确处理好政府与市场的关系，使我国政府由全能政府转变为有限政府，由市场型政府转变为服务型政府，使政府更好地发挥宏观调控、市场监管及公共服务性作用。因此，通过依法行政，改变我国政府自由裁量权过大等现存问题，是有效促进我国政府职能转变和经济成功转型的有力抓手。为了适应社会主义市场经济发展的需要，我国早在 2004 年就颁布了《全面推进依法行政实施纲要》，党的十八届四中全会再次强调"坚持依法治国、依法执政、依法行政共同推进"的重要性。而经济转型一直以来都是我国理论界和实际需要解决与面对的共同话题，特别是在当下，我国经济正处在"外需乏力，内需不足"的经济新常态下，迫切需要实现"增长动力的转换"与"经济结构的再平衡"，习近平总书记的"两只鸟论"① 则精辟地阐述了实现转型和经济换挡的重要性。

可见，无论是"依法行政"还是"经济转型"在当下都具有重要的研究意义和价值，但是，有关"依法行政"与"经济转型"之间相互关系的研究文献则较少，但并不能说有关二者内生关系的研究不是一个问题。焦方义、任嘉嵩（2015）指出，弱政府不足以支撑一个强市场，而一个强政府只有自身强而有力，才能做到更好地为市场经济服务，为市场经济的平稳运行保驾护航。尽快建立"依法行政""政府转型"与经济转型的互促机制，在当前我国改革攻坚的关键时期具有重要的现实意义。

因此，有关"依法行政"与"经济转型"关系的研究应该是一个全新的研究角度，虽然相关文献资料较少，具有一定的研究风险，但并不能说有关二者的研究不是一个问题，其实，二者之间相互共生、相互促进的关系是显见的，结合我国当前的经济形势，有关二者关系的研究具有重要的研究价值。

---

① "两只鸟论"源自习近平 2006 年 3 月 20 日在《浙江日报》"之江新语"专栏发表的《从"两只鸟"看结构调整》一文。

具体到南方集体林区林业经济的发展，必须进一步充分发挥市场在林业资源配置中的决定性作用，因此，政府进一步对集体林区有效放权，由管理型、干预型政府转变为服务型、引导型政府，为南方集体林区林业经济的发展创造自由、公平和有序的竞争环境，将是南方集体林业经济在经济新常态背景下实现可持续发展的有效保障。而政府职能的有效转变又取决于"依法行政"的执行力度，只有依法行政，使政府养成按照制度和既定程序办事的习惯，才能提高政府管理效率，改变因政府自由裁量权过大而导致的效率低以及行政腐败等社会现象，更好地为社会经济发展服务。因此，深入研究"依法行政"与"南方集体林区转型发展"的内生辩证关系，对于从根本上改变集体林区林业经济发展环境，有效适应经济发展新趋势，实现可持续健康发展具有重要的理论意义和现实意义。

1.2　研究目的和意义

1.2.1　研究目的

面对当前世情、国情的复杂性，结合南方集体林区自身实际，客观要求必须全面深化集体林区政府体制改革，必须转变集体林区经济发展方式。然而，长期政府以行政手段主导的经济转型发展模式，对法治促进林区经济转型发展的作用产生"挤出效应"甚至"替代效应"。因此，深入研究"依法行政"与"集体林区转型发展"的内生关系，厘清二者耦合发展的关键影响因素，尽快建立"依法行政"与"集体林区转型发展"的耦合发展机制与评估体系，对于当前南方集体林区经济改革攻坚的关键时期具有重要的现实意义。本书以南方集体林区依法行政与经济转型的耦合发展为研究对象，深入研究"依法行政"与"经济转型发展"的内生辩证关系，在此基础上，辨识南方集体林区依法行政与经济转型耦合发展的关键影响因素，构建南方集体林区依法行政与经济转型的耦合发展机制，进而建立依法行政与经济转型耦合度测量的方法体系并进行实证研究，在此基础上，最终构建南方集体林区依法行政与经济转型耦合发展的保障体系，为南方集体林区构建法治政府、规范政府与市场的关系、促进集体林业经济发展方式转型奠定理论基础。本书旨在南方集体林范畴下客观评价依法行政与经济转型的耦合效应，有效解决二者耦合发展这一客观命题，主要研究目的如下：

第一，界定南方集体林区依法行政、林业经济转型以及二者耦合的基本内涵。充分结合南方集体林区依法行政与林业经济发展的实际界定南方集体林区依法行政与经济转型发展的内涵与阶段特性，并结合系统耦合理论界定南方集体林区依法行政与经济转型耦合发展的科学内涵。

第二，系统分析南方集体林区"依法行政"与"经济转型"的耦合机理。运用系统耦合的相关原理，明确二者的耦合目标、结构及要素，在此基础上，深入分析耦合系统的三大基本功能，并分别从胁迫效应与约束效应两方面深入分析南方集体林区"依法行政"与"经济转型"的耦合路径，建立"主分量""序参量"以及子系统的层次概念，分别从系统的主分量、主分量与子系统间以及各子系统间三个维度对依法行政与经济转型的耦合机理进行深入研究。

第三，构建南方集体林区依法行政与经济转型耦合度测量指标体系与方法体系。运用灰色系统理论辨识南方集体林区依法行政与经济转型耦合发展的关键影响因素，在此基础上，构建南方集体林区依法行政与经济转型耦合度测量指标体系。运用距离协调度构建灰色关联模型，分析设计耦合度测量执行系统，并通过实证研究对指标体系与方法体系进行验证。

第四，建立南方集体林区依法行政与经济转型耦合发展的保障体系。本书将根据实证研究结论，分别给出南方集体林区依法行政与经济转型的保障对策，在此基础上，主要从生态补偿、林业生产经营创新、金融支持以及森林风险等方面设计依法行政与经济转型耦合发展的保障体系。

1.2.2　研究意义

1.2.2.1　理论意义

本书以"南方集体林区依法行政与经济转型的耦合发展"为研究对象，科学阐释南方集体林区"依法行政"与"经济转型"的理论内涵与阶段性特征，以全新的视角研究集体林区政府与市场的关系，为确立市场在林业资源配置中的决定性作用提供新思路。在运用系统耦合理论分析设计依法行政与经济转型耦合发展机制的基础上，运用灰色系统理论辨识南方集体林区依法行政与经济转型耦合发展的关键影响因素，并进一步构建南方集体林区依法行政与经济转型耦合度测量方法体系，最后给出相应的保障对策。相关研究成果属于依法治国、法治建设与林业经济发展理论的交叉研究领域，对于进一步促进体制改革与林业经济发展理论的融合研究以及进一步丰富现有研究成果都具有重要的学术价值。

1.2.2.2　现实意义

2008 年金融危机以来，全球经济进入"大调整"与"大过渡"时期，此种背景与我国多种阶段性因素的叠加决定了我国经济已进入增速阶段性回落的"新常态"时期。深刻理解中国经济新常态，认清中国经济转型的大趋势，关系到我国新时期改革的成败与经济的平稳增长。实践表明，政府法治化水平的高低，决定了政府为经济社会发展服务的能力高低，决定了政府与市场的关系是否合理，决定了经济转型发展的成败。因此，相对于南方集体林区林业经济的可持续发展，深入研究依法行政与经济转型的辩证关系，构建南方集体林区依法行政与经济转型的耦合发展机制对于促进南方集体林区法治与经济社会统筹协调发展，实现林区全面进步都具有重要的实践应用价值。

1.3　国内外研究现状综述

1.3.1　国外研究现状

1.3.1.1　有关依法行政的研究

早在 1689 年，英国的洛克就曾指出一个国家的权利应该包括两部分，主要由立法权和执法权构成，因此，相应的执法机关也需要对应设立立法机关和执法机关。但是，立法机关与执法机关也应服从一定的权属关系，执法机关行使权力的依据必须是立法机关制定的相关法律，立法权在一定程度上制约着执行权。而法国的孟德斯鸠则在 1748 年进一步发展了洛克的分权学说，孟德斯鸠认为一个国家的权利应该包括三个部分，分别是立法权、行政权和司法权，相应地也应分设三种对应的权力机关进行职责掌管和相互制约，以有效避免权力集中而造成的专制现象，这也是西方社会"三权分立"制度的雏形。到了 1762 年，法国的卢梭把人民之间相互订立的契约作为国家的主要来源，由此诞生"人民主权"学说，强调以分权制衡和人民主权为主旨。这些理论成为西方社会资产阶级民主法治国家建立的理论基础。而西方社会的资产阶级启蒙思想家的政治主张则成为西方社会依法行政观念产生与发展的基础，依法行政观念最终通过资产阶级革命得以实现。1780 年，"三权分立"体制在美国马萨诸塞州宪法中正式被确立，从而实现由人治政府向法治政府的正式过渡。西方依法行政思想正式推广可以追溯到美国独立战争后的第一部宪法——《1787 年宪法》，宪法明确三权分立体制，规定建立联邦制与总统制共和政体。此后，西方各资产阶级民主制国家纷纷效仿，大力推进依法行政。

1.3.1.2　有关经济转型的研究

目前，国外相关发展理论在不断深化的过程中体现了转变经济发展方式的思想。对国外发展理论进行梳理后不难看出，20 世纪 60 年代以来，经济增长、经济社会协调发展、可持续发展以及以人为中心的综合发展成为国外主流经济理论发展的四个典型阶段。第一，经济增长理论。1956 年美国著名经济学家刘易斯是经济增长理论的典型代表人物，"发展问题，尤其是发展中国家的发展问题，就是经济增长问题"这一观点成为经济增长理论的代表性观点。这一时期的经济发展理论把发展单纯地归结为资本积累、新资源开发、技术进步和人口增长四大因素。第二，经济社会协调发展理论。1968 年瑞典经济学家缪尔达尔指出"发展意味着从不发达中解脱出来，消除贫困的过程，发展意味着整个体系的向上运动。"这标志着人们开始意识到单纯的经济增长并不能普惠百姓，并不能实际解决贫困问题。第三，可持续发展经济理论。20 世纪 70 年代，一种论证环境与发展之间辩证关系的新型发展观——环境与可持续发展观，进入人们的研究视野。1987 年联合国世界与环境发展委员会发表了一份名为《我们共同的未来》的报告，正式提出了可持续发展的概念，直到 1992 年可持续发展这一概念得到与会者的认可。第四，以人为中心的综合发展理论。20 世纪 90 年代以来随着人们对发展概念理解的不断深入，最为突出的特征就是把人类自身的发展作为经济发展的重要目标和手段。1996 年联合国《人类发展报告》的主题是讨论经济增长与人类发展的联系。吉尔斯（Geels，2013）从四个方面阐述了伴随着持续的经济转型而产生的金融与经济的潜在危机。魏（Wei，2014）通过来自中国江苏的现实数据证实苏南快速的城镇化发展，这些都得益于政府在税收改革，地方政府间的竞争，参与全球经济竞争，市场经济转变等方面的政策转型。同时，更多研究开始关注全球化经济转型中微观主体的利益问题，佩得雷斯基（Petreski，2020）通过 20 年间的样板数据分析分别得出欧洲中心区、中等发达的独立国家以及欧洲东南区域工人在经济转型中的得失。

1.3.1.3　有关依法行政与林业经济转型耦合发展的研究

同依法行政与经济转型或者林业经济转型耦合发展高度相关的研究内容鲜有外文文献，多数国外学者更加关注林业政策或管理工具与林业经济发展的关系，以及有关私有林业经济管理方面的微观研究。拉兹多尼斯和卡瓦尔（Lazdinis and Carver，2005）以波罗的海国家的经验为基础，对经济转型国家的森林政策工具的创新使用进行了深入研究，基于不同政策工具应用的差异性，提出单个国家的具体林业政策创新工具。康德（Kant，2000）认为优化森林制度的最重要的两个社会经济因素就是森林管理和森林用户群体的异质性。优化森林管理策略需要森林管理制度的不断完善，而不是静态的制度，因此，发展中国家森林制度的优化要基于不同经济增长阶段。桑杜列斯库和瓦格纳（Sandulescu and Wagner，2007）对罗马尼亚持续高产的森林管理政策进行深入研究，认为此政策没有与罗马尼亚新的经济与社会制度保持一致性，静态的森林政策没有适应一个动态的社会经济环境，因此，此政策不是高效的。斯托亚诺夫斯卡和米奥夫斯卡（Stojanovska and Miovska，2014）以北马其顿共和国森林管理制度为研究对象，对现行治理理论和相关立法进行深入分析，并进行利益相关者的深入访谈，发现参与治理原则、透明度和问责制在森林管理计划制定的过程中没有得到很好的尊重，因此，北马其顿共和国的林业部门已经到了政府治理的时候了。而贝汉（Behan，2003）在研究林业合作公司经营模式时认为，林业服务公司的职责是为其成员提供全方位的经营管理服务，私有林主只需提交申请，便可成为林业公司的成员，公司根据私有林主的"工作订单"和协议为私有林主服务，私有林主则根据协议规定向林业公司支付服务费，阐述了一种全新的林业经营新模式。

1.3.2　国内研究现状

1.3.2.1　有关依法行政的研究

在国家宏观政策的推动下，有关依法行政的内涵、条件、制约因素以及

具体领域等命题的学术观点陆续出现在国内许多学者的研究中。陈海
（2008）认为依法行政本质上是以法来规范行政权力，进而使公民的权利与
自由得以保障，深刻诠释了依法行政的科学内涵。应松年（2008）则认为依
法行政必须具备两个基本前提条件，分别是"组织法制的健全"和"程序规
则的健全"。张雷（2009）则从探寻依法行政制约因素的视角，分别从经济、
文化以及体制三个维度对依法行政的制约因素进行了深入分析。吴翔鸥
（2013）则将依法行政与依法治国的关系、依法行政与为公民服务的关系、
依法行政与按市场规律办事的关系作为"依法行政"必须处理好的三个关键
关系。此外，依法行政中的权责利问题、地方政府依法行政实施效果评估问
题、公务员依法行政能力的提高以及依法行政政府治理体系等问题则分别出
现在我国学者毕艳红（2008）、王凯伟和周波（2011）、张蓓蓓（2012）、李
季（2019）等有关依法行政具体领域的现实研究中。

1.3.2.2　有关经济转型发展的研究

1992 年党的十四大确立了构建社会主义市场经济体制标志着中国经济转
型的正式启动，我国的经济转型是在探索了计划经济为主市场调节为辅、有
计划的商品经济和计划与市场并存的商品经济后，才定位于社会主义市场经
济体制的。在此期间，国内学者对经济转型相关问题进行了大量的研究工作。
在理论研究方面，有关经济转型的科学内涵一直是学术界争论的焦点。随着
经济改革实践的不断深入，学术界逐渐澄清了经济转型与经济体制改革、经
济转型与经济转轨、经济转型与制度变迁的关系和区别。

（1）经济转型与经济体制改革。经济体制改革可以是对一项具体的经济
制度进行变革，也可以是对几项经济制度进行变革，还可以是对整个经济活
动的组织形式、运行规则的整体变革，而经济转型特指计划经济体制向市场
经济体制的转变，其是经济体制改革的组成部分，后来经济转型又涵盖了发
展方式转变的内容。

（2）经济转型与经济转轨。20 世纪 90 年代初期，人们更习惯用转型一
词来描述中国正在进行着的经济改革，因此可以说经济转轨与经济转型是同

义语（徐秉晖，2009）。

（3）经济转变与制度变迁。经济转型与制度变迁的关系主要体现在从属性上，首先，经济转型从某种意义上说应该属于制度变迁的一种特殊形式，但是并不能说经济转型就是制度变迁，而制度变迁实际上是一个社会学概念，理论上更具有普遍性和一般性特征，例如，整体性的制度更迭、制度结构的全局性变革以及某些具体的、个别的制度安排上的变化等都属于制度变迁的范畴，经济转型则属于其下的属性概念（徐秉晖，2009）。

除此以外，有关经济转型实践方面的研究成果近些年也常见于我国学者的相关研究中，主要观点包括：我国经济转型的有效路径和有力支撑在现实中应该是经济结构的有序调整（姜作培，2009），而我国经济未来面临的转型升级的内生动力实则是工资的持续增长和人民币的有效升值（沈明高，2010）。但是，当前我国经济体制改革与经济转型面临的现实难点问题仍然繁多，例如，滞后的政治体制、社会体制与文化体制改革等问题正逐渐成为经济有效转型的主要障碍（田国强，2012）。同时，在我国经济体制改革与经济转型的历史进程中不难发现，我国的经济转型依次呈现出较明显的阶段性特征，从最初的"转型同步发展，绩效掩盖成本"到"转型目标不定，成本上升，发展不利"，再到改革中期的"体制定初步型，发展基本同步，绩效成本共存"，发展到当前的"体制定型、成本合理、经济社会和谐共生发展"，大致经历了四个特征明显的发展阶段（徐彬，2011）。而在经济新常态下，则更需要具体问题具体分析，经济转型发展更加体现具体行业与领域的特点，石宝峰等（2019）结合国家乡村振兴战略，从经济转型与政策选择角度阐述农业农村的优先发展问题。

1.3.2.3　有关依法行政与林业经济转型耦合发展的研究

国内相关研究多集中于依法行政与经济转型的关系以及依法行政对经济发展的作用方面，而在依法行政视角下对林业经济转型的研究，在国内现有文献中则鲜有涉及。李毓全（2010）指出经济社会转型对依法行政将提出更高的要求，迫切解决当前行政效率不高、基层依法行政水平不高等问题；焦方义和任嘉嵩（2015）指出尽快建立"依法行政""政府转型""经济转型"的互促机制，对于我国当前改革攻坚具有重要的现实意义；高大权和郑小燕（2009）提出尽快建立"法治政府"指标体系，树立"法治 GDP"新政绩观和曲德森（2012）深入分析了经济行政与市场秩序的关系，给出了如何加强经济行政从而达到有序市场秩序的对策建议。

具体到南方集体林区，涉及林业法律方面，国内学者的多数研究集中于南方集体林区林权制度改革方面的研究。例如，胡明形等（2010）在对我国森林经营模式以及林权改革后南方集体林区的经营管理实践进行深入研究的基础上，提出了林权改革后南方集体林区经营管理的创新模式与机制；罗必良和高岚（2013）通过对广东省集体林权制度改革的成功经验进行深入研究，提出集体林权制度改革的创新模式与配套机制；黄雪菊等（2015）以南方不同省份的 16 个林业专业合作组织为研究对象，采用参与式方法，对现行森林经营政策和实践进行评估并提出针对性的对策建议。

1.3.3　国内外研究综合评述

从以上国内外文献综述可以看出，无论是国内还是国外，与依法行政与经济转型耦合发展高度相关的研究较少，相关研究主要集中于依法行政、经济转型发展以及法与经济的关系等方面，有关依法行政与经济转型发展之间关系的研究都是从二者关系的外延入手进行简单的主观分析与评判。但是，国内外学者在依法行政与经济发展方式转变方面的研究也随着人类经济社会的快速发展与治国理念的普及而逐渐丰富，相较于国内学者而言，国外学者的相关研究起步较早，已经形成了比较完善的成果体系，甚至于部分理论已经相对成熟和完备。在依法行政方面，国外相关研究呈现出时间早、范围广、技术性强的特点，国外学者对以中国为代表的发展中国家的法治建设也进行了广泛而深入的探讨，此外，部分学者采用实际数据，运用客观数量方法对法治的效应进行验证。我国学者在此领域的相关研究起步较晚，且研究范围相对较窄，一般只是结合我国法治建设的具体实践进行"依法行政"的内涵诠释，缺乏客观数据的定量分析与验证。有关经济转型发展方面，国内外相关研究主要区别于研究视角的不同，国外并没有"经济转型"一词的提法，更加侧重于经济增长方式与观念的转变，研究范围较广，善于运用技术手段定量分析经济运行规律，而国内相关研究多伴随着中国体制改革与改革开放的具体实践，具有鲜明的地域性与时代性。

对于林业依法行政与经济转型关系的相关研究国内外起步均较晚，大致始于 21 世纪初，国外主要侧重于私有林业管理工具的微观研究，相关文献多集中于林业政策创新工具、林业经营方式创新等方面。国内学者则主要强调法治条件下的林业经济转型，在我国林业体制改革中集中体现为南方集体林区集体林权的改革与林业经济的转型发展。

综上所述，现有研究成果中缺乏具有代表性的，有关依法行政与经济转型发展之间内在联系的研究文献，现有文献只是主观阐述依法行政与经济转型，或者法与经济发展的关系，但是对于依法行政与经济转型发展系统内部各子系统以及要素间的关系则鲜有研究文献加以深入研究，特别是有关依法行政与经济转型二者内部各子系统以及要素间相互关系的数量研究、实证研究在国外与国内相关研究领域均少见，而有关依法行政与林业经济转型的耦合研究则缺乏典型文献作为必要的理论支撑，从而不能客观分析依法行政与经济转型耦合发展的本质特征，更不能进一步解释二者耦合的实施效能，同时也不能全面体现新时期经济转型发展的时代要求和标准。当前，体制改革与转型发展同行并进，如何处理好二者之间的关系，将成为改革成败的关键。而南方集体林区作为我国林业经济发展最为活跃的地区，同时也是我国最早开展集体林权改革的地区，在新形势下，正确处理法治与林业经济之间的关系将成为南方集体林区成功转型与可持续发展的重要前提。因此，对我国的集体林业依法行政与经济转型耦合发展进行深入研究将是促进集体林业经济可持续发展，深入搞好两方面改革的关键课题。

1.4 研究内容与方法

1.4.1 研究内容

本书主要进行了以下三个方面的研究工作：第一，系统梳理法经济学理论、依法行政理论、转型经济学理论、系统耦合理论、可持续发展理论等对南方集体林区依法行政与经济转型的耦合发展具有指导意义的理论基础以及国内外相关研究文献；第二，系统分析南方集体林区依法行政、经济转型及其耦合系统的特征，并基于林区依法行政与经济转型耦合发展运行机制，探索南方集体林区依法行政与经济转型发展的耦合机理；第三，系统构建以南方集体林区依法行政与经济转型耦合发展关键影响因子为基础的耦合度综合测量与评价体系，基于广东省集体林区的实证研究结论，分别从依法行政、经济转型以及二者的耦合系统管理三个维度全面构建南方集体林区依法行政与经济转型耦合发展的保障体系。本书具体分为 9 章对相关问题进行阐述。

第 1 章 绪论。明确了本书的研究背景、目的及研究意义，并对依法行政、经济转型以及依法行政与林业经济转型耦合发展等方面的国内外研究文献进行了梳理和评述，提出本书研究的切入点，研究方法、研究思路及创新之处，为全书的研究奠定了基础。

第 2 章 本书研究的理论基础。依法行政是促进政府职能有效转变和经济转型升级的关键，是充分发挥市场资源配置职能的重要保障，可以集中反映一个国家行政机关运作模式的本质特征，是我国依法治国与依法执政基本方略的具体体现和重要的组成部分，关系到我国现代化治理体系与能力的提升问题。本书对法经济学、依法行政、转型经济学、系统耦合以及可持续发展等相关理论进行了概括和剖析，系统分析了相关理论与本书研究的理论关系，建立了南方集体林区依法行政与经济转型耦合发展研究的理论框架，为本书研究提供了理论支撑。

第3章　南方集体林区依法行政与经济转型发展现状与存在问题分析。依据南方集体林区十省区GDP与三产结构指标特点，明确区域划分标准，将南方集体林区划分为第一类地区、第二类地区和第三类地区三个区域，分别针对三个区域进行依法行政与经济转型发展现状与问题的深入分析。

第4章　南方集体林区依法行政与经济转型耦合发展的关键影响因素分析。本书将运用灰色系统理论，通过构建关键因子识别函数，设计并发放调查问卷，充分结合实际调研数据，辨识南方集体林区依法行政与经济转型耦合发展的关键影响因素，并对依法行政与经济转型耦合发展关键因子的专家选择倾向进行系统分析，从而为南方集体林区依法行政与经济转型耦合机理的深入分析和耦合度的测量提供客观的理论依据。

第5章　南方集体林区依法行政与经济转型系统耦合机理。本书系统分析了南方集体林区依法行政与经济转型耦合发展的现实依据和理论基础，并分别从目标、结构、要素以及功能等方面对系统进行耦合设计，在此基础上，分别从内外部视角对南方集体林区依法行政与经济转型系统行政经济主分量各序参量间、行政经济主分量与子系统间以及各子系统间的耦合机理进行了深入分析。

第6章　南方集体林区依法行政与经济转型耦合发展评价指标体系构建。基于南方集体林区依法行政与经济转型发展的自身实际，有效整合第4章针对二者耦合关键影响因子的考察结果，分别构建行政经济主分量、资源条件子系统、科技创新子系统、社会环境子系统以及市场环境子系统四大子系统指标，并给出子系统各要素的计算依据，全面构建南方集体林区依法行政与经济转型耦合发展评价指标体系。

第7章　南方集体林区依法行政与经济转型系统耦合度测量执行系统研究。基于耦合发展评价指标体系和二者耦合发展评价的客观需要，综合运用极差法、距离协调度和灰色关联度模型，分析设计南方集体林区依法行政与经济转型耦合度测量的执行系统。

第8章　南方集体林区依法行政与经济转型耦合发展的实证研究——以

广东省为例。基于上述测量方法体系，以广东省实际数据为例，对集体林区依法行政与经济转型的耦合发展进行实证研究。本书基于上述测度指标体系与执行系统进行实证测度运算，最后对广东省依法行政与经济转型的耦合发展进行综合评价。

第 9 章 南方集体林区依法行政与经济转型耦合发展的保障对策研究。分别从依法行政保障对策、经济转型保障对策以及耦合发展保障对策三个方面全面构建依法行政与经济转型耦合发展的保障对策体系。

1.4.2 研究方法

（1）实地考察与调查问卷相结合。在相关职能管理部门进行实地调研，获得第一手资料的同时，通过调查问卷进行专家咨询，进一步提高调研效率和弥补资料不足；

（2）理论推演法。主要运用法经济学、依法行政、转型经济学、系统耦合以及可持续发展等相关基本理论，对南方集体林区依法行政与经济转型的基本特征与内涵进行科学概括，并进一步分析二者的运行机理。

（3）数量分析方法。运用灰色系统理论，构建数据挖掘模型，辨识南方集体林区"依法行政"与"经济转型"耦合发展的关键影响因素，并进一步构建南方集体林区"依法行政"与"经济转型"耦合度测量的理论与方法体系。

（4）案例分析法。基于已构建的耦合机制与耦合度测量方法，结合典型案例对研究对象的依法行政与经济转型耦合度进行实际测量与综合评价，进一步检验理论与方法体系的合理性与可行性。

1.4.3 技术路线

依据研究内容，结合具体研究方法，本书按照一定的逻辑展开相关研究工作，具体研究技术路线如图 1-1 所示。

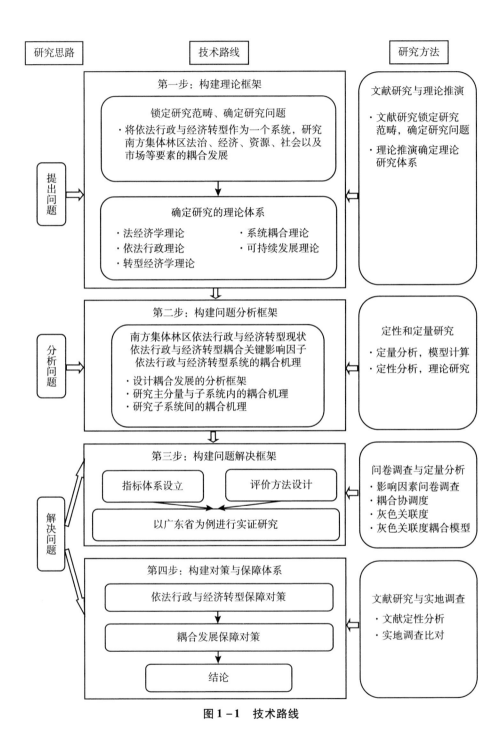

图 1-1　技术路线

1.5　研究的创新之处

本书在查阅与借鉴国内外相关研究成果与进展的基础上，根据目前针对集体林区依法行政、经济转型，特别是有关二者内生关系研究的不全面、定量分析与动态分析方法应用不足的现实，首次从法经济学的视角来深入解构集体林区依法行政与经济转型的可能关系状态，并结合南方集体林区依法行政与经济转型发展的现状与问题运用灰色系统理论剖析二者耦合发展的关键影响因素，在此基础上基于系统与要素耦合的视角，运用系统耦合理论探讨南方集体林区依法行政与经济转型系统的动力结构问题及现阶段依法行政与经济转型系统的结构特性，结合可持续发展理论构建二者耦合的评价指标体系与耦合度计量模型，并以广东省为例进行集体林区依法行政与经济转型耦合度测量的实证研究。本书可能的创新之处主要有以下几点：

（1）构建了集体林区法治建设与经济发展关系的研究框架。以"法经济学"为理论支撑，以"系统耦合理论"为方法支撑，从耦合视角探寻"法治建设"与"经济发展"的深层次关系，在一定程度上拓宽了"法与经济"内生关系理论的研究维度，是对"法与经济"关系研究的理论补充。本书考察的重点是南方集体林区"依法行政"与"经济转型"的耦合效应，以此作为南方集体林区可持续发展的有效支撑，较系统地在集体林范畴下对依法行政与经济转型耦合发展的演化机理和影响因素进行了分析，属于多领域的融合研究，进一步完善了集体林区法治建设与经济发展关系的研究框架，丰富了"法治建设"与"经济转型"协调发展的理论依据，体现了研究视角和研究思路的创新。

（2）提出了依法行政与经济转型系统耦合的"三维"分析方法。考虑到南方集体林区依法行政与经济转型耦合发展及其关键影响因素之间的内生关系与相互作用，引入"主分量""序参量""子系统"的层次概念来反映集体林区依法行政与经济转型系统内各要素之间以及子系统之间的关系变动。行政经济主分量是南方集体林区依法行政与经济转型系统的耦合目标，也是整个系统的最终直接成果表现，包括经济发展状况、依法行政状况和产业发展状况三个序参量，由资源条件、科技创新、社会环境与市场环境四个子系统要素构成耦合支撑。从三个维度分别对行政经济主分量各序参量之间、行政经济主分量与子系统之间以及各子系统之间的耦合机理进行了深入研究，进一步厘清了序参量与子系统要素间的耦合关系，体现了研究方法的创新。

（3）构建了依法行政与经济转型耦合度测量的指标体系与方法体系。根据南方集体林区依法行政与经济转型耦合发展的运行特点，本书尝试运用灰色系统理论构建信息挖掘模型，有效辨识南方集体林区依法行政与经济转型耦合发展的关键影响因素，并基于系统内"主分量""序参量""子系统"之间的三维分析结论，有效整合系统内各要素间的耦合信息，进一步构建了依法行政与经济转型耦合度测量指标体系。综合运用极差方法、距离协调度和灰色关联度模型构建南方集体林区依法行政与经济转型系统耦合度评测方法体系，充分体现了该领域研究内容的创新。

第 2 章

理论基础与概念界定

　　集体林区依法行政与经济转型的耦合发展涉及法经济学理论、依法行政理论、转型经济学理论、系统耦合理论以及可持续发展理论。本章对这些相关基础理论进行系统梳理，并对南方集体林区依法行政、经济转型以及二者耦合的内涵进行科学界定。

2.1　法经济学理论

　　"法经济学"一词最早产生于 20 世纪后期的美国，成为当时西方社会科学界最重要的学术成就之一，同时也是美国法学界与经济学界发展最快的一个流派。学术界普遍认为，现代真正意义上的法经济学开始于其第二次浪潮时期，即 20 世纪六七十年代。具体地说，科斯（Coase）的《社会成本问题》一文开辟了法经济学的先河，而该学科的蓬勃发展则开始于波斯纳的《法律的经济分析》一书。虽然，在法经济学的发展历程中，法律的经济分析、法律与经济学、法律经济学以及经济法理学等都曾经成为"法经济学"的代名词，但现代学术界的主流观点仍然从学科交叉的角度界定该学科领域，认为法经济学是法学与经济学的交叉学科，该学科运用经济学的相关原理，分析方法与范式，主要研究特定社会的法律制度和不同法律规则的关系与运行效率等问题。狭义的法经济学专指"法律的经济分析"，更加强调运用经济分析方法研究法律问题，而广义的法经济学则强调法律与经济的关系，其研究领域涵盖一切社会中有关法律与经济关系的研究范畴，包括一切从古至今有关法律与经济关系的思想学说。从这个意义上讲，南方集体林区依法行政与经济转型的耦合发展显然属于法经济学的研究范畴。

2.1.1 法治与经济的关系

2.1.1.1 "法制"经济与"法治"经济

法治与经济应该属于一个历史性的概念，二者相互发展的学术史直接反映了一个国家经济社会发展的历史进程，因此，我国有关"法治"与"经济"的相关学术研究要晚于西方发达国家，国内早期有关法治与经济的学术观点大致开始于20世纪80年代的改革开放初期。此时，我国正面临着经济体制由传统的计划经济向社会主义市场经济转变，以及经济增长方式由粗放型向集约型转变的两个重要转变时期。与此同时，学术界开始关注市场经济与法制、法治和人治之间的关系问题。一方面，学术争论的焦点体现在市场经济的本质是"法制"经济还是"法治"经济。大部分的学者认为"法制"与"法治"属于不同的理论范畴。"法制"是操作工具范畴，是为政治服务的，是任何一个国家的共性问题，与民主平等没有必然的联系；而"法治"则属于理想原则范畴，是为治理政治服务的，与民主政治必然联系，更重要的是法治原则只能是现代商品经济与民主政治的产物。市场经济作为一种商品经济，就应具有秩序经济的本质，而秩序经济则客观上要求必须建立稳定有序的法治社会，市场经济比起落后的经济形态更能带来竞争与分配的平等，为法治社会奠定稳定平等的经济基础，商品经济发展的客观要求始终是建立法治社会的动力源泉。因此，"法治经济"应该是市场经济的本质属性。少部分学者则认为市场经济体制的建立与完善必须有完备的法制体系保障和支持，完善的市场经济体制离不开完备的社会主义法制，市场经济首先应该是

"法制经济"。此外，少数学者对市场经济是"法治经济"的提法产生怀疑，认为计划经济同市场经济相比，更易于成为一种法治经济，市场经济是法治经济的提法必将导致"先规则、后市场"的结论，而大量等待制定的"规则"使"法治经济"难以成立。另一方面，学术观点则围绕市场经济应该是"人治"还是"法治"展开。四十多年的中国发展实践证明，只有受到严格法律约束下的经济决策才能尽可能地减少失误，而受法律约束较弱的经济决策即"人治"促进失误的发生，因此，一部分学者认为市场经济的经济决策必须由"人治"走向"法治"。然而，我国是个人治历史久远的国家，"人治"的政治理论法则在我国社会发展的诸多方面将长期存在，因此，另一部分学者主张找到"人治"与"法治"的契合点，在市场经济管理中对"人治"和"法治"做出正确的取舍。可见，在改革开放的初期，有关"法治"与"经济"问题，我国的学术界并没有达成一致的理论共识，但是，市场经济与法治的结合正是效率，市场经济与"法治"之间必然存在某种联系已经成为不争的事实。

2.1.1.2 法治政府与市场经济

加入世界贸易组织（WTO）后，我国社会主义市场经济体制加快建立，相对于前一阶段，学术界就市场经济是"法治经济"已经基本达成共识，此间几乎没有反对与辩论的学术主张，但是，在法治的基础上开始强调政府行为的法治化与市场经济的关系，逐渐意识到"依法行政"对市场经济的作用，市场与政府的关系开始进入我国学术视野。毋庸置疑，由于市场失灵的天然存在，政府对市场的必要干预不可替代，但政府行为在管理经济模式的选择上必须在坚持经济秩序市场化的前提下，以"法"为先，这既是市场经济发展的客观要求，也是中国加入 WTO 与世界规则接轨的必要前提，政府经济行为的法治化，对于加快建立社会主义市场经济体制具有重要意义。这与此间吴敬琏先生的观点是一致的，虽然在行政主导下的经济管理模式，也可以使一个国家在一定时期内取得可观的经济成就，但最终会因为不完善的法治而落入权贵资本主义的市场经济。自由市场经济在我国经历的困境充分说明，没有一系列完善的制度建设作为保障，市场经济的健康发展是难以想象的，因此，政治体制改革及其现代化是我国经济增长模式转型的前提。此外，相关研究逐渐呈现出两个较明显的特征。一方面，强调市场经济条件下，需要同时践行"法治"与"德治"。市场经济是信用经济，信用原则保证市场对社会资源配置的效率最大化，没有信用原则为基础的无序市场只能增加资源配置的成本，降低资源配置效率。由于市场经济利益竞争的本质，使得经济主体在追逐利益的过程中，仅仅依靠法治手段约束，很容易陷入丧失信用的道德陷阱，"法治"与"德治"二者不可替代，必须同时践行。另一方面，则体现了"法"与经济的思想和理论在不同经济领域的具体实践，表现较为突出的是"法"与金融的发展。信用契约是金融发展的基础，法律体系的完善程度以及由此形成的契约环境在很大程度上决定了金融发展水平，金融市场中投资者与债权人的利益需要高效的法律体系来保证，保证金融信用契约的履行，从而有效减少金融交易过程中由于信息不对称和不确定性所带来的风险，进一步促进金融发展与经济增长。因此，完善和高效的投资者法律保护机制有利于促进金融的发展，而金融的发展促进经济的增长则早已成为不争的事实。

2.1.1.3 法治与经济转型

金融危机以来，全球经济发展面临新的挑战，我国经济也逐渐步入了"调结构稳增长"的经济新常态，不再一味追求总量增长，而是在经济结构对称基础上的可持续发展，经济发展进入转型期。因此，在继续深入研究法治、政府行为与市场经济内在关系的基础上，"法治"与"经济转型"的关系研究成为此间学术研究的新趋势，有关政府职能转变、依法行政、经济转型内在逻辑关系的理论研究得到进一步的丰富与完善。多数学者认为，经济转型亦不可能离开"法治"。一方面，经济转型不仅意味着经济结构的进一步优化升级，社会福利得到全面提高，更多地体现为旧的利益机制被打破与新的利益机制形成之间的矛盾；另一方面，普通群体内部新旧技术的替代、旧产业与新产业、新技术工人与旧技术工人之间的矛盾日趋突出，这些矛盾必须通过民主透明的参与机制、操作规则予以化解和解决，否则矛盾便会进一步社会化，就会陷入改革与转型进退两难的困境，而法治的思维过程正是有效运用这种民主、透明的法治程序与思维来思考分析与解决矛盾的过程。因此，加快建设与不断完善法治经济成为有效解决转型困难的重要途径。更进一步讲，法治的关键问题在于行政权力的有效控制，因此，在经济社会的改革与转型过程中，"法治"与经济转型的关系又集中体现为权与法的控制与反控制。政府是行政权力的执行者，而政府的职能定位自然成为依法行政与经济转型关系中的关键因素。一个弱的政府不足以支撑一个强的市场，只有强而有力的政府才能为经济转型保驾护航，同样，一个强而无序的政府，必然伤害市场经济，使市场失去活力，无法发挥对社会资源的优化配置机制。经济转型的关键在于政府职能的合理转变，而政府职能的合理转变又取决于依法行政，因此，新常态下实现依法行政与经济转型的互动发展必须着重辨识政府职能合理转变的有效途径，探寻依法行政与政府职能转变语境下经济转型的发展之路。

2.1.2 法与稀缺资源的有效配置

波斯纳定理是当代法经济学理论的重要组成部分，其法律经济分析路径中的一个基本假设前提就是市场中交易的成败取决于交易成本的高低，较低的交易成本有利于促进市场交易的最终达成和实现，而较低的成本则可以通过财产权利的清晰界定得以实现，也就是说，通过制定相关法律，使财产权利以较低的成本完成让渡，则可以促进资源特别是稀缺资源向使用效率较高的当事人流动，进而提高经济的运行效率。因此，立法是确保资源有效配置的一种手段，这也是当前必须承认的一个客观事实，正是基于这样的前提，立法者们往往会按照严格的程序完成立法的制定与修改。而立法与立法者的选举程序会逐渐形成一个立法市场。同时，立法市场真实存在的客观诱因也包括一个国家各阶层和部门之间的利益冲突和矛盾。因此，基于制度经济学的基本思想，在这样的立法市场中，"寻租"行为必然产生，进而导致不同利益群体会动用自身的资源条件去说服立法者，从而使越多资源的利益群体就会有更多的回报。同理，在假定理性经济人的行政关系中，纯粹依靠价值判断会使行政关系人的权利因行政主体间的寻租行为变为附属品，因此，有效的立法，成功的政府职能转变，是经济资源有效配置的关键。

2.1.3　法律制度与预期行为刺激

在经济学理论中，激励分析方法经常被用来分析经济活动主体的行为，尤其是预期行为，因此，在现代法经济学理论中，激励分析同样被广泛应用于分析目标主体的行为模式，使得预防性思维成为法经济学的一种经典思维方式。其中法经济学中的波斯纳定理就是建立在三个假设前提基础之上的。一是在特定法律条件下进行成本收益分析的结果是行为人的预期行为，当事人对权利的估值不同，成为交易得以顺利进行的原动力；二是当事人在法律制度的运用过程中会产生收益和成本，因此法律行为的评价方式可以采用均衡、最大化或者效率等；三是可以通过制定清晰划分财产权利的相关法律而最大限度地降低交易成本。因此，在波斯纳看来，基于预期行为的"事前研究"应该成为法经济学的主要研究目标，它必须注重分析随法律制度及其相关因素变化所产生的预期行为刺激。在普通法国家，过往的相似案例在法官的判决中起到至关重要的作用，因此，法官必须考虑到自身的裁判对于其他从事类似当事人活动的经济主体的未来行为带来的影响，波斯纳强调应该用法律解释以及其他法律的提议在现实世界中的后果来判断其是否成立。对于法经济学家而言，过去只是一种沉没成本，法律只是一种影响未来行为的激励系统。尽管法律是在事后被执行的，但制定法律的目的却发生在事前，因此，通过提供一种激励机制，进而诱导当事人基于社会角度在事前就采取最优的行动应该是法律的首要目标。

2.1.4　法治政府的经济理性

法经济学的一个重要分析角度就是价值与效率的关系，在一般的行政立法过程中，除了集中反映与体现主流社会价值之外，更应该考虑效率问题，即行政法规对社会本身的作用机制。而在市场经济的哲学逻辑里，最重要的规则就是对效率的追求。有效率的法律制度与规范可以极大地提升政府职能部门与行政机关的工作质量与效率，同时还可以全面促进社会经济的进步与可持续发展，因此，从这个意义来说，效率应该成为行政立法的核心价值。法治政府的核心问题是政府必须守法，同时政府作为法律的创造者，又必须制定良法，既要依法行政，又要合理行政。法治政府的经济理性主要体现在两个方面：一是有限政府的经济界限，政府管制向来是一把"双刃剑"，行政立法的过度管制往往会使市场的自动调节机制失灵，使得政府管制存在一定的成本，而有限政府还可能体现在"寻租"风险的发生，因此，使某种利益的交易成本达到最低是行政立法与政府管制存在的充分条件；二是服务型政府的效率诉求，提倡投入－产出的设计理念。制定与执行行政立法活动在依法行政视域下可以被概括为政府的全部职能，行政立法就是对政府活动与社会个体行为及其损益进行设计的阶段，因此，社会总体福利将直接受行政法律制度的合理性与政府绩效优劣的影响。

2.2　依法行政理论

依法行政是依法治国基本方略最为关键和重要的内容之一，是指严格依据法律法规的相关规定而设立的合法的行政机关为其行政行为的后果必须承担一定责任的一般原则，行政机关根据法律法规的有关规定依法取得与行使相应的行政权力。同时，依法行政客观上也是一个国家政治、经济及法治建设本身发展到一定阶段的必然产物，更是市场经济体制对一个国家政府机关日常活动的基本要求。依法行政的本质是有效制约和合理运用行政权力，客观上要求行政机关、职能部门及其工作人员认真履行管理国家、地方及其社会事务的行政管理与服务职能，严格在国家宪法和各级法律允许的范围内行使其对应的行政权力，真正做到不越权、不越位和不错位。从依法行政的本质要求出发，依法行政具有三个层面的客观含义。一是主体合法化。行使行政权力的政府机关、各级职能部门以及组织必须符合国家宪法与相关法律规定的主体地位、资格与条件。此外，行政机关的工作人员也必须符合相关法律规定的地位与职责权限，不具有合法主体地位的机关或者个人不可行使行政权力，其行为不具有相应的法律效力。二是权力来源合法化。各级行政机关与工作人员的职责与权力必须符合宪法与相关法律的有关规定，同时必须在法律规定的权力范围内行使相应权利，履行相应职责，不得超越法律规定，另行创设权力。有合法权利不行使是不作为，越权行使权力则属于滥作为，都不是依法行政。三是权责一致。有权必有责，各级机关与工作人员在行使国家赋予的行政权力的同时，必须承担相应的责任与义务，充分体现权责一致的基本原则，有权不行使，那就是失职，必须追究相应的法律责任。

2.2.1 依法行政与法治政府的关系

依法行政是法治的基本要求，而法治政府则是行政法治的目标与理念。法治政府客观上要求政府行政机关及其公职人员法治化、程序化和规范化地行使行政权力，要求政府行政机关及其他附属职能部门严格按照法律赋予的权力办事，并且要求政府机关及其公职人员的行政行为要充分符合法治精神，即有法可依、有法必依、执法必严、违法必究。从这个意义上讲，法治政府与依法行政在基本内涵与要求上是一致的，依法行政是建立法治政府及其实现过程中的基本要求和行为准则，而法治政府的最终建立和运行又集中体现了依法行政的理念与最终目标，依法行政是标准，法治政府是结果。从理论上看，二者的本质区别在于依法行政倾向于执行层面，而法治政府则更侧重于理念层面。然而，客观上由于依法行政所遵从的法律标准既可以是全面体现"人权、公平与正义"的良法，也可能是在执行的过程中完全违背法治精神的恶法，因此，从某种意义上说，政府行政机关及其公职人员在实际操作中实现了依法行政，并不能在真正意义上证明法治政府建立的客观实现。

2.2.2 政府职能与权力清单

政府职能从某种意义来说是一种公共行政的本质反映，体现了国家机关公共行政活动的基本方向和主要内容，因此，政府职能应该是一个国家的管理执法机关，即行政主体在依据国家法律法规相关规定管理国家政治、经济以及社会等公共事务时所必须承担的责任和所具备的功能。具体来说，在公共行政体系中，政府职能的重要作用和地位应该体现在四个方面。一是政府职能是一个国家设置政府职能部门和机构的基本依据和重要标准，而政府职能部门和机构则是政府职能的物质载体和现实体现。二是政府职能是公共行政体系的核心与重要内容，从根本上满足了公共行政体系的客观需要，集中体现了公共行政体系的本质特征和基本方向。三是政府职能部门与机构的调整和改革必须根据政府职能的客观变化来进行，因此，政府职能是一个国家行政管理体制与机构改革的关键决定因素。四是政府职能发挥的客观情况是检验一个国家政府机关行政效率的重要标准，而行政效率的持续提高与改善则是国家公共行政的终极目标，因此，政府职能的实施情况是客观评价公共行政效率的基本标准。

为适应经济社会发展的客观要求，进一步厘清我国当前政府职能变化的客观路径，党中央、国务院科学部署了地方各级政府部门的权力清单制度，这一制度的有效推行对于我国现阶段全面建设法治政府、创新型政府和廉洁高效政府具有重要的现实意义，是国家进一步深化行政体制改革的重要保障，更是国家全面推进国家治理体系与能力现代化建设的重要举措。权力清单制度主要以行政依法的有效优化和行政权力运行程序的有效公开为着眼点，以有效解决行政权力运行中所存在的不作为、乱作为、监管缺失、责任推诿、违规操作以及寻租等突出问题为主要目标，最终形成一种兼备程序严密、权责清晰、监督有效以及运行公开等行政特征的透明公开运行机制。因此，权力清单制度就是要全面统计与核算隶属于各级政府及其所属职能部门的所有公共权力，并将其合并列表，以便公之于众和接受社会的全面监督。具体来说，权力清单制度主要体现了两层含义：第一，行政权力边界要明确。既要用明确的制定形式将政府该管什么、不该管什么，需要审批什么等问题依法定格下来，让政府"法无授权不可为"；第二，要全面实行政务公开。即权力清单不是内部掌握，而要求"晒"出来，置于公众和社会的监督视野之下。

2.2.3 南方集体林区依法行政的界定

南方集体林区林业经济的发展，客观上需要自由、平等、有序的竞争环境，必须进一步促使市场在林业资源配置发挥决定性作用，因此，这就要求政府必须由管理型、干预型政府从根本上转变为服务型、引导型政府，要求政府进一步促进"放管服"，对集体林区实行有效放权。而依法行政的执行力度在很大程度上决定着政府职能的有效转变，只有严格依据法律规范行使政府权力，才能使政府从根本上养成照章办事的良好习惯，才能彻底改变自由裁量权过度和行政腐败等因素所造成的行政效率低下的局面，从而有效提高政府行政办事效率，为社会经济发展营造良好的行政环境。

南方集体林区依法行政是党中央坚持依法治林基本方针的重要组成，是实现林业转型发展基本目标的方向指引，指林区行政执法部门必须依据相关法律法规设立，并严格依据法律规定获得与行使其行政权力，自觉运用法律手段，规范林业行为，并对其行政行为的后果承担相应责任，逐渐使依法行政成为引导、促进和保障南方集体林区经济持续、快速、健康发展的必然要求。

2.3 转型经济学理论

2005年，我国著名学者陈世清先生在其著作《经济领域的哥白尼革命》和《对称经济学》中首次提及转型经济学的概念，并加以系统阐述。转型经济学严格来讲应该属于规范的经济学范畴，通常意义上的转型经济学指的是经济增长方式与经济发展模式的有效转变。截止到目前，人类历史上的经济转型发展大致经历了三个发展阶段，分别是产品运营、资产运营和资本运营，而随着人类社会逐渐步入知识经济时代，人类的经济增长方式正在向知识运营进行转变。

因此，经济转型客观上应该包含两层含义：一个是宏观经济体制的转变，正如计划经济向市场经济转变一样，经济体制发生根本性改变；另一个就是微观经济增长方式的转变，在某种意义上直接体现为人的实践模式的根本转变。两个层次的转变集中体现为整体与局部、宏观与微观、一般与个别的关系。两个层次的转变相互促进，相互制约，正确处理好二者的关系是有效促进经济转型的关键，真正意义上的转轨经济学应该包含上述两层含义。

2.3.1 经济转型的基本内涵

如果只从经济转型的基本内涵来考察，经济转型专指一个国家或者一个地区的经济结构和经济体制在某一特定时期内所发生的根本性改变，也就是说经济转型实际上是经济结构的优化过程，是经济体制随时间变迁的更新过程，同时也是经济增长方式的转变过程，是一个国家或者区域的国民经济体制、结构由量变逐渐发展到质变的根本性变化过程。

根据我国经济体制改革与经济转型发展的实践，学术界经济转型的划分通常有两种不同角度的认识。一种是从转型的状态视角将经济转型划分为体制转型与结构转型。体制转型主要是指以某一时期实现经济制度创新为目标的传统计划经济再分配向市场配置资源模式的转变。结构转型则是指以实现经济增长转变为目标的农村与城市之间的转变，由传统而封闭的农业经济向现代化城市经济的转变。目前，学术界对于结构转型的理解相当广泛，既有经济层面的市场结构和产业结构，也有组织层面的技术结构和企业组织结构，更有空间层面的区域结构等含义，而针对转型状态对经济转型的理解，学者们也从体制转型、战略转型、结构转型以及增长方式转型等方面进行了理论阐释。但就我国经济体制变迁与经济社会发展的实践来看，我国的经济转型主要是体制转型和结构转型。另一种对经济转型的理解是基于转型速度的视角，是一个时间概念，将经济转型分为激进型转型和渐进型转型两种类型。激进型转型更加专注于转型的目标，是指在较短的时间内实施全面的改革计划，以较快的速度完成更多的改革，在我国多数学者的文献中，俄罗斯与东欧的经济转型属于激进型转型。渐进型转型则更专注于转型的过程，是指通过持续实现部分或者阶段性改革，渐进式地实现改革目标，以防止社会经济发展出现较大的动荡，多数学者认为我国属于渐进式转型模式。

2.3.2　中国的经济转型

当前，我国的经济转型、经济体制改革已经进入新时期，在经济体制上，社会主义市场经济体制已经基本确立，随着经济体制的深入，市场经济主体及其行为逐渐成熟，但是，诸如市场调节失灵、市场抑制以及经济主体的不理性等市场经济本身的局限和弊端日趋明显，致使创新社会制度和尽快确立具有中国特色的社会秩序成为我国当前经济转型的时代难题。因此，进一步加速制度变革与创新的步伐，一方面利用合理的制度安排充分发挥市场在利益主体资源配置中的调节作用，提高调节效率，另一方面有效结合政府宏观调控职能切实消除新的经济体制所带来的经济不稳定性，同时找到二者合理的结合点，都成为我国未来经济体制改革的关键内容。

中国在经济转型的历史进程中仍然面临的另一个难题就是"三农"问题，农村经济的有效转型是我国经济转型发展的重要内容，而当前农民增收、农村环境改善、农村剩余劳动力转移、农村土地流转以及农村扶贫问题都成为我国农村经济转型面临的客观难题。农村经济如果不合理转型，将会面临国际与国内市场越来越激烈的竞争压力，将逐渐成为社会主义市场经济竞争中的弱势产业和落后经济，难以实现突破性发展，这将成为我国经济全面转型升级的障碍与瓶颈。以工业反哺农业，走组织化的现代化大农业的道路仍然是我国农业经济未来发展的正确道路，这在我国深化市场经济以放为主的改革实践中能够得以证明。然而,随着市场经济体制改革的深入与市场经济的不断发展,市场经济体制本身的属性与我国政治体制的不协调等新时期的深层次矛盾日益凸显,中国学者仍然面临社会主义制度的创新、政治与经济的协调发展以及经济基础与上层建筑的关系等一系列学术难题,使得这一阶段成为新时期我国经济转型继续深化和转型模式研究的关键主题。

2.3.3 南方集体林区经济转型的界定

一个国家的政治体制、宏观政策、生态环境以及技术与知识条件等因素无时无刻不影响着国家经济的发展轨迹与经济发展模式,因此,经济发展轨迹与经济发展方式的变动是经济发展过程最常见的问题之一。此外,生产力发展的进步性使得经济发展系统本身的自适应能力可以不断调节与克服发展中遇到的各种现实矛盾与问题,经济转型从根本上说实际上是经济体制自身不断修正问题与克服各种困难的过程,这种修正问题与克服困难的过程使得经济发展在曲折中前进,最终实现可持续发展。目前学界对经济转型的理解存在很多视角,既包括发展模式、发展要素、发展理念的转变,也包括发展路径的转变,通常是指经济发展方式和资源配置方式的根本转变。需要指出的是,一个国家或地区的政治体制或经济体制并不是经济转型的决定因素,经济转型也不是社会主义国家所特有的现象,即便是在经济体制相对完备、市场经济较发达的西方社会,同样也存在着在某一特定时期经济发展方式与发展轨迹不合时宜,矛盾凸显等社会现象,同样需要克服困难、解决问题,使经济发展方式与发展轨迹向着更加合理和完善的经济体制转变,同样存在着经济结构的过渡与调节阶段。

考虑到林区经济发展主要依附于林业资源的开发与利用,而林业经济的发展又离不开外围环境的作用与影响,鉴于本书研究目的,本书主要选取林业经济指标来描述林区经济的转型与发展,本书中"林区"一词指的是"林区林业",林区经济转型泛指林区林业经济转型。林业资源作为一种可再生资源,其开发与利用存在明显的周期性特征,林业资源同其他可再生资源一样，具有一定的自修复能力，经过采伐而枯竭的林业资源可以经过一段时间的修养而逐渐恢复原状，因此，林业经济发展与林业资源的周期性基本保持同步，大致经历起步期、成长期、成熟期和衰退期四个阶段，处于不同周期的林业资源呈现出不同的阶段性林业经济发展特征，处理好不同周期之间的关系，使林业经济发展在不同特征周期间适时转变，是林区经济转型发展的重要内容和主要表现形式，而南方集体林区经济转型直接表现为单一经济发展模式在林业资源不同周期的转换。

考虑到林业资源发展的周期性，本书认为林业经济转型大体应该经历三个发展阶段。第一阶段，由林业资源转型到林业产业转型再到林业综合实力的提升。资源转型主要是为了摆脱林业资源束缚，使林区经济脱资源化，通过改变林区经济在上下游经济链中的位置，逐渐降低林业经济对林业资源的依赖程度。第二阶段，则要改变林业经济发展"多小散"的格局，采取有效手段促进林区产业集聚，不断提升林业产业核心竞争力。第三阶段，林区则要实现经济、资源、生态、社会、环境以及文化等全方位的系统变革，从而实现林区综合能力提升的目标。南方集体林区经济转型的最终目标就是要实现第三阶段综合能力的变革，通过资源转型、产业转型，最终实现南方集体林区经济、社会、生态以及文化等多方面的协调发展，不断提升南方集体林区经济发展的综合实力。

有关经济转型的理解在学界还没有统一的共识，多数认为是从一种经济形态向另一种经济运行方式转变的过程。本书认为南方集体林区的经济转型同样是个动态的、持续的转换过程，是由南方集体林区现有单一的、被动的发展模式、发展要素和发展路径向适应"新常态"逐渐转变的多元化、主动型发展轨迹的动态过程，应该是南方集体林区对经济发展环境变化的本能反应，是一种自适应能力的体现。而南方集体林区经济转型的最终效果则会体现在林区经济与产业发展各项指标的变化上，由于林业经济的转型发展同样受到资源条件、社会环境甚至技术条件等外围要素禀赋的制约与影响，因此，林区经济转型的效果同样会体现在外部要素环境的指标变化上。本书的研究对象是林区依法行政与经济转型的耦合发展，研究目标主要是厘清林区依法行政与经济转型的耦合关系，最终客观评价二者的耦合效果。而耦合效果作为一个状态变量，则需要由状态指标来表征，因此，本书主要从系统内外部要素中选取状态指标来反映经济转型的效果，即主要用经济发展与产业发展指标来表征林区经济转型的经济效应。鉴于林业产业指标对林区经济转型具有明显的指征特性，在后续的耦合评价中则将产业发展指标从经济发展指标中剥离，进行单独考察，以便使最终的评价结果包含更多林业经济转型发展的指标信息。

2.4　系统耦合理论

2.4.1　耦合与耦合发展

2.4.1.1　耦合

耦合（coupling）是一个物理学概念，指的是两个或两个以上的体系或两种运动形式之间，通过相互作用，而彼此影响，进而联合起来的现象，或者是通过各种内在机制互为作用，形成一体化的现象。耦合形式按从弱到强的顺序可分为以下几种类型：非直接耦合、数据耦合、标记耦合、控制耦合、公共耦合、内容耦合。系统耦合理论以系统论、控制论、耗散结构理论、协同学、系统动力学等系统科学理论作为基础，主要研究耦合系统关系的协调、反馈和发展的机理、机制。现今被广泛应用在社会、经济、农业、生物、生态、地理等各种研究中（董孝斌、高旺盛，2005）。

2.4.1.2　耦合发展

发展是一个具有普遍意义的范畴，是世界和平与发展的两大主题之一。在其发展的初期经常陷入一个比较狭窄的学科范畴，主要表现为以经济增长理论为依据，常常把"增长"与"发展"相提并论。

在本书中的发展，是指事物由小到大、由简到繁、由低级到高级、由旧质到新质的运动变化过程而言。耦合发展是指两个或多个系统通过同质耦合键相互耦合，形成一个结构更为紧密，功能更强、更高级，全新结构功能体的彼此作用过程。耦合发展不仅包含系统之间的耦合，还包含耦合后的系统持续发展，其内涵即系统的耦合促进发展，发展又促进更高层次新的耦合，二者协同共生，使得系统呈现螺旋式上升发展状态。

2.4.2 系统与系统耦合

2.4.2.1 系统

从系统的形成角度看，系统是由两个或两个以上相互联系的要素组成，按照一定规则运行的，具有整体功能和综合行为的集合。从上述定义看，主要包括以下四个前提：一是必须由两个或两个以上的影响因子组成系统，影响因子具有绝对系统的多样性和差异性，促进系统不断演化的重要功能；二是各影响因子之间存在固有的关联性，因子变量的变化程度绝对系统各要素相互作用、交互制约、不断转化的内联系机制，促进系统整体不断演化；三是各要素之间作用机制必须遵循系统规则，规则既能约束组成要素，又能促进系统主体功能的实现；四是系统各单个要素所具有的功能的影响力有限，各要素通过相互作用，整合集成系统的整体功能。

系统具有以下几个特点：一是系统具有一定的边界，系统边界是区分系统内外的标志；二是系统常具有一定的层次结构；一般系统都可以再细分为若干子系统，系统本身也有可能是一个更大系统的子系统；三是系统由两个或两个以上具有密切联系的要素组成，要素之间在数量上有一定的比例关系，在空间上有一定的位置排列关系。最后，系统不但能反映各要素（子系统）的独立功能，还能产生要素（子系统）所没有的功能，这种特性也叫系统的整合特性，系统整合特性可以表达为"1 + 1 > 2"。

　　为了便于人们认识和分析系统演化规律，对系统进行分类是有必要的。每一种具体的要素都有自己特殊的本质，在多个要素相互作用下，根据影响因子组合特征，通过物理系统、生命系统和社会系统，产生系统的差异性与多样性。按照要素的运动方式和组合形式，可以把它们分为动态系统和静态系统。按照主体对系统的认识，则能够划分为观念系统或物质系统。从行为主体对系统施加的影响划分，则存在人工系统和天然系统之别。对于系统是否受系统外的因素和条件的影响，可以辨别封闭系统和开放系统。本书研究依法行政与经济转型系统的影响机制，则属于对人工系统、社会系统、动态系统以及开放系统的差异性研究。

2.4.2.2　系统耦合

　　任继周院士提出：所有系统都是一种结构功能体，结构较为恒常，而功能较为多变。系统耦合的主要原因是系统自由能的聚集。系统自由能的公式为：

$$F = E - TS \qquad (2-1)$$

式中，F 表示自由能；E 表示总能；T 表示绝对温度；S 表示熵。

　　在外界温度一定的情况下，当系统吸收能量较大而熵恒定时，系统的自由能增大。自由能的累积使系统趋向非平衡状态，当自由能积累到一定程度，就成为了系统不稳定的势能，它需要寻找新的途径降低系统的自由能。在自由能的驱动下，系统形成了新的能源、信息和物质循环。这种循环联通了两个或两个以上的系统，称之为系统耦合。因此，系统耦合就是指具有相同性质耦合键的两个或多个系统，通过能量流和信息流的超循环相互作用而形成具有新的结构功能体的过程。系统耦合是形成较高层次的新质系统，而不是原有系统量的增大。在非平衡动力作用下耦合后的系统表现出空间和时间的有序性，从而显示其保持稳态的倾向性。

2.4.3　南方集体林区依法行政与经济转型的耦合

　　南方集体林区"依法行政"与"经济转型"的耦合系统是林区依法行政

子系统与经济转型子系统耦合形成的复合系统，每个子系统将通过资源、信息、能量以及技术等的不断交换与流动，打破原有各自运行、相互独立的局面，使各子系统耦合成一个更加紧密的整体，共生促进、相互支撑、不断整合优势、淘汰劣势，推动新系统取代旧系统。南方集体林区依法行政与经济转型系统必须正确处理经济转型、法制行权与执政以及二者的关系，以保障依法行政与经济转型系统处于一种良性耦合状态。南方集体林区依法行政与经济转型系统的良性耦合是系统在正确处理法制、行权、职能以及林区经济转型与发展等全要素关系基础上的最佳耦合状态，能够产生巨大的经济效益和社会效益，从而推动整个林区经济转型升级，促进林区社会的和谐发展。因此，深入分析南方集体林区依法行政与经济转型系统的全要素，了解二者的耦合特征，准确设计二者耦合的结构与功能，是南方集体林区依法行政与经济转型实现良性耦合的关键。

2.5　可持续发展理论

2.5.1　南方集体林区的可持续发展

关于可持续发展理论的定义，1987 年挪威首相布伦特夫人提出：可持续发展是指满足当代人需求，又不危害子孙后代满足其需求能力的发展；1991年，世界自然保护联盟、野生动物基金会、联合国环境规划署等机构共同指出：可持续发展是在不超出维持生态系统容忍能力的情形下改善人类生活品质；1996 年，英国经济学家皮尔斯（Pierce）和沃福德（Wofford）在其所著《世界无末日》一书中提道：可持续发展就是发展保证当代人福利增加时，并不是后代的福利减少。

随着近 20 年来受关注程度的不断提高以及现实的反复验证，可持续发展理论的内涵得到不断丰富。早期研究关注经济发展过程中人与环境的矛盾冲突及其解决之道，并思索如何将生态保护和经济增长结合起来。布朗（Brown，1981）认为由于二战后人类面临的最严重的问题是人口激增、环境恶化、资源短缺，因此实现可持续发展的三种方式是控制人口增长、保护环境和开发可再生能源。斯伯思（Spath，1986）认为可持续发展需要通过技术创新，尽可能地减少资源消耗，减少有害气体排放。巴比尔（Barbier，1987）将可持续发展的研究重心放到如何在考虑环境承受能力的基础上寻求经济增长。20 世纪 80 年代中期，联合国推出了"环境经济一体化核算体系"（SEEA）以及新 SNA 框架体系。其主要意义在于将资源环境因素与传统的国民账户连接起来，以经过环境调整的国内生产净值 EDP（俗称"绿色 GDP"）替代传统的 GDP 是该体系的一个重要体现。1991 年发布的《里约环境与发展宣言》提到了可持续发展的诸多原则，人们在总结大量文献的基础上，将可持续发展的原则归纳为公平性（fairness）、可持续性（sustainability）以及共同性（common）三个方面。公平性原则的核心体现为在代际实现有限资源的公平分配，这种公平体现在两个方面：一是本代人间的公平，即要满足全体人民在需求及获得较好生活的机会上的平等；二是代际的公平，即不能因为本代人的需求而损害世世代代人利用自然资源的权利。持续性原则要求人类经济发展的速度不能超过资源和生态环境的最大承载能力，应该合理控制发展的节奏，在利用资源的同时加强对环境的保护以及改善资源的投资，增强资源、环境的支撑能力；共同性原则要求各国将可持续发展的理念放置于超越于制度和文化的高度，应当在"保护生态环境"这一全人类发展总体目标上达成共识，不论是发达国家还是发展中国家都应该在可持续发展理念的具体执行上履行各自的义务。

南方集体林区作为我国探索林权制度改革的主要阵地，它的可持续性发展具有重要的现实意义。同样，作为我国集体林权制度改革的主要阵地，其可持续性发展尤为重要，主要有以下几个方面的含义。第一，经济的可持续发展。经济发展的阶段性不可持续是多数林区经济发展实际面临的最大问题。木材资源生长的周期性，决定支撑经济发展的木材产业具有周期性，每个周期都会存在一个休养状态，因此，南方集体林区的经济发展更不能将木材产业作为唯一的经济产业进行开发。南方集体林区必须在森林资源进入恢复期之前就开始有效调整林区的产业结构，活化林区经济体制，在林区内通过比较优势分析，不断培育新的经济增长点，发掘能够成为经济主导产业的接续产业。第二，稳定的生态环境。森林资源的开采和利用对任何林区的生态环境都会产生多方面的影响。林木资源作为森林生态环境的决策者，它的变化将对围绕其而建立起来的森林生态系统带来较大影响。因此南方集体林区的可持续发展应将"维护良好的生态环境"作为一个重要的基本约束。第三，林区社会稳定发展。南方集体林区虽然多处于经济发展地区，林业经济形式较多，经济体制活跃，但是同时也面临着经济主体"多繁杂，小而散"的特点，导致竞争力相对不足，极易受到外围环境的冲击和影响，这也为南方集体林区社会的不稳定埋下了根源。从我国南方集体林区现阶段的发展情况看，由于林业企业规模普遍较小，抵御风险的能力较弱，如何整合现有资源，使南方集体林区形成合力，提高企业综合竞争力，是林区实现可持续发展应着重考虑的主要因素。

就目前我国南方集体林区发展的实际情况来看，与我们在上文分析的可持续发展的内涵与原则还存在一定的差距。随着南方经济的快速发展，对森林资源的消费需求日益增加，部分地区存在森林资源过度开发的迹象，如果不能有效建立森林资源的恢复机制，则导致南方集体林区无法实现可持续发展所强调的公平性原则。而当社会无法因"森林的存在而得到好处"时，南方集体林区建设要想得到社会的广泛支持，从而贯彻共同性原则将不能成为现实。由此可见，所有的差距和所有问题都归结为森林资源可伐量的不足和生态环境的改善，这也是南方集体林区进行经济转型所要解决的另一主要问题。通过这种差距的分析，可以得到下面的结论：为了尽快改变这种局面，唯一的选择就是运用可持续发展理论，加快南方集体林区经济转型的步伐，从而增加森林资源总量，提高森林质量，改善生态环境；提高林业企业综合竞争实力，壮大林区企业发展力量，增加林区人民的收入；促进林区实现改革的动态化，不断为林区全面发展提供有力支撑。

2.5.2 依法行政与可持续发展

可持续发展的内涵与特性客观上要求在执行可持续发展战略时必须遵循三个基本原则：

（1）公平性原则。所谓公平，即指受众在机会的选择上是平等的，没有特权阶层的出现。可持续发展的公平性原则包含三个方面的内容：第一，同代公平。可持续发展要满足全体人民的基本需求和给全体人民机会以满足他们要求较好生活的愿望。由于世界经济、科技发展不平衡状态，导致资源的分配不公，无法满足全人类的平等使用要求，也就无法实现可持续发展。第二，差代公平。生态资源的储备和环境，在短期内是不会有大的增长的，因此要考虑子孙后代的生计问题。可持续发展要求避免因为本代资源的过度开发，环境的超载合运行，导致后代无法生存的困境。第三，公平分配有限资源。要认识到人类赖以生存的自然资源是有限的，每个人对资源的控股比例是平等的。因此，在分配资源的消耗上也应该平等。

（2）持续性原则。可持续性要求人类的各项活动不能超过生态系统的承载能力。资源与环境作为人类生存和发展的基础，它的储备状态直接影响到社会发展的各项内容。人类若想要实现持续发展，就必须保证生态资源系统的可持续性。因此，我们需要对现今的生活方式进行调整，使各项系统实现消耗与再生平衡的状态。

（3）共同性原则。可持续发展的实施不是单凭某一个国家或组织单独行动就可以实现的。由于经济单位的独立性，各单位都有自己的可持续发展的规划。但因为可持续的效果是一个公共资源，所有人都可分享，因此，对可持续发展的行动要求各单位采取联合行动。从根本上说，贯彻可持续发展就是要促进人类之间及人类与自然之间的和谐。这就要求每个人在考虑和安排自身的行动的过程中，必须考虑自身的行动对他人以及自然环境的影响。

综上所述，无论是公平性、持续性还是共同性原则，都需要在执行可持续发展过程中具有坚实的法律基础作保障。通过林区法制建设，依法治林，有效推进依法行政为林区可持续发展创造良好的法律和政策环境，有效约束乱砍滥伐、无节制利用以及污染环境等生产行为，实现林业资源、林区环境与经济社会的协调、持续发展，从而有效解决代际资源分配公平性与系统消耗再平衡等现实问题。同时，通过区域以及国际相关法律对接与合作，可以有效解决世界资源的共同性问题。因此，依法行政是南方集体林区可持续发展的基本要求和重要内容。

2.5.3　经济转型与可持续发展

可持续发展理论的核心就是：经济发展不能破坏生存与发展的环境，在经济发展的同时，要注意保护资源和改善环境，使经济能持续发展下去。可持续发展理论强调，自然资源总量与环境承载力都是有限的，经济与社会发展不能超越其上限，因此人类必须在"利他"的前提下谋求"自利"，以确保代际公平和代内公平。

此外，可持续发展的理论还体现在"循环经济理论"及"环境经济学"等分支上。弗罗施（Frosch，1989）率先提出了一个"工业生态学"的概念，其核心思想是建立一个类似于生态系统的物质循环方式，把产业链上游企业产生的废物转化为产业链下游企业的生产原料，进而实现整个生产过程的"零污染"。皮尔斯和图内尔（Pearce & Tuner，1990）在可持续发展资源管理模式的基础上阐述了其"循环经济"的思想，并构建了一个包含自然循环和工业循环的基本模型，将经济发展和生态演变结合起来，"循环经济理论"由此成为可持续发展理论的重要分支。20世纪90年代之后，学术界掀起了一轮以环境与经济的关系为主线的研究热潮，罗斯曼和克鲁格（Grossman & Krueger，1991）提出环境、收入之间呈现出一种倒U形关系，即随着经济增长，生态环境将经历一条"先恶化，再转好"的路径，经济从规模经济、经济结构、技术三个方面对环境产生影响。

因此，可持续发展理论从"循环经济"角度分析，还应该包括可持续经济发展的含义。可持续经济发展是目前公认的一种较合理的经济发展形态，通过实施可持续经济发展战略，力求在经济圈、社会圈与生态圈的不同层次子系统之间实现相互协调与可持续发展，最终使生产、消费和流通等各个环节均实现可持续发展的基本要求，实现可持续经济发展模式的有效转变。从这个意义上说，可持续发展与经济转型密不可分，通过经济发展模式的有效转变，逐步建立"低消耗、高收益、低污染、高效益"的良性循环发展模式，就南方集体林区而言，则要在林业产业发展上逐步建立生态林业和生态工业，可持续地利用林业资源，最终实现林区经济与区域经济的协调发展。

2.6 本 章 小 结

本章所研究的是对本书主题所涉及的概念和理论进行了界定和描述。基于法经济学理论和依法行政理论的具体分析，对南方集体林区依法行政的内涵进行了界定；基于转型经济学的具体分析，对南方集体林区经济转型的内涵进行理论界定；基于系统耦合理论的相关分析，对南方集体林区依法行政与经济转型的耦合进行理论界定；基于可持续发展理论的相关分析，对南方集体林区的可持续发展进行界定，相关理论为构建研究主题的框架设计提供了必要的理论支撑。

第3章
南方集体林区依法行政与经济转型发展现状与存在问题

3.1 南方集体林区特征区域划分标准

南方集体林区是我国的主要林区，传统意义上区域范围包括湖南、湖北、江西、安徽、浙江、福建、广东、广西、海南和贵州省（区）。南方集体林区的特征区划受林业经济发展、森林生态资源状况以及生态功能区等诸多因素的影响，不同划分标准会得出不同的区划结论，鉴于本书研究的重点是"经济转型"，考察的是林区林业经济发展与转型状况，因此，这里主要选取林业经济指标作为划分标准对南方集体林区进行特征区域划分。

根据2017年《中国林业发展报告》统计数据显示，截至2016年底，全国林业总产值继续较快增长，2016年林业产业总产值达到6.49万亿元（按现价计算），比2015年增长9.30%。其中，第一、第二、第三产业分别增长6.99%、7.32%、20.77%。中、西部地区林业产业增长势头强劲，增速分别达到16.12%和13.46%。其中，林业产业总产值前十位的省份分别是广东、山东、广西、福建、江苏、浙江、湖南、江西、安徽、四川。在林业产业总产值排名前十位的省份中，有7个省份来自南方集体林区，占比超过70%，可见，南方集体林区在全国林业产业发展中占有十分重要的地位。此外，全国林业产业结构略有优化，林业三次产业的产值结构由 2015 年的 34∶50∶16 调整为 2016 年的 33∶50∶17，第一产业占比逐年降低，第三产业占比不断提升，以林业旅游与休闲为主的林业服务业所占比重逐年提高。

同时，也应该看到南方集体林区区域内林业经济发展的不平衡。一方面，体现在区域内林业产业发展总体水平差距明显，林业总产值分布不均；另一方面，林业三次产业结构在不同省区之间呈现较明显的两极分化。

广东省在 GDP、林业产业总产值以及三次产业结构三个指标上都明显强于其他省份，且三次产业结构较合理，第二产业与第三产业占比超过 80%。而海南省与贵州省的三个指标则明显弱于其他省份，第一产业占比较重，三次产业结构不够优化。由于林业产业总产值标志着一个区域林业经济发展的整体水平，而三产结构比例则在一定程度上体现了该区域林业产业结构的合理性，标志着该区域林业经济转型的基本情况。具体如表 3 - 1 所示。

表 3 - 1   2017 年南方集体林区十省区 GDP、林业总产值与三产结构比

序号	省份	GDP（万亿元）	林业总产值（亿元）	三产结构比
1	广东省	8.99	8022	12∶65∶23
2	浙江省	5.18	4534	33∶50∶17
3	湖北省	3.65	3450	33∶38∶29
4	湖南省	3.46	4255	33∶36∶31
5	福建省	3.23	5002	18∶77∶5
6	安徽省	2.75	3611	30∶48∶22
7	江西省	2.08	4171	30∶47∶23
8	广西壮族自治区	2.04	5226	30∶43∶27
9	贵州省	1.35	2000	33∶39∶28
10	海南省	0.47	114	35∶38∶27

资料来源：根据 2017 年《中国统计年鉴》与《中国林业发展报告》计算。

因此，综合上述林业产业总产值与三次产业结构数据，将南方集体林区分为第一类地区、第二类地区和第三类地区，划分标准如表3－2所示。

表3－2　　　　　　　南方集体林区十省区特征区域划分标准

区域划分	划分标准		区域特征
	林业总产值指标 G（亿元）	第二、第三产业结构比指标 L（％）	
第一类地区	$G \geqslant 7000$	$L \geqslant 85$	整体实力强，转型成功
第二类地区	$2000 \leqslant G < 7000$	$70 \leqslant L < 85$	整体实力较强，结构有待优化
第三类地区	$G < 2000$	$L < 70$	整体实力弱，结构不合理

资料来源：根据2017年《中国统计年鉴》与《中国林业发展报告》计算。

依据上述特征区域划分标准，可以将南方集体林区十省区分别划分至不同的特征区域，其中第一类地区包括广东省，第二类地区包括浙江省、湖北省、湖南省、福建省、安徽省、江西省和广西壮族自治区七个省份，第三类地区包括贵州省和海南省。具体如图3－1所示。

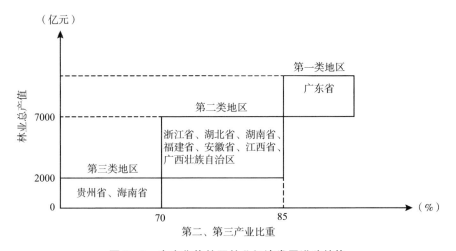

图3－1　南方集体林区林业经济发展进阶结构

资料来源：根据2017年《中国统计年鉴》与《中国林业发展报告》计算。

3.2　南方集体林区经济转型发展现状

3.2.1　第一类地区经济转型发展现状

第一类地区经济发展现状的数据来自 2013～2017 年《广东省林业综合统计年报分析报告》、2017 年广东省林业综合统计年报和广东省林业局网站。

3.2.1.1　自然条件

根据广东省林业局网站介绍的林业概况显示，广东省地处中国大陆最南部，地势北高南低，北部多为山地和高丘陵，最高峰石坑崆海拔 1902 米，南部则为平原和台地，北回归线从本省大陆中部横穿而过。截至 2023 年广东省森林面积 1.43 亿亩，森林覆盖率 53.03%，北部南岭地区的典型植被为中亚热带低山常绿阔叶林和亚热带常绿针叶林，中部为南亚热带常绿阔叶林，南部为热带季雨林，同时也是全国红树林分布面积最大的省份。全省有 14 个地级以上市获得"国家森林城市"称号，县级以上自然保护地达到 1361 个（数量居全国第一）。全省记录分布陆生脊椎野生动物 1052 种、野生高等植物 6658 种。

3.2.1.2　集体林权改革

基本完成集体林权制度改革任务。按照国家集体林权制度改革的统一部署，2007 年广东省开展试点，在全国率先探索出了一条"明晰产权、量化到人、家庭承包、联户合作、规模经营"，具有广东特色的"均股均利"林改新模式，2009 年全面铺开，以"五级书记抓林改"的力度，全面推进集体林权制度改革。2012 年广东省顺利完成集体林权制度主体改革任务。全省完成宗地确权面积 1.41 亿亩，林地确权率为 96.8%，超过 50% 的县（市、区）

建立了林权登记、交易服务管理和森林资源资产评估机构，发放林权抵押贷款130亿元。

3.2.1.3 林业产业发展概况

多年来，广东省林业产业致力提升林业惠民富民效益，积极推进林业供给侧结构性改革，充分发挥林业在精准扶贫中的作用，不断优化林业产业结构。

（1）林业产业总产值稳步增长。

在受经济环境和环保等因素的影响下，2017年广东省林业产业总产值仍增长4.24%，达8022亿元。其中第一产业产值946亿元，第二产业产值5243亿元，第三产业产值1833亿元，第一、第二、第三产业占比分别为11.8%、65.4%、22.8%。但整体增速较2016年下滑3.4个百分点，具体如表3-3和图3-2所示。

表 3-3   2013～2017年广东省林业产值统计

年份	项目	总产值	第一产业	第二产业	第三产业
2013 年	产值（亿元）	5582	681	3861	1040
	占比（%）	—	12.2	69.2	18.6
2014 年	产值（亿元）	6488	784	4467	1237
	占比（%）	—	12.1	68.8	19.1
2015 年	产值（亿元）	7150	825	4828	1497
	占比（%）	—	11.6	67.5	20.9
2016 年	产值（亿元）	7696	883	5023	1790
	占比（%）	—	11.5	65.3	23.2
2017 年	产值（亿元）	8022	946	5243	1833
	占比（%）	—	11.8	65.4	22.8

资料来源：2013～2017年《广东省林业综合统计年报分析报告》、2017年广东省林业综合统计年报。

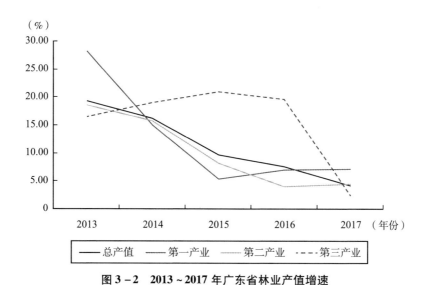

图 3 - 2　2013～2017 年广东省林业产值增速

资料来源：根据 2013～2017 年《广东省林业综合统计年报分析报告》、2017 年广东省林业综合统计年报数据计算。

根据 2013～2017 年《广东省林业综合统计年报分析报告》显示，分行业看 2017 年，以包括干鲜果品、茶、中药材以及森林食品等在内的经济林产品种植与采集业的第一产业产值为 946 亿元，比 2016 年同比增长 7.1%，增速高于 2013～2017 年平均增速 2.9 个百分点。以家具制造，木、竹、苇浆造纸和纸制品制造的第二产业产值为 5243 亿元，比 2016 年同比增长 4.4%，同全行业增速持平。而以林业旅游和休闲服务为主体的第三产业产值为 1833 亿元，比 2016 年同比增长 2.4%，较全行业增速低 1.8 个百分点，自 2014 年来，第三产业首次低于林业产业全行业增速。

分地区看，2017 年珠三角地区（指广州、深圳、珠海、佛山、惠州、东莞、中山、江门等九个市）林业产业产值为 6170 亿元，占广东省全省林业产业产值的 76.9%，同比增长 4.4%；山区韶关、河源、梅州、清远和云浮五市林业产业产值为 807 亿元，占全省林业产业产值的 10.1%，比 2016 年同比增长 3.7%；东西两翼地区（东翼指汕头、汕尾、潮州和揭阳等四个市）（西翼指阳江、湛江和茂名等三个市）林业产业产值为 1045 亿元，占全省林业产业产值的 13.0%，比 2016 年同比增长 3.6%。山区五市和东西两翼林业产业发展增速均低于珠三角地区。具体如表 3 - 4 所示。

表 3 - 4　　　　　广东省 2013 ~ 2017 年各区域林业产业产值和增速

年份	项目名称	全省	珠三角	山区五市	东西两翼
2013	产值（亿元）	5582	4362	485	735
	增速（%）	19.3	20.4	13.6	16.5
2014	产值（亿元）	6488	4970	673	845
	增速（%）	16.2	13.9	38.8	15.0
2015	产值（亿元）	7150	5542	674	933
	增速（%）	10.2	11.5	0.1	10.4
2016	产值（亿元）	7696	5909	778	1009
	增速（%）	7.6	6.6	15.4	8.1
2017	产值（亿元）	8022	6170	807	1045
	增速（%）	4.2	4.4	3.7	3.6

资料来源：2013 ~ 2017 年《广东省林业综合统计年报分析报告》、2017 年广东省林业综合统计年报。

（2）商品材生产。

2017 年广东省林业综合统计年报显示，2017 年全省商品材总产量 793.7 万立方米，比上年增加 4.98%。其中原木 722.2 万立方米，增加 4.14%；薪材 71.5 万立方米，增加 14.22%。商品材产量按生产单位分，其中林业系统内国有企业单位生产商品材 21.9 万立方米，较上年增加 251.9%；系统内国有林场、事业单位生产商品材 71.2 万立方米，增加 10.6%；系统外企事业单位采伐自营地商品材 57.1 万立方米，比上年减少 38.9%；乡镇集体企业及单位生产的商品材 50.6 万立方米，比上年减少 10.7%；村及村以下各级组织和农民个人生产的商品材 592.9 万立方米，比上年增加 10.8%。

其中，广东省全省大径竹产量为 2.04 亿根，比上年增长 20.5%。其中毛竹 5986 万根，其他竹 14415 万根，分别占全部大径竹产量的 29.3% 和 70.7%。村及村以下各级组织和农民所生产的大径竹 1.04 亿根。

（3）经济林产品产量和竹产业产量平稳增长。

2017 年全省各类经济林产品总量达到 1114.6 万吨，比上年增长 9.37%。

其中，水果产量 1037.1 万吨，比上年增长 9.56%；干果产量 6.8 万吨，比上年增长 6.72%；林产饮料产品产量 9.7 万吨，比上年减少 7.83%；林产调料产品产量 5.9 万吨，比上年增长 6.18%；竹笋干、食用菌等森林食品产量 7.7 万吨，比上年增长 3.97%；森林药材产量 7.8 万吨，比上年增长 115.3%；木本油料产量 13.0 万吨，比上年减少 14.27%；林产工业原料产量 26.6 万吨，比上年增加 11.45%。

3.2.1.4 林业投资情况

2017 年广东省全省林业累计完成投资 81.7 亿元，比上年增加 2.64 亿元，增长 3.34%。

（1）按资金来源分。其中，中央财政资金 3.4 亿元，占总资金的 7.88%；地方财政资金 69.1 亿元，占总资金的 84.60%；国内贷款 0.14 亿元，占总资金的 0.17%；自筹资金 2.7 亿元，占总资金 3.25%；利用外资 0.35 亿元，占总资金 0.43%；其他社会资金 3.0 亿元，占总资金 3.67%。具体如图 3 - 3 所示。

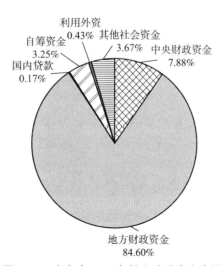

图 3 - 3 广东省 2017 年林业建设资金来源

资料来源：2013 ~ 2017 年《广东省林业综合统计年报分析报告》、2017 年广东省林业综合统计年报。

（2）按资金投入项目分。其中，用于生态建设与保护方面的投资为45.19亿元，占全部林业投资完成额的55.34%；用于林木种苗、森林防火、有害生物防治等林业支撑与保障方面的投资为2747亿元，占全部林业投资完成额的33.64%；用于林业产业发展方面的资金为4.63亿元，占全部林业投资完成额的5.66%；林区基础设施建设4.37亿元，占全部林业投资完成额的5.35%。

（3）按区域划分。根据2013～2017年《广东省林业综合统计年报分析报告》、2017年广东省林业综合统计年报显示2016年珠三角地区累计完成林业投资36.06亿元，占全部林业投资完成额的44.16%；山区五市林业完成投资32.77亿元，占全部林业投资完成额的40.13%；东翼林业完成投资5.81亿元，占全部林业投资完成额7.12%；西翼林业完成投资7.02亿元，占全部林业投资完成额8.6%。各区域与上年完成投资额相比，珠三角地区增加6.8%，东西两翼增加4.3%，山区五市减少0.5%。

3.2.1.5 林业从业人员状况

截至2017年底，广东省全省林业系统各种经济类型单位共计1699个，其中企业40个、事业单位1396个、机关263个。2017年全省林业系统年末实有人数28563人，单位从业人员27975人。2017年全省林业系统在岗职工年平均工资89339元，比上年增长35.6%；离退休人员平均年生活费39392元，增长11.0%。分行业看，林业工程技术与规划管理年平均工资仍最高，为157268元，比上年同期增长28.1%；制造业年平均工资最低，为25025元，比上年同期增长10.7%。

3.2.2 第二类地区经济转型发展现状

南方集体林区中第二类地区包括七个省份，涵盖范围较广，按照我国传统林业区划，涵盖东、中、西三个地区，其中浙江省与福建省属于东部林区，湖北省、湖南省、江西省和安徽省属于中部林区，广西壮族自治区位于西部林区，东、中、西三部分地区林区各具特色，东部地区林业产业较发达，是我国重要的林业经济发展优势区,中部地区则木本油料和木本药材种植为主要特色与优势,而西部地区则是我国造林的主战场。

3.2.2.1 自然条件

南方集体林区第二类地区所辖七省区林业资源较丰富,平均森林覆盖率达50.75%,远超全国21.63%的平均水平,而且,从森林覆盖率的全国排名位次来看,排在全国前四位的省区均在南方集体林区第二类地区所辖区域,分别是福建省、江西省、浙江省和广西壮族自治区。七省区森林面积8180.52万公顷,占全国森林面积的39.39%,森林总蓄积量为254080.41万立方米,占全国森林蓄积量的16.79%。其中,七省区人工林总面积为2503.87万公顷,人工林总蓄积94555.33万立方米,分别占全国人工林总量的36.11%和38.08%,七个省区天然林总面积为2996.93万公顷,天然林总蓄积159525.08万立方米,分别占全国天然林总量的24.60%和12.97%。可见,七省区森林资源主要以人工林为主,天然林面积与蓄积量占比全国水平均低于人工林。具体如表3–5所示。

表 3–5　　　　　2016 年第二类地区森林资源主要指标情况

地区	森林				人工林		天然林	
	覆盖率（%）	覆盖率排名	面积（万公顷）	蓄积（万立方米）	面积（万公顷）	蓄积（万立方米）	面积（万公顷）	蓄积（万立方米）
浙江省	59.07	3	601.36	21679.75	258.53	6831.76	342.83	14847.99
湖北省	38.40	13	713.86	28652.97	194.85	6007.07	454.05	22645.90
湖南省	47.77	8	1011.94	33099.27	474.61	14094.46	476.17	19004.81
福建省	65.95	1	801.27	60796.15	377.69	24853.23	423.58	35942.92
安徽省	27.53	18	380.42	18074.85	225.07	9374.77	155.23	8700.08
江西省	60.01	2	1001.81	40840.62	338.60	11121.88	663.21	29718.74
广西壮族自治区	56.51	4	1342.70	50936.80	634.52	22272.16	481.86	28664.64
全国	21.63	—	20768.73	1513729.72	6933.38	248324.85	12184.12	1229583.97

资料来源:《2016 年中国林业统计年鉴》。

3.2.2.2 集体林权改革

根据七省区林业厅网站工作报告显示，南方集体林区第二类地区七省区目前已经基本完成集体林权改革工作，截至 2016 年，全国 31 个省（自治区、直辖市）的省级改革实施方案已经全部获得国家批复，并全部出台了省级改革实施方案。七省区中的浙江省、江西省和湖南省的改革试点工作已完成国家验收。

目前，七省区均以国务院《关于完善集体林权制度的意见》、国家林业局《关于规范集体林权流转市场运行的意见》等国家有关林业改革的宏观政策为中心，结合各省区自身区情与实际，重点围绕林权流转、经营自主权、林地承包关系以及林业金融等方面大力推进集体林权改革。

（1）浙江省集体林权改革。浙江省主要从林业改革综合体建设、推进新型林业经营主体建设、深化林业金融改革、规范林权流转市场以及完善林业法律保障体系等五个方面逐步深入推进林权改革。浙江省各地区充分发挥森林资源的优势，着力打造以创意林业、林事体验和观光旅游等为主要内容的林业改革综合体，通过"政府 + 企业 + 合作社"的形式，提高林地利用率和产出率，丰富林业生产经营方式，促进林农和集体经济组织增收。主推林业股份合作制改革，全省总结形成了浦江林地股份合作制、安吉林木股份合作制和庆元股份制家庭林场等 3 种主要模式并大力推广。全省已建林业专业合作社 5600 家、面积 311 万亩；股份制合作社 168 家、家庭林场 2055 个，经营林地 39 万亩；"林保姆"式专业户达 3.6 万户，经营面积达 396 万亩；深化林权流转机制变革，落实"三权分置"政策，规范经营权流转和颁证制度。全省各地在传统的林农小额循环、林权直接抵押等方式的基础上，近年不断探索开展了"林贷通"模式、生态公益林补偿金村级质押基金模式、公益林信托受益权担保贷款模式、综合性融资担保公司模式等一系列新的贷款模式和产品创新，逐步破解林权抵押贷款难题。与此同时，积极规范林权管理机构、森林资产评估机构、森林资源收储中心等。目前，全省已有 78 个县（市、区）成立林权管理机构，210 个乡镇建立林权管理服务站，为林权流转建立规范高效的一站式综合服务平台。

（2）湖北省集体林权改革。湖北省出台推进林权制度改革实施方案，主推林权份额量化到户制度。实施意见要求对承包到户的集体林地，其权属证书发放到户，由农户持有。对采取联户承包的集体林地，将林权份额量化到户。对仍由农村集体经济组织统一经营管理的林地，依法将股权量化到户、股权证发放到户，发展多种形式的股份合作经营。在承包期内，农村集体经济组织不得强行收回农业转移人口的承包林地。有序开展进城落户农民集体林地承包权依法自愿有偿退出试点。

（3）湖南省集体林权改革。湖南省制定集体林权制度改革实施意见，主要围绕稳定林地承包关系、放活生产经营自主权、规范林权流转秩序、推动林业适度规模经营、推进林业多种经营、加大财政金融支持力度以及加强林业管理和服务等方面展开相应工作。完善集体林地承包确权登记颁证工作，逐步建立集体林地所有权、承包权、经营权分置运行机制强化林地承包经营权物权保护。完善商品林、公益林分类管理制度，简化区划界定方法和程序，优化林地资源配置。进一步放活商品林经营，赋予林业生产经营主体更大的生产经营自主权，由经营者依法自主决定经营方向和经营模式。加强林权流转事中事后监管，确保流转林地的用途不改变、公益林性质不改变和林地保护等级不改变。鼓励创新流转和经营方式，引导各类生产经营主体开展联合、合作经营，鼓励采取信托、委托、托管、股份合作等方式集中连片流转林地，鼓励流转林地向新型林业经营主体集中。建立完善新型林业经营主体联林带户机制，加快林业合作社、家庭林场、林业大户、林业龙头企业等新型林业经营主体建设。加大政府投资支持林业发展，探索运用政府和社会资本合作（PPP）模式，推广"林权抵押＋林权收储＋森林保险"贷款模式和"企业申请、部门推荐、银行审批"运行机制。全面推行林业站"一站式、全程代理"服务，提升专业服务水平。

（4）福建省集体林权改革。福建省是我国集体林权制度改革的发源地，多年来积累了丰富的林改经验。目前，福建省结合省区各地林业发展实际情况，不断动态调节集体林权改革，正如习近平总书记所强调，改革开放只有进行时没有完成时。动态培育林业新型经营主体，推行林地"三权分置"改革，建立规模化托管经营模式。积极推进金融创新，推出林权按揭贷款，并延长还款期限，设立林权抵押代管全额保险，进一步降低林权抵押贷款风险，提高银行授信效率。推行"重点生态区域商品林赎买"改革，以有效解决林业生产与生态环境保护的现实矛盾。

（5）安徽省集体林权改革。安徽省在全国较早完成集体林权制度主体改革确权发证任务，截止到 2017 年，全省已有 5291 万亩集体林地的使用权分到农户，发放林权证 286.56 万本，集体山林到户率 91.7%。配套改革持续深入推进，以江南林业产权交易所为省级平台，以 16 个省辖市和 82 个县（市、区）林权管理服务中心为依托，建立了省、市、县三级林权流转交易服务平台。扎实推进林业投融资体制改革，积极与省级银行、担保、投资、保险等机构协调，探讨金融服务林业的新途径。与省产权交易中心合作，组建了"安徽省森林资源收储中心"。深入推进森林保险工作，森林投保 1.02 亿亩次，理赔金额 3926.39 万元。加快推进国有林场改革，省委、省政府正式印发了《安徽省国有林场改革实施方案》。全省有国有林场改革任务的 15 个省辖市、57 个县（市、区）全部完成国有林场改革实施方案编制和上报工作，全省国有林场改革工作，正在有力有序推进。

（6）江西省集体林权改革。江西省林改主要以明晰产权、减轻税费、放活经营、规范流转、统分结合以及配套改革等分层次、分步骤稳步推进。采取均山、均股、均利的方式，将集体山林全部落实经营主体。实行"两取消、两调整、一规范"。采伐指标分配实行"前置审批、两榜公示、双线运行、确保到户"，采伐许可证由农民直接申请，符合条件的即申即批。允许林权所有者以出租、转让、入股、联营、抵押等方式自主流转山林。围绕建立"五统五放"的新型林业管理体制和经营机制，全力推进"一个中心、六大体系"建设。截至 2017 年，江西省的林改工作已经基本完成，配套改革正在全面深化。全省已完成林地使用权制图打证 382.48 万本，宗地 795.3 万宗，面积 14468.9 万亩，宗地制图打证率为 94.3%；完成林地使用权发证 312.15 万本，宗地 756.7 万宗，面积 13525.5 万亩，宗地发证签收率为

89.7%。据统计,林改后全省共落实国有林地 1903.27 万亩,国乡联营林地 336.1 万亩,集体林地 12681.29 万亩。在集体林地中,自留山 2358.04 万亩,家庭承包山(责任山)8135.66 万亩,分山到户率达 82.7%,比林改前提高了 27.9 个百分点。

(7)广西壮族自治区集体林权改革。广西壮族自治区结合自身林业发展实际,围绕主体改革逐步推进配套改革。一是探索森林经营管理新模式。推进森林经营方案的编制和实施,通过指导农民编制简易森林经营方案,不断提高农民经营森林的质量和林地产出效益。二是建立完善的林业市场体系。抓好林业信息管理平台建设,实现全区林业信息联网,建立集信息发布、市场交易、林权登记、中介服务、法律政策咨询于一体的林业综合行政服务中心和林业要素市场。三是扶持林业专业合作组织。推动林业行业协会和农民经济合作组织的发展,拓宽农民进入市场的渠道。引导广大农民兴办各种类型的林业专业合作组织,实现区域化规模经营,提高林业的组织化程度,增强市场竞争力。四是加强和改进林业管理。推行林业综合行政执法,规范林业行政管理。

以上七省区集体林权改革特色举措统计如表 3-6 所示。

表 3-6　　　　　　　　　　七省区集体林权改革特色举措统计

地区	集体林权改革特色举措
浙江省	• 打造林业改革综合体:政府 + 企业 + 合作社 • 林业股份合作制:林木、林地、家庭农场 • 林权流转机制:二权分置 • 林业金融:"林贷通"模式、生态公益林补偿金村级质押基金模式、公益林信托受益权担保贷款模式、综合性融资担保公司模式
湖北省	• 林权份额量化到户制度 • 林地承包权资源有偿退出机制
湖南省	• 稳定林地承包关系:三权分置运行机制 • 放活生产经营自主权:经营者依法自主决定经营方向和经营模式 • 新型林业经营主体联林带户机制 • 规范林权流转秩序:加强林权流转事中事后监管 • 财政金融创新:PPP 模式、"林权抵押 + 林权收储 + 森林保险"贷款模式、"企业申请、部门推荐、银行审批"运行机制

地区	集体林权改革特色举措
福建省	• 动态培育林业新型经营主体 • 推行林地"三权分置"改革 • 建立规模化托管经营模式 • 金融创新：林权按揭贷款、林权抵押代管全额保险 • 推行"重点生态区域商品林赎买"改革
安徽省	• 林权流转：建立了省、市、县三级林权流转交易服务平台 • 金融创新：组建了"安徽省森林资源收储中心" • 国有林场改革：《安徽省国有林场改革实施方案》
江西省	• 产权明晰："均山、均股、均利"方式 • 减轻税费："两取消、两调整、一规范" • 放活经营：农民直接申请，符合条件的即申即批 • 规范流转：林权所有者多种形式自主流转山林
广西壮族 自治区	• 森林经营管理新模式：指导农民编制森林经营方案 • 完善林业市场体系：林业综合行政服务中心和林业要素市场 • 林业专业合作组织：区域化规模经营 • 加强和改进林业管理：林业综合行政执法

资料来源：根据七省区林业厅网站工作报告整理。

3.2.2.3 林业产业发展概况

南方集体林区第二类地区所辖七省区的林业经济总量占到全国的1/3强，总产值占全国林业总产值的比重始终保持在40%左右，是我国林产品的主要产区。近年来，随着集体林权改革的深入推进，林业产业结构不断优化，第一产业比重不断降低，二三产业比重不断得到有效提升，特别是第二产业比重占到林业总产值的一半以上，林业经济呈现较快发展势头，林业总产值同比平均增速达17.55%，高于全国平均增速2.4个百分点，成为我国林业经济发展较快的区域，是我国集体林权改革的主战场，有效推动了林业经济的转型发展。如表3-7和图3-4～图3-6所示。

表 3 – 7 　　　　　　　　　　2012 ~ 2016 年第二类地区林业总产值统计

年份	产值/占比	总产值	第一产业	第二产业	第三产业
2012	产值（万元）	146501008	44086787	85423992	16990229
	占比（%）	—	30.09	58.31	11.60
2013	产值（万元）	189714643	46044292	132735840	10934511
	占比（%）	—	24.27	69.97	5.76
2014	产值（万元）	210783612	60823633	120652204	29307775
	占比（%）	—	28.86	67.5	13.9
2015	产值（万元）	237951595	68417435	130005968	39528192
	占比（%）	—	28.75	54.64	16.61
2016	产值（万元）	263334194	75839793	140093791	47400610
	占比（%）	—	28.80	53.20	18.00

资料来源：根据 2012 ~ 2016 年《中国林业统计年鉴》数据整理。

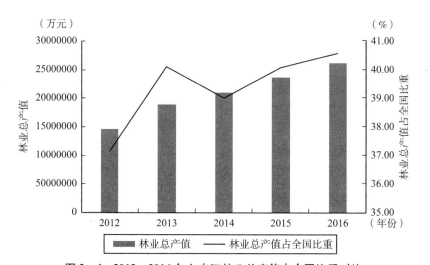

图 3 – 4 　2012 ~ 2016 年七省区林业总产值占全国比重对比

资料来源：根据 2012 ~ 2016 年《中国林业统计年鉴》数据整理。

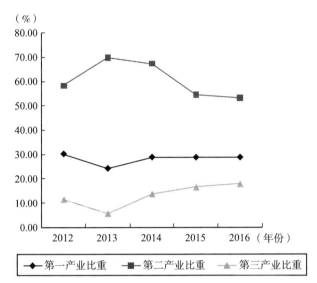

图 3 – 5　2012 ~ 2016 年七省区第一、第二、第三产业比重对比

资料来源：根据 2012 ~ 2016 年《中国林业统计年鉴》数据整理。

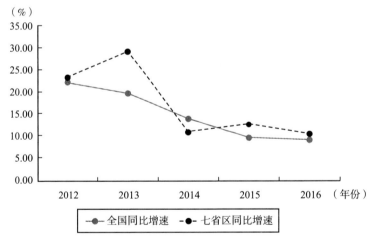

图 3 – 6　2012 ~ 2016 年全国与七省区林业总产值同比增速对比

资料来源：根据 2012 ~ 2016 年《中国林业统计年鉴》数据整理。

3.2.2.4 林业投资情况

根据近年来统计数据显示，虽然七省区林业投资完成额、固定资产投资以及实际利用外资情况均有不同程度的下降，但七省区林业投资年均累计完成情况占全国林业总投资的 42.55%，其中固定资产投资情况增长迅速，年均增长率为 14.24%，高于全国平均水平，固定资产投资占到全国固定资产的七成以上，林业外资引进项目数量占比全国超五成，而实际利用外资更是超过全国的八成。可见，南方集体林区第二类地区所辖七省区仍然是我国重要的林业投资区域，同时更是我国林业市场开放和吸引外资的重要窗口，是我国林业经济最为活跃的地区。具体如表 3-8 和图 3-7 所示。

表 3-8 　　　　　　　 **2012~2016 年全国与七省区林业投资情况**

年份	全国/七省区	累计完成投资（万元）	利用外资项目（个）	实际利用外资（万元）	完成固定资产投资（万元）
2012	全国	33420880	262	51773	12348556
	七省区	12952430	149	43592	7364259
2013	全国	37822690	240	80461	12991241
	七省区	15673797	134	65554	9039211
2014	全国	43255140	219	103882	14154039
	七省区	19175939	129	72528	10101885
2015	全国	42901420	174	38034	12803842
	七省区	18880188	118	29099	9995792
2016	全国	45095738	133	24376	13891963
	七省区	19942833	74	19774	10558878

资料来源：根据 2012~2016 年《中国林业统计年鉴》数据整理。

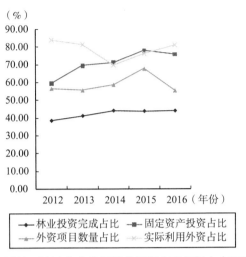

图 3 - 7   2012 ~ 2016 年七省区林业投资主要指标占全国比重对比

资料来源：根据 2012 ~ 2016 年《中国林业统计年鉴》数据整理。

3.2.2.5   林业从业人员状况

七省区林业系统单位数量与在册职工数量相对较少，且由于近年来的经济结构转升级与全国范围内的机构精简政策导向，七省区林业系统单位数量与在册职工数量逐年减少，尤其是在册职工数量减少幅度较大，近年来平均降幅为 5.24%，高出全国水平 3.7 个百分点。林业系统平均工资水平增长幅度较快，近年平均涨幅达 15.29%，且平均工资绝对数较高，近年平均工资比全国高出 15.83%。具体如表 3 - 9 所示。

表 3 - 9   2012 ~ 2016 年全国与七省区林业从业人员统计

年份	全国/七省区	林业系统单位数量		林业系统单位年末人数		林业系统年平均工资	
		单位数（个）	同比增减（%）	人数（人）	同比增减（%）	平均工资（元）	同比增减（%）
2012	全国	45060	- 2.64	1615527	- 2.50	28105	19.03
	七省区	13846	- 0.88	306443	- 3.72	31619	17.70

年份	全国/七省区	林业系统单位数量		林业系统单位年末人数		林业系统年平均工资	
		单位数（个）	同比增减（%）	人数（人）	同比增减（%）	平均工资（元）	同比增减（%）
2013	全国	44562	-0.11	1281649	-20.67	30940	10.09
	七省区	13763	-0.60	242789	-20.77	35445	12.10
2014	全国	43320	-2.79	1227780	-4.20	34530	11.60
	七省区	13616	-1.07	234280	-3.50	40124	13.20
2015	全国	42732	-1.36	1484819	20.94	41645	20.61
	七省区	13471	-1.06	255347	8.99	48993	22.10
2016	全国	42314	-0.98	1471245	-0.91	46714	12.17
	七省区	13183	-2.14	236955	-7.20	54556	11.35

资料来源：根据 2012～2016 年《中国林业统计年鉴》数据整理。

3.2.3 第三类地区经济转型发展现状

3.2.3.1 自然条件

南方集体林区第三类地区包括贵州省和海南省两个省份，根据 2016 年统计数据显示，两省平均森林覆盖率达 46.24%，远超全国 21.63% 的平均水平，其中海南省森林覆盖率达 55.38%，位于全国第 5 位。两省森林面积 841.12 万公顷，占全国森林面积的 4.10%，森林总蓄积量为 38980.26 万立方米，占全国森林蓄积量的 2.58%。其中，两省人工林总面积为 273.5 万公顷，人工林总蓄积 13870.51 万立方米，分别占全国人工林总量的 3.94% 和 5.59%，两省天然林总面积为 350.64 万公顷，天然林总蓄积 25109.75 万立方米，分别占全国天然林总量的 2.88% 和 2.04%。可见，两省森林资源仍主要以人工林为主，天然林面积与蓄积量占比全国水平均低于人工林，其中海南省由于地域面积限制，其人工林与天然林的蓄积量均较低。具体如表3-10所示。

表3-10 2016年第三类地区森林资源主要指标

地区	森林				人工林		天然林	
	覆盖率（％）	覆盖率排名	面积（万公顷）	蓄积（万立方米）	面积（万公顷）	蓄积（万立方米）	面积（万公顷）	蓄积（万立方米）
贵州省	37.09	15	653.35	30076.43	137.30	11557.35	299.07	18519.08
海南省	55.38	5	187.77	8903.83	136.20	2313.16	51.57	6590.67
全国	21.63	—	20768.73	1513729.72	6933.38	248324.85	12184.12	1229583.97

资料来源：《2016年中国林业统计年鉴》。

3.2.3.2 集体林权改革

（1）贵州省集体林权改革。贵州省90％以上的山林属于集体所有，为了有效解决集体林产权不明晰，经营机制不灵活等现实问题，贵州省于2006年在全国较早开展了以"产权明晰"为核心内容主体，以"放活经营、规范流转"为主要配套内容的集体林权制度改革。经过十多年的不断改革与创新，目前基本形成了林业产权明晰，林区社会和谐的良好局面。林改有效推进了农村民主化进程，拓宽了林业融资渠道，增加了林业收入。目前，充分结合林业经济发展的新形势，重点推进以下几个方面的深化改革：推进林业供给侧结构性改革，满足社会和市场对生态产品和林产品的需求。深化林权制度改革，推进林权抵押贷款、政策性森林保险、林地经营流转、林业专业合作化等配套改革。继续推进林业"三变"改革，重点抓好毕节市、六盘水市全国林业综合改革试验示范区建设。推进森林采伐管理改革。启动贵州省森林资源档案年度更新试点，力争实现森林资源数据年度出数。建立完善湿地保护制度，制定贵州省省级重要湿地管理办法，发布省级重要湿地名录。制定贵州省国家储备林建设实施细则，构建国家储备林建设技术标准体系、投入制度、资源管理制度。进一步梳理、完善林业生态红线区的保护和监督管理制度。推进林业自然资源资产负债表编制，配合省统计局做好自然资源资产负债表编制试点工作。

（2）海南省集体林权改革。海南省集体林权制度主体改革已经完成，通过进一步明晰产权、加强林权权益保护与合同规范化管理继续稳定了集体林地承包关系，通过落实分类经营管理、公益林的科学经营、放活商品林经营权和优化管理方式进一步放活了生产经营自主权，通过稳妥流转集体林权、不断培育壮大规模经营主体、建立健全多种形式利益联结机制、推进集体林业多种经营、加大金融扶持力度等多举措并举，有效引导了集体林适度规模经营。同时，通过健全经营纠纷调处机制、完善社会化服务体系等不断提高集体林业管理与服务水平。通过集体林权的持续深入改革，海南省的林业产业持续稳定发展，逐渐走出一条"创新 + 品牌 + 标准"的林业发展新动能，有效推动了林下经济模式创新，改善生态环境，提升发展生产力。

3.2.3.3 林业产业发展概况

南方集体林区第三类地区所辖两省林业产业总量较小，其突出特点是第一产业产值比重较高，第二、第三产业比重较低，但随着近年来集体林权改革的深入推进，林业产业结构不断优化，第一产业比重不断降低，第二、第三产业比重不断得到有效提升，特别是第三产业所占比重增长较快，林业经济呈现较快发展势头，林业总产值同比平均增速达 16.47%，高于全国平均增速 1.3 个百分点，在全国林业总产值增速逐渐回落的大背景下，两省林业经济仍然保持快速发展势头，属于我国林业经济发展较快的区域。具体如表 3–11、图 3–8 和图 3–9 所示。

表 3 - 11　　　　　　　　2012 ~ 2016 年第三类地区林业总产值统计

年份	产值/占比	总产值	第一产业	第二产业	第三产业
2012	产值（万元）	7990087	4318953	2148446	1522688
	占比（%）	—	54.05	26.89	19.06
2013	产值（万元）	9286844	4776799	2496632	2013413
	占比（%）	—	51.44	26.88	21.68
2014	产值（万元）	10520718	5265704	2282770	2972244
	占比（%）		50.05	21.70	28.25
2015	产值（万元）	12794329	6415018	2547094	3832216
	占比（%）		50.14	19.91	29.95
2016	产值（万元）	15367057	6765894	3755347	4845816
	占比（%）	—	44.03	24.44	31.53

资料来源：根据 2012 ~ 2016 年《中国林业统计年鉴》数据整理。

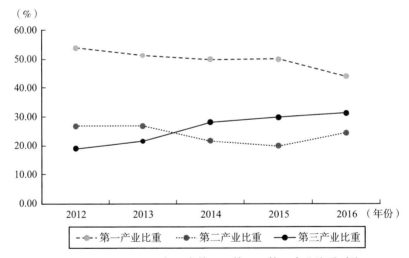

图 3 - 8　2012 ~ 2016 年两省第一、第二、第三产业比重对比

资料来源：根据 2012 ~ 2016 年《中国林业统计年鉴》数据整理。

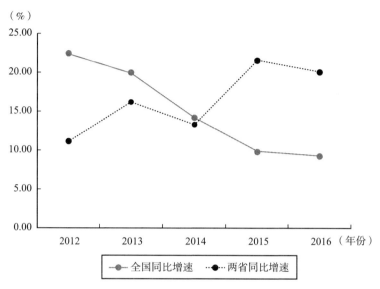

（%）

图 3 - 9　2012～2016 年全国与两省林业总产值同比增速对比

资料来源：根据 2012～2016 年《中国林业统计年鉴》数据整理。

3.2.2.4　林业投资情况

根据统计数据显示，南方集体林区第三类地区在累计完成投资、实际利用外资和完成固定资产投资三个指标上，都要明显弱于全国水平，其中固定资产投资近五年连续大幅回落，而实际利用外资一项近五年更是为零，较大的投资差距，投资结构不够合理也是两省林业经济发展明显弱于南方集体林区其他 8 个省区的主要原因之一。如表 3 - 12、图 3 - 10～图 3 - 12 所示。

表 3 - 12　　　　　　　　　2012～2016 年全国与两省林业投资统计

年份	全国/两省	累计完成投资		实际利用外资		完成固定资产投资	
		投资额（万元）	同比增长（%）	投资额（万元）	同比增长（%）	投资额（万元）	同比增长（%）
2012	全国	33420880	26.95	51773	- 69.53	12348556	34.61
	两省	522492	13.72	0	- 100	20917	- 94.81

续表

年份	全国/两省	累计完成投资		实际利用外资		完成固定资产投资	
		投资额（万元）	同比增长（%）	投资额（万元）	同比增长（%）	投资额（万元）	同比增长（%）
2013	全国	37822690	13.17	80461	55.41	12991241	5.20
	两省	543080	3.94	0	0	9540	−54.39
2014	全国	43255140	14.36	103882	29.11	14154039	8.95
	两省	538712	0.80	0	0	5563	−41.69
2015	全国	42901420	−0.82	38034	−63.39	12803842	−9.54
	两省	594590	10.37	0	0	1610	−71.06
2016	全国	45095738	5.11	24376	−35.91	13891963	8.50
	两省	766089	28.84	0	0	8138	405.47

资料来源：根据 2012～2016 年《中国林业统计年鉴》数据整理。

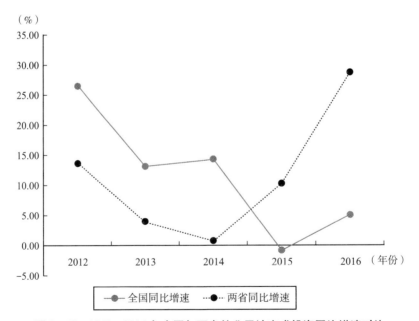

图 3 − 10　2012～2016 年全国与两省林业累计完成投资同比增速对比

资料来源：根据 2012～2016 年《中国林业统计年鉴》数据整理。

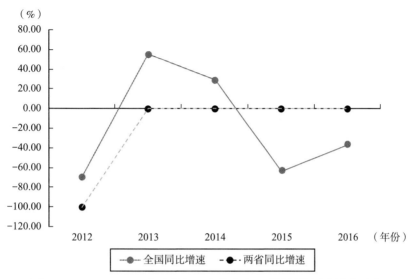

图 3 – 11　2012 ～ 2016 年全国与两省林业实际利用外资同比增速对比

资料来源：根据 2012 ～ 2016 年《中国林业统计年鉴》数据整理。

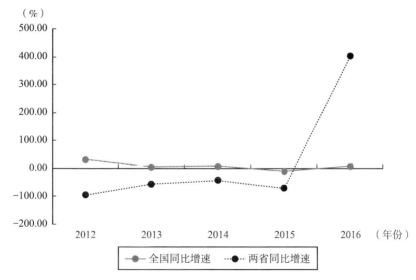

图 3 – 12　2012 ～ 2016 年全国与两省林业固定资产投资同比增速对比

资料来源：根据 2012 ～ 2016 年《中国林业统计年鉴》数据整理。

3.2.3.5 林业从业人员状况

统计数据显示，两省林业系统单位数量与单位年末人数相对较少，且由于近年来的经济结构转升级与全国范围内的机构精简政策导向，两省林业系统单位数量与单位年末人数逐年减少，其中，海南省的单位数量降幅较大。林业系统平均工资水平增长较快，近年平均涨幅达 14.85%，略低于全国平均涨幅，平均工资的绝对数量基本与全国水平持平，略低于全国平均水平，其中贵州省的年平均工资水平较低，拉低两省实际年平均工资。具体如表 3 – 13 所示。

表 3 – 13　　　　　　　2012～2016 年全国与两省林业从业人员状况

年份	全国/两省	林业系统单位数量		林业系统单位年末人数		林业系统年平均工资	
		单位数（个）	同比增减（%）	人数（人）	同比增减（%）	平均工资（元）	同比增减（%）
2012	全国	45060	− 2.64	1615527	− 2.50	28105	19.03
	两省	2500	1.87	35048	19.02	29159	21.82
2013	全国	44562	− 0.11	1281649	− 20.67	30940	10.09
	两省	2448	− 2.08	34539	− 1.45	29315	0.53
2014	全国	43320	− 2.79	1227780	− 4.20	34530	11.60
	两省	2431	− 0.69	34228	− 0.90	31885	8.77
2015	全国	42732	− 1.36	1484819	20.94	41645	20.61
	两省	2201	− 9.46	32740	− 4.35	44525	39.64
2016	全国	42314	− 0.98	1471245	− 0.91	46714	12.17
	两省	2161	− 1.82	32094	− 1.97	46071	3.47

资料来源：根据 2012～2016 年《中国林业统计年鉴》数据整理。

3.3　南方集体林区经济转型发展存在的问题

3.3.1　共性问题

3.3.1.1　政策手段与市场机制的矛盾

森林采伐限额政策出台的目的是规范林农采伐行为，促使林农合理采伐，以确保生态安全。但林改后，随着经济的不断发展，社会对林产品的需求会呈现不同程度的变动，当市场对某一种林木需求增大时，相应产品的市场价格就会上升，在经济效益的驱动下，林农便会增加采伐意愿，导致与采伐限额政策相冲突，在市场价格和利益的驱动下，就会出现偷伐和盗伐现象。另外，市场机制在诱导和规范林农采伐行为方面的作用日益加大，市场机制的引导作用不都是负面的，许多林农开始根据市场林产品的价格有意增加森林投入，自主适度采伐，开始朝着理性经营方向发展。

3.3.1.2　林农经济利益与社会生态利益的矛盾问题

为了提高林农收益，切实维护林农权益，农民享有对林地的承包经营权和对林木的所有权、处置权、收益权，从明晰产权入手，重塑林业微观经营主体，放活山林经营权，落实林业经营者对林木的处置权，确保林地经营者的收益权。在各地的林改政府工作报告中，几乎都是以林改的经济效益为重，集中反映了在社会发展中仍然是以经济效益为先。因此，在林改过程中，许多天然林已经遭到严重破坏，许多天然林被砍光，以便种植经济适用林，使得天然林数量逐渐下降，人工林比重逐步提高，这在南方集体林区第二类与第三类地区表现得尤为明显。与此同时，随着市场化机制与经济效益的驱动，经济适用林面积不断扩大，导致普遍存在的树种单一，林业结构不合理。通常情况下，集约经营的工业人工林中，由于林木生长对养分的吸收与森林采伐引起的水土流失等原因，林地土壤肥力退化和生产量下降已是不争的事实。导致人工林难以产生真正的生态效益，同时还影响了土壤肥力，不利于林业的可持续发展。

3.3.1.3 林业生产能力不高

由于实施均山到户政策，曾经大规模的集体林地分散到各个林农手中，林农成为真正的经营者，因此，大部分林农无法进行集约经营，不能产生规模效应。分散经营不利于林业生产能力的提高，这在南方集体林区第二类地区与第三类地区得到较为集中的体现。普遍存在着组织化程度较低、管理水平不高、资源的利用效率较低、资金投入不足、融资困难、对市场不能做出合理的判断与预测，受市场影响较大。同时，经营方式相对粗放，科技含量不高、信息不对称，以致林木生长量偏低，林地产出效率不高等现实问题。分散的小规模经营很难在市场中占主导地位，不利于林业生产要素的合理配置，进而影响林业生产化发展，同时也给林业资源的培育、林木采伐、森林保护、林业技术指导等带来更多不利因素，进一步增加了林业经营成本。虽然限额采伐管制在保证森林采伐量小于生长量、维持森林资源可持续经营等方面发挥了一定作用，但与此同时，也使得林农无法基于个人偏好和市场信息处置自己的森林资源，导致错失最大化收益，增加采伐成本。

3.3.1.4 合作组织数量少、能力弱

多数南方集体林区，林农合作组织主要是以林场、专业合作社等形式存在，但存在数量较少，能力较弱，没能充分发挥合作组织应有的作用。随着林业经济的发展与市场经营需要，林农对相关培训需求日趋旺盛，但开展的培训数量太少，内容不甚合理，有些培训甚至只针对管理干部，而远离农民，在林业经济转型中，林农需要得到的是各类实用技术以及合作社管理方法等。林业合作社相关规章制度实施不到位，林农参与度不高，林农普遍对林场的财务收支运作状况没有必要的了解。此外，林农合作社的组建，仍然以能人

带动模式为主，以部分林农参与为辅，在实际经营中，缺乏品牌支撑，难以持续经营。

3.3.1.5 林业金融支撑体系尚未有效建立

目前，南方集体林区大都出台了相应的加快林业发展的金融支撑体系的政策措施，但由于林业自身的弱质性，激励机制和考评机制的缺位以及金融企业的投资偏好等因素，使得操作性强、吸引力大、惠农程度高、方便易行、效果明显的金融支撑体系还没有普遍建立起来。实际操作中，金融机构通常出于风险控制的要求，贷款对象主要是实力雄厚的大户、个私林场、集体林场等。此外，由于林权抵押贷款贷前、贷中和贷后相应手续的烦琐，使得大多数林农望而却步，绝大多数地区林权抵押贷款在缓解林农资金不足的问题并没有发挥预想的效果。

3.3.1.6 林业风险应对能力不足

在林改的一些关键环节，缺乏完善的政策和法规做支撑，仅靠地方出台的一些文件和改革举措，难以有效推进改革进程。林业政策宣传不到位，林农对林业政策的了解程度不够深入，特别是对于各项林业补贴政策，多数林农不清楚补贴的方式与具体额度。同时，林农对各项林地经营和管理政策的了解程度普遍较差，特别是对于林业税费、木材运输和管理、林产品加工许可等相关政策了解较少。此外，森林经营管理政策在应对突发事件时普遍缺乏一定的灵活度，无法帮助普通林农保障当年收益，导致林农对林业风险的应对措施明显不足，林农林木经营风险较大。

3.3.2 个性问题

3.3.2.1 第一类地区林业经济增速回落明显

广东省作为南方集体林区第一类地区的唯一省份，其林业经济总量占到南方集体林区十省区的 21.2%，但近年来，受经济环境与环保等因素的影响，广东省林业经济增长速度明显回落，全省林业产值增长速度由 2013 年的 19.3%，回落至 2017 年的 4.2%，年平均降幅达 3.02%，全省所辖珠三角、山区五市以及东西两翼林业产值均有不同程度增速回落，特别是 2014～2015 年平均降幅达 6 个百分点，林业经济发展有进一步放缓迹象。

3.3.2.2　第二类与第三类地区林业产业结构有待优化

随着集体林权改革与林业经济的发展，南方集体林区林业产业结构不断优化，第一产业比重持续下降，第二、第三产业比重不断提升，特别是 2016 年广东省的第一产业仅占比 11%，而第二、第三产业的占比则达到 89%，而第二类地区与第三类地区第一产业平均占比为 37%，其中第三类地区第一产业占比达 44%。可见，除广东省外，特别是第三类地区的第二、第三产业比重有待提高，林业产业结构还有待进一步优化。

3.3.2.3　第三类地区投资结构不合理，基础设施建设滞后

根据统计数据显示，2012～2015 年贵州省与海南省累计完成投资增速逐渐回落，其中实际利用外资差距较大，2012～2016 年连续五年没有外资投入，而固定资产投资方面，两省投资增速回落更为明显，2012～2015 年平均降幅达 65.49%，在固定资产投资绝对数量上，2012～2016 年平均年投资额仅为 9154 万元，可见，两省林业基础投入不足，基础设施建设明显滞后。

3.4　南方集体林区依法行政现状

3.4.1　第一类地区依法行政现状

多年来，广东省林业系统紧紧围绕省委、省政府和国家林业局工作部署，

认真学习贯彻落实习近平新时代中国特色社会主义思想和党的十九大精神，紧紧围绕建设全国绿色生态省的目标，大力推进依法治林和依法行政，林业法治建设工作得到有效强化。

3.4.1.1 林业系统政府职能转变初见成效

近年来，围绕提高依法行政水平，加强法治政府建设的号召，广东省积极推进林业系统"放管服"改革，加快林业政府部门职能转变进程，并取得明显成效。

（1）建立了省林业厅权责清单动态调整与完善机制。广东省林业厅近年来根据省委省政府的相关要求，积极推进林业系统权力清单的调整与完善工作，通过门户网站、公告栏等系统内有关载体实时公开清单目录，并制定有效的履责制度，严格按权责清单履职尽责，同时建立自下而上的信息反馈机制，根据信息的收集与处理情况，及时调整权力清单，促使权利清单动态化，实效化。

（2）深化简政放权。按照广东省委省政府的决策部署，充分结合广东省林业经济与社会发展的实际需要，近年来，广东省林业厅持续下放行政审批、许可等权利，仅 2017 年，便向广州市、深圳市林业主管部门委托和下放 4 项行政许可权，充分调动了两市工作积极性、主动性，有效激发了林业市场活力，促进林业经济发展。

（3）加强行政许可监督管理。近年来，广东省林业厅会同省域林业系统有关部门，积极探索开展"双随机、一公开"工作制度，并建立了"一单两库"监督机制。出台了《广东省林业野生动植物许可随机抽查工作细则》，进一步完善"双随机、一公开"监管工作机制；贯彻落实《广东省行政许可监督管理条例》，主动向社会公布年度行政许可实施和监督管理情况报告，广泛接受社会监督。

（4）深入推进标准化建设与服务模式改革。为进一步提高林业系统工作效率，近年来，广东省林业厅深入推进行政许可标准化建设和"一门式一网式"服务模式改革。现已全面完成行政许可标准化工作，按期向社会公布实施标准化建设成果；完成省网上办事大厅、省林业厅窗口升级改版，进一步优化使用功能、创新使用界面、提高服务质量与效率。同时，清理规范行政审批中介服务事项 7 项，保留中介服务事项 1 项；制订改革方案，要求所属单位分步停止开展和剥离中介服务业务。

3.4.1.2 林业立法工作进一步增强

（1）加快林业立法进程。推动出台地方性法规《广东省森林防火条例》和省政府规章《广东省森林和陆生野生动物类型自然保护区管理办法》《广东省林地林木流转办法》，指导湛江市出台政府规章《广东湛江红树林国家级自然保护区管理办法》；将《广东省生态公益林条例》等 4 项林业立法项目纳入广东省十三届人大常委会立法规划。

（2）加快地方性法规清理。陆续完成涉林地方性法规规章清理工作，提出"放管服"改革等涉及法规规章规范性文件专项清理指导意见。仅 2017年，广东省已废止涉林省政府规章 4 部、修订 1 部、拟进一步修订 1 部。

（3）加强规范性文件监督管理。广东省林业系统落实省政府法制办规范性文件认定的指导意见和"三统一"等制度，加强规范性文件制定、审查、发布和管理、监督工作，进一步提高林业规范性文件制定质量，仅 2017 年共印发部门规范性文件 6 件，加强党内规范性文件管理，配合省委办公厅做好党内规范性文件备案审查工作，按期向省委备案厅党组规范性文件 2 件。

3.4.1.3 严格规范行政林业执法

（1）推进行政执法改革与监督。积极推进林业系统行政改革，下移林业行政执法重心，积极探索实施以森林公安机关为主的林业行政综合执法改革。同时，加强林业行政执法监督力度。定期开展全省林业行政执法检查和案卷评查，定期举办全省林业行政案件统计分析人员培训班，完成全省林业行政案件统计分析工作任务，定期组织林业行政执法人员参加年度综合法律知识考试，全面落实行政执法人员全员网上考试、持证上岗和资格管理制度。

（2）推进"两法衔接"。广东省林业厅与省公安厅、省检察院联合印发

《广东省林业行政机关移送涉嫌犯罪案件实施办法》，出台移送涉嫌犯罪案件标准，完善林业行政执法与刑事司法衔接机制。

（3）加强行政复议和行政应诉工作。积极落实行政机关负责人出庭应诉制度。应诉行政诉讼 2 宗，厅业务分管负责人出庭应诉 2 次，应对行政复议 2 宗、办理 5 宗，答复检察建议、司法建议各 1 件。

（4）规范和加强涉林信访工作。完善信访登记和档案管理等基础性工作，组织举办信访工作专题培训，推动通过法定途径分类处理涉林信访投诉请求；2017 年广东省"民声热线"上线工作，认真解答群众关心的热点、难点问题，切实解决涉林投诉相关事项。同时，自觉接受人大、政协监督。及时办理并按时办结人大代表议案、建议和政协委员提案；配合省人大常委会完成有关法律法规的执法检查工作。

3.4.1.4 依法行政水平进一步提高

近年来，广东省林业厅持续制定与修改年度依法行政工作要点，不断加强依法行政工作的领导力度，全面提高林业系统内干部队伍的法治思维和依法行政能力与水平。

（1）落实第一责任人制度。积极落实党政主要负责人履行法治建设第一负责人职责。将林业法治建设（依法行政工作）纳入省林业厅年度工作计划，实行厅党组（厅长办公会议）定期听取林业法治建设（依法行政工作）情况汇报、定期研究林业法治建设（依法行政工作）重大事项和每年向省政府、国家林业局报告上一年度林业法治建设（依法行政工作）情况制度。

（2）推进行政考评制度。充分运用省政府依法行政考评结果。根据考评结果查找广东省林业厅在依法行政工作中存在的主要问题和不足，综合分析、注重实效，有针对性地提出整改措施，落实责任主体，充分发挥依法行政考评对厅依法行政工作的监督与推动作用。

（3）推进法治建设与宣传。研究制定了《广东省林业厅关于全面推进广东林业法治建设的实施意见》，加强对全系统林业法治建设的指导，并落实领导干部学法用法要求。制订领导干部法律法规学习计划，定期组织领导干部集中学习法律法规活动，2017 年累计培训人员 800 余人次，定期举办全省林业依法行政培训班，培训全省林业干部 300 余人。

（4）大力开展林业普法宣传。制定《广东省林业七五普法工作实施方案》，组织开展全省林业系统普法考试，推进全省林业系统"七五"普法。承办"百名法学家百场报告会"省林业厅专场暨南粤法治报告会；开展《广东省森林防火条例》等新出台法规规章的普法宣传。

3.4.2　第二类地区依法行政现状

南方集体林第二类地区所辖七省区林业系统近年来围绕依法行政、法治政府建设、政府职能转变以及加强林业立法等方面做了大量工作，由于地区林业发展与环境要素的不同，相关工作各具特色，限于篇幅原因，这里只针对七省区具有代表性的相关政策与举措进行总结归纳。

3.4.2.1　林业系统政府职能转变有序推进

针对林业系统政府职能的有效转变，七省区目前已全部出台相应政策安排，相关细则主要体现在简政放权、优化政府服务职能以及创新监管机制等方面。

（1）持续深化简政放权，激发活力与动力。对现有审批和许可事项逐一论证，除关系国家安全和重大公共利益等的项目外，能取消的坚决取消，能下放的尽快下放，市场机制能有效调节的经济活动不再保留审批和许可。对以备案、登记、行政确认、征求意见等为名的变相审批和许可事项进行整改。推行"证照分离"改革，重点是"照后减证"，对同一部门内能够合并审批的实行"一企一证"，能取消审批的予以取消，有些可改为备案、告知承诺；对暂时不具备条件取消的，通过"多证合一"等方式优化服务。推进投资项目审批改革，进一步清理精简审批、核准等事项，加快投资项目审批承诺制改革。优化项目报建审批流程，三年内工程建设项目从立项到竣工验收全流程审批时间压减一半。推行联合审批、多审合一等方式。解决审批前评估耗时长问题，及时动态修订评估技术导则，合理简化报告编制要求，积极推广"区域评估"。大力清理废除妨碍统一市场和公平竞争的各种规定和做法，保障不同所有制主体在资质许可、政府采购、科技项目、标准制定等方面的公平待遇，破除地方保护；对于具有垄断性的行业，根据不同行业特点放开竞争性业务。治理各种中介服务乱收费，对与行政机关暗中挂钩、靠山吃山的"红顶中介"，坚决斩断利益关联，破除服务垄断，严肃查处其中的腐败行为；对串通操纵服务价格甚至欺诈勒索的各类"灰中介""黑中介"，要依法整治和打击。

（2）持续创新监管机制，强化公平和公正。创新监管理念和方式，健全以"双随机、一公开"监管为基本手段、以重点监管为补充、以信用监管为基础的新型监管机制。加快实现市场监管领域"双随机、一公开"监管全覆盖。对有投诉举报等情况的要进行重点或专项检查，对发生重大突发事件并在面上存在严重风险隐患的要进行过筛式排查。规范检查程序，事先严格报批，推进跨部门联合监管和"互联网＋监管"，实现综合监管、"智慧监管"，做到"一次检查、全面体检"。推进信用监管，加快推进涉企信息归集共享，实行守信联合激励和失信联合惩戒机制，让市场主体"一处违法、处处受限"。坚持对新兴产业实施包容审慎监管，区分不同情况，量身定制包容审慎监管模式和标准规范，坚守安全质量底线。对符合发展方向但出现一些问题的，要及时引导或纠正，使之有合理发展空间；对潜在风险很大，特别是涉及安全和有可能造成严重不良社会后果的，要及早发现问题、果断采取措施；对以创新之名行侵权欺诈之实的，要予以严惩。

（3）持续优化政府服务，提升便利和品质。坚持问题导向，认真梳理企业和群众办事最烦、最难的领域和环节，聚焦需要反复跑、窗口排队长的事项，有针对性地采取措施。持续开展减证便民行动，加大清理减并力度。对确需保留的证明，实行清单管理，清单之外不得索要证明。探索实行承诺制，事后进行随机抽查，依法严厉处罚虚假承诺并纳入信用记录。大力发展"互联网＋政务服务"，按照"应上尽上、全程在线"要求，凡与企业生产经营、群众生产生活密切相关的行政审批事项和公共服务事项、便民服务事项（除法律法规另有规定或涉密等外），全部进驻网上办事大厅办理。推进线上线下融合，优化整合提升行政服务大厅"一站式"功能，实现"一个窗口""一次办成"，逐渐全面实现全城通办、就近能办、异地可办。坚持"联网是原则、孤网是例外"，依托一体化网上政务服务平台和汇聚共享平台，做好信息系统整合接入工作，推进审查事项、办事流程、数据交换等方面的标准化建设。

3.4.2.2 林业立法与执法力度持续改善

（1）完善依法行政考核体系。全面推进依法行政，以法治精神、法治思维、法治方式推动林业各项工作。结合工作实际，出台贯彻落实中央有关依法治国重大决定的具体工作方案。根据各省区具体绩效考核工作要求，建立完善相应的依法行政考核指标体系，健全考核机制，将依法行政成效作为衡量领导干部工作实绩的重要内容，纳入绩效考核体系。

（2）加强林业及其生态文明建设立法。七省区围绕自身林业与生态文明建设工作实际，相继出台具有地方特色的林业及生态环境相关立法，具体如表3-14所示。

表3-14　　　　　　　　第二类地区林业与生态文明建设立法情况

省区	林业与生态文明建设立法
浙江省	《浙江省公益林和森林公园条例》《浙江省古树名木保护管理办法》《浙江省生态文明建设考核目标体系》《浙江省森林消防工作考核办法》等
安徽省	《安徽省湿地保护条例》《安徽省林业有害生物防治条例》《安徽扬子鳄国家级自然保护区管理办法》《安徽省生态文明建设目标评价考核实施办法》等
福建省	《福建省森林公园管理办法》《武夷山国家级自然保护区管理办法》《福建省生态公益林管理条例》《福建省林业有害生物防治检疫条例》等
江西省	《江西省林业有害生物防治条例》《江西省林木种子管理条例》《江西省武夷山国家级自然保护区条例》《江西省生态文明示范基地评选办法》等
湖北省	《湖北省天然林保护条例》《湖北省林业有害生物防治条例》《湖北省生态文明建设示范区指标体系》《湖北省森林资源流转条例》等

续表

省区	林业与生态文明建设立法
湖南省	《湖南省森林公园条例》《湖南省森林防火条例》《湖南省重点保护陆生野生动物致害补偿办法》《湖南省生态文明建设目标评价考核办法》等
广西壮族自治区	《广西壮族自治区树蔸树木采挖流通管理规定》《广西壮族自治区古树名木保护条例》《广西壮族自治区林木种苗管理条例》《广西森林防火条例》等

资料来源：七省区林业系统官网法治建设相关文件整理。

（3）健全科学民主依法决策机制。进一步修订完善林业系统重大行政决策规则，增加重大决策终身责任追究及责任倒查规定。建立行政机关内部重大决策合法性审查机制，重大决策事项应当在会前交由法制机构进行合法性审查。厅各处室局站应当在提请安排讨论前提交合法性审查，未经审查的，不得提交讨论。完善规范性文件审查管理，探索让公众参与、专家论证、听取基层林业部门和利益相关者的意见、风险评估等作为制定重要规范性文件的必要程序，健全依法决策机制。扎实做好事前合法性审查和事后备案工作，执行规范性文件网上报备、公开。开展林业政策研究，积极参与重点改革项目研究工作，探索相关方面的前瞻性研究。

（4）加强行政执法力度。深化林业行政执法体制改革，完善林业综合执法，进一步整合林业执法力量，推进相对集中处罚权工作，推进综合执法和相对集中行政处罚权工作有机衔接。推进规范文明公正执法，完善行政执法程序，严格实行行政执法人员持证上岗制度。健全行政裁量权基准制度，规范裁量范围、种类、幅度。严格执行重大执法决定法制审核制度，加强事中事后监管。加强执法监督，完善网上行政执法平台建设，省级林业行政执法全部进网办理，建立执法全过程记录、行政执法公示制度。强化行政执法和刑事司法衔接机制，完善执法机关、司法机关信息共享、案情通报、案件移送制度。

3.4.2.3 依法行政水平有效提升

（1）强化对行政权力的监督制约。全面推行行政权力清单、责任清单制度。深化行政审批制度改革，适时清理、调整和下放行政审批事项。进一步规范行政审批行为，优化行政审批流程。强化行政审批后续监管，建立健全后续监管制度体系。健全和完善行政许可被许可人监督检查制度，开展行政许可被许可人执法监督检查活动。加强对政府内部权力的制约，对财政资金分配使用、国有资金资产监管、政府投资、政府采购、公共资源交易、公共工程建设等权力集中的部门和岗位，实行分事行权、分岗设权、分级授权，定期轮岗，强化内部流程控制，防止权力滥用。

（2）全面推进政务公开。推进决策公开、执行公开、管理公开、服务公开、结果公开。建立和推行行政执法公示制度和规范性文件公布制度，未经法定机关审定公布的行政权力事项不得实施，未经公布的规范性文件不得执行。完善政府信息公开工作考核、社会评议、责任追究、监督救济、信息发布协调等配套制度。依托电子政务平台和互联网平台开展政府政务公开和政务服务工作。

（3）加强林业普法宣传教育。进一步加强林业普法宣传教育，增强林业法治观念，营造学法尊法守法的良好社会氛围。加强林业法制机构和队伍建设，使其机构设置、人员配备与法治政府建设任务相适应。改进创新领导干部和行政机关工作人员、执法人员学法机制，提高其运用法治思维和法治方式开展工作的能力。完善以法制机构人员为主体，吸收专家和律师参加的法律顾问制度。

3.4.3　第三类地区依法行政现状

3.4.3.1　林业法治建设有序推进

（1）"多规合一"，加强林业立法。贵州省和海南省坚持"立改废释"并举，不断加强重点领域立法工作。2013 年以来，基本保证每年出台一部地方性立法，贵州省出台《贵州省古茶树保护条例》《贵州省国有林场管理条例》《贵州省林木种苗管理条例》，并积极开展《贵州省古树大树名木保护条例》

立法调研工作。海南省出台《海南省古树名木保护管理规定》《海南省经济特区林地管理条例》，以及对《海南省林木种子管理条例》进行立法调研工作。与此同时，贵州省建立了 10 个基层林业立法联系网点，广泛听取基层意见，使林业立法更"接地气"。

（2）强化林业法治宣传教育。贵州省和海南省加大力度进行林业立法执法宣传教育，旨在提高干部职工法治思维和依法行政能力。贵州省林业厅开展"绿色大讲堂"活动，通过这个平台，仅 2017 年就开展 10 余次法治宣讲，重点介绍依法行政理念、法治国家、法治政府、法治社会建设相关内容，使干部职工对依法行政工作有了新的认识和了解。共举办领导干部法治学习培训 1 次，林业执法骨干培训 2 次，含林业法律法规内容的专业知识培训 8 次。

（3）加大林业执法力度。根据贵州省和海南省林业厅网站介绍的依法行政工作情况显示，近年来，两省依据相继出台的相关涉林法规与条例，积极主动开展各项专项整治行动。仅 2017 年，贵州省共发生林业行政案件 7591 起，查处 7457 件，查处率为 98.23%。没收非法所得 246.506 万元，罚款 33203.5384 万元，恢复林地 3715.2109 公顷，没收木材 6502.82 立方米，补种树木 104 万株，行政处罚人数 7629 人。海南省森林公安机关共受理各类涉林案件 1829 起，查处 1790 起。其中，立刑事案件 661 起，侦破 643 起，抓获犯罪嫌疑人 596 人，移送起诉 493 人。受理林业行政、治安案件 1168 起，查处 1147 起，行政处罚 1138 人，罚款 495 万余元。

3.4.3.2 推动政府职能有效转变

（1）深化行政审批制度改革。贵州省和海南省围绕本省实际主要围绕清理、简化、标准化以及网上办公四个方面开展林业系统行政审批制度改革相关工作。一是严格对照国务院第三批取消中央指定地方实施行政许可事项及国务院关于修改部分行政法规的决定，做好行政审批事项的清理工作。二是推进行政许可标准化建设，实行行政许可事项清单管理，编制了行政权力运行流程图及服务指南，并进一步优化行政许可流程，规范行政许可服务。三是简化林业行政审批程序，不断缩短行政审批办理时限，提高行政办事效率。

四是全面推进网上在线办理业务，大幅提高了林业采伐及植物检疫审批的效率和管理水平，让群众享受到林业部门快速高效的服务同时对审批全流程进行监督。

（2）建立健全权力清单和动态管理机制。贵州省和海南省林业系统严格执行国家、省委有关行政审批制度改革要求，全面清理实施的行政审批事项。法律法规规定由县级以上林业主管部门实施的审批事项，一律下放到县林业局实施。一些面向基层、量大面广，由基层实施更方便群众的，例如，征收征用林地审批，省林业厅以委托执法方式，将部分权限委托市、县林业部门实施，全面推行"放管服"改革。2017年，贵州省林业厅取消中央指定地方实施行政许可初审事项4项，取消职业资格许可认定事项1项、中介服务事项6项；海南省共废止地方性规章5项，修改地方性规章5项。

3.4.3.3 林业系统依法行政水平有效提升

（1）完善政府立法体制机制。为着力解决制约林业发展深层次的制度障碍，贵州省和海南省持续推进林业系统立法机制体制建设，逐步建立健全林业法规体系。积极完善绿色制度，构建与生态文明建设相适应的地方林业生态法规体系。同时，改进林业立法技术和方法，探索由部门立法转变为开门立法，与律师事务所或者高校法律专家合作，将立法调研、文本起草等工作委托律师事务所承担。

（2）加强规范性文件监督管理。一是强化制度建设，规范制发工作。强化规范性文件合法性审查制度、会议集体讨论决定制度等，进一步提高规范性文件制发质量。二是加强备案工作，严格考评监督。规范性文件的起草部门制定的林业规范性文件不进行合法性审查或者不报送备案的，目标考核实行"一票否决"。三是抓好清理工作，确保文件时效。实行规范性文件定期清理与全面清理相结合的工作方式。

（3）健全依法决策机制。一是加强行政决策制度建设，完善行政决策监督机制。为规范重大决策程序，建立科学、民主、依法的决策机制，贵州省制定了《贵州省林业厅重大决策程序规定》，对重大决策的范围和决策程序进行规范。二是完善行政决策监督，进一步强化行政审批事项的监管。建立专项评审专家数据库，接受专家学者对林业行政审批的监督。三是推进法律顾问制度。与社会法律专业律师事务所合作，成立法律顾问委员会，针对不同的法律问题，交由专业的法律顾问提出法律意见。

3.5 南方集体林区依法行政存在的问题

3.5.1 共性问题

3.5.1.1 人事任用制度缺乏长效法律导向意识

南方集体林区所辖十省区在依法行政方面普遍采用的是普法的宣传与培训机制，普法宣传与培训机制在一定程度上可以起到一解燃眉之急的作用，属于短期快速普法、释法的手段，对于南方集体林区林业系统的从业人员，特别是一线执法人员是一种短平快的有效普法方式。但是，从长期来看，要使相关林业工作人员牢固树立法律意识，使运用法律手段解决实际工作问题成为一种习惯，最终达到知法懂法、习以执法的目的，仅依靠普法宣传与培训是远远不够的。特别是林业系统各级领导和管理人员，他们是林业系统依法行政工作中的"关键少数"，是依法行政工作的有效核心，对于领导干部的法治教育更不可采取短期恶补的方式进行。一方面，必须从人事任用制度的源头抓起，在林业系统各级领导干部的任用上，必须以健全而牢固的法律意识为第一前提，建立重视法治素养与法治能力的人事任用考核导向机制，并逐步建立人事任免的法律导向长效机制；另一方面，虽然南方集体林区十省区均已建立权责清单制度，基本能够保证责任落实到人，但是绝大多数地区仍然没有建立完善的责任追究倒查机制，特别是没有建立完善的责任终身追究制度，不能保证林业工作责任一查到底，缺乏责任兜底落实机制。目前，南方集体林区无论是第一类地区还是第三类地区，在法律意识培育方式的选择上仍然存在一定的误区。

3.5.1.2 监督机制缺乏创新意识

随着国家依法治国方略的深入推进，在地方各级政府的高度重视下，南方集体林区依法行政工作有序开展，近年来取得了不小的成绩。纵观南方集体林区第一类地区、第二类地区以及第三类地区所辖十省区有关依法行政的相关地方性法规与具体举措中，也几乎都对政府依法行政相关工作的监督进行了相关规定，但是，几乎所有省区都是强调内部监督与外部监督相结合，对林业系统依法行政内部监督机制进行较大篇幅的细化与规定，而对于外部监督，绝大多数的省区重视程度明显不足。而对于政府监管能够体现更大效用的是外部监督渠道，这已经是个不争的事实，因此，必须充分发挥林业系统执法工作的外部监督资源，充分挖掘外部监督渠道、途径和手段，合理利用外部监督的各项资源，创新外部监督模式与体系，全方位地实现南方集体林区依法行政的监督职能。目前，南方集体林区绝大部分省区相对于内部监管来说，外部监督的创新意识和动力明显不足。

3.5.1.3 缺乏有效的激励诱导机制

通过南方集体林区所辖十省区依法行政的现状来看，相关政策、措施和规章都是在用法治来制约管理者、工作人员以及执法者，而人才是依法行政的最终完成者，是依法行政工作中不可取代的重要因素。因此，人的主观能动性也就直接决定了依法行政工作的成败。而从管理学的角度分析，人的主观能动性的有效发挥更大程度上来自激励，而不是一味地约束，从这个意义上讲，南方集体林区依法行政工作则缺乏必要的激励机制。依法行政的真正内涵，不仅是有法可依、有法必依，还应该包括执法必严、违法必究，就是要讲求依法行政的效果和效率问题。而约束机制只能在一定程度上保证为依法而行政，但却不能通过约束实现依法行政效率的有效提高，不能根本保证执法必严。因此，南方集体林区必须结合各自林业发展实际，尽快建立完善的依法行政激励诱导机制，双管齐下，在质和量上双重提高依法行政效果。

3.5.2 个性问题

3.5.2.1 缺乏必要的决策跟踪评价机制

南方集体林区所辖十省区针对林业系统重大事项以及个别事项的决策程序都进行了必要的规范，但是，个别地区对于相关决策的严格执行以及决策执行后实施情况的后续跟踪与评价机制仍然较模糊，缺乏有效的依法决策、科学决策、民主决策机制。依法行政工作的相关决策更应该是一个动态的过程，在相关决策执行后，更需要后续跟踪与评价，通过跟踪，实时反馈信息，可以及时修正必要的实施环节，保证相关决策的顺利实现。同时，可以通过评价结论，反映出决策过程中暴露的问题，以便及时修改或者动态微调相关决策程序。因此，科学决策机制还应该包括决策实施的后续跟踪与评价机制。

3.5.2.2 林业行政执法人员的动态调整机制不完善

由于林业执法主要集中在森林分布比较密集的林场、农村等偏远地区，一般远离城市，因此，林业执法不同于政府其他领域的执法，通常对执法人员的身体素质要求更高一些。但是，由于受地方人员编制的限制，南方集体林区个别地区的林业行政执法人员，特别是专职从事法规工作的人员相对不足，并且呈现出明显的年龄老化趋势，人员配备与结构已不适合林业系统法制工作要求的客观要求。因此，应该建立相应的林业执法人员动态调整机制，对一线林业执法人员的年龄、身体素质等条件进行合理规定，对于不满足林业一线执法从业的相关人员进行岗位轮换或者调离，以确保林业执法工作的有效开展。

3.6 本章小结

本章主要结合南方集体林区十省区林业经济发展的客观实际，设定划分标准，将南方集体林区十省区划分为第一类地区、第二类地区和第三类地区，并结合实际数据分别从自然状况、林业产业发展、林权改革、林业投资以及林业从业人员等五个方面分别对第一类地区、第二类地区和第三类地区的林业经济发展、产业结构调整及转型升级进行了系统分析，并总结归纳出共性问题与个性问题。同时，围绕林业立法、政府职能转变以及依法行政水平等方面分别对不同区划的林区依法行政状况进行了系统研究，从中发现南方集体林区依法行政的现存问题。

第 4 章

南方集体林区依法行政与经济转型耦合
发展的关键影响因子

依法行政与经济转型耦合系统是一个复杂的、动态的系统，系统间以及系统各要素间存在着相互作用的内生关系，因此，厘清二者耦合机理的前提是有效识别耦合过程的关键影响因素。

4.1　辨识关键影响因子应遵循的原则

对于南方集体林区依法行政与经济转型耦合发展关键影响因子的辨识是一项动态性、具体性和有效性相结合的研究过程，应遵循以下基本原则。

（1）保证研究过程的可信赖度与权威性，数据的可获得性、可靠性和易用性，充分符合相关用户的需求。

（2）在筛选关键影响因子时，相关指标和结构的设计应具有科学性、可操作性、适用性和灵活性，主观和客观因素相结合，定性和定量相结合。

（3）研究过程中所确定的南方集体林区依法行政与经济转型耦合发展的关键影响因子集要充分体现目标区域的特点和实际，分别就资源条件、经济环境、科技创新水平、人文与地理环境、资金与市场需求状况、产业环境以及执政环境七个层次全面设计因子集。

（4）研究过程中要确定合理的辨识模型和方法，进行数据样本的实验，进行数据积累采集、结果比较分析、评价与解释。

（5）因子数据的获取来源，来自行业内外部专家和相关工作人员的调查，以及部分内部历史数据和行业参照数据。

（6）专家及相关工作人员的调查主要针对的是相关行业，相关结论的服务对象是相关行业的管理者和决策者，因此，要基于因子内容、基于上级的感知、基于上级的期望。

4.2　南方集体林区依法行政与经济转型耦合发展的初始因子集

在国内已有文献中，针对南方集体林区经济转型发展影响因子方面的研究很少见，而尚无基于政府依法行政视角的林区经济转型发展考核指标。本书充分结合我国南方集体林区当前经济运行状况以及南方林区资源条件、要素禀赋和产业优势情况，综合我国学者耿玉德和张朝辉（2013）、马文学（2012）、王志伟和徐俊杰（2011）等的前期研究成果，整理统计而成"南方集体林区依法行政与经济转型耦合发展关键影响因子初始集"，具体如表4－1所示。

表4－1　南方集体林区依法行政与经济转型耦合发展关键影响因子初始集

类别	影响因子	定义和描述
A 资源条件	（1）森林覆盖率	森林面积占土地总面积的比率
	（2）天然林比重	天然林占全部森林资源的比率
	（3）森林分布均衡度	衡量森林资源分布集中或零散程度
	（4）林地可开发利用率	可开发利用林地面积林地总面积比率
	（5）森林蓄积量相对百分比	研究对象森林蓄积量与全国森林蓄积量的比值

续表

类别	影响因子	定义和描述
A 资源条件	(6) 森林资源状况	森林、林木、林地以及依托森林、林木、林地生存的野生动物、植物和微生物
	(7) 森林蓄积量	森林中林木材积的总量
	(8) 森林生长率	森林年度生长材积与上一年度森林材积的比率
	(9) 林地坡度	26 度以下林地为行业内利于开发林地
	(10) 工业三废综合利用率	林业生产中废气、废水、废渣的综合利用比率
	(11) 木产品垃圾综合利用率	木产品废料的综合和回收利用率
	(12) 树根回收利用率	林木采伐中树根回收利用材积占总材积比率
B 科技创新水平	(1) 高校及各类科研机构数量	区域内高等院校与主要林业科研机构数量
	(2) 林业科技人员数量	区域内从事林业科研工作的人员总数
	(3) 林业科技人员占地区人口比重	科技人员数量/区域内人口总数
	(4) 年林业科技论文发表数量	区域内年发表林业科技论文数量
	(5) 年林业科技课题数量	区域内年完成林业科技类课题数量
	(6) 年林业科技发明专利数	区域内年申请获批林业科技发明专利数量
	(7) 林业科技产业产值	林业科技产业年产值
C 人文与地理环境	(1) 国外留学生数量	包括互派留学生、访问学者等各种形式的外籍留学人员
	(2) 高等教育水平人口比重占比	地区接受本科以上高等教育人口数量/地区人口总数
	(3) 硕士以上学历人口占比	区域常住人口中硕士以上学历的人口比重
	(4) 人才净流入情况	年平均净引进区域外各类技术人才数量
	(5) 教育培训总人次比重	林业部门年教育培训总人次/林业部门总人数
	(6) 文化基础设施建设投资比重	文化基础设施建设投资额/基础设施建设总投资额

续表

类别	影响因子	定义和描述
C 人文与地理环境	（7）教育投入占 GDP 比重	财政支出中教育投入占地区 GDP 比重
	（8）游客平均满意度	林业相关旅游资源平均满意度
	（9）物流基础设施建设投资比重	物流基础设施建设投资额/基础设施建设总投资额
D 资金与市场需求状况	（1）区域金融机构数量	地区金融机构总数
	（2）金融机构林业授信比重	金融机构林业授信总金额/金融机构对外授信总额
	（3）林业产品市场占有率	属地林业产品消费量/林业产品总消费量
	（4）金融机构存贷比	区域各类金融机构存款与贷款总额之比
	（5）担保机构数量	区域内各类融资担保机构数
	（6）完善的信用担保体系	全方位建立信用担保市场有序竞争机制
E 经济环境	（1）地区生产总值（GDP）	地区常驻单位各产业增加值之和
	（2）地区生产总值增速	地区生产总值环比增长速度
	（3）地区生产总值占全国比重	地区生产总值/全国国内生产总值
	（4）地区财政收入状况	地区财政收入总额
	（5）固定资产投资状况	地区固定资产投资总额
	（6）人均 GDP 相对水平	地区人均 GDP/全国人均 GDP
	（7）人均财政收入	地区财政收入总额/地区人口总数
	（8）人均固定资产投资	地区固定资产投资总额/地区人口总数
F 产业环境	（1）林业产业产值	林业产业总产值
	（2）林业产业企业年均净利润	林业产业企业五年平均净利润
	（3）林业产业产值增长速度	林业产业产值增加值/上一年度林业产业产值
	（4）企业资产贡献率	利润总额、税金总额与利息支出之和除以平均资产总额的比值
	（5）全员劳动生产率	根据产品价值量指标计算的平均每个从业人员单位时间产品产量

续表

类别	影响因子	定义和描述
F 产业环境	（6）万元产值林地投入降低百分比	平均万元产值林地资金投入减少/上一年度基数
	（7）林业产业从业人员数量	林业企业在岗从业人员总数
	（8）木产品消费量增长率	人们每年所消费的木产品增加值/上一年度基数
	（9）林地利用率	已开发利用林地面积/林地总面积
	（10）木材利用率	出料的使用材积/领用毛料的总材积
	（11）一次性林业产品比率	一次性木制品占全部木制品的比重
	（12）一次性林产品产量降低百分比	一次性林产品当年减少产量/上一年度基数
	（13）污水处理循环利用率	污水处理后可利用水占污水总量比重
	（14）森林资源恢复比率	人工植林面积占已开发林地面积比重
	（15）人均木材消费量降低百分比	林区人均木材消费降低量/上年度人均木材消费量
	（16）万元产值耗损木材降低百分比	每万元林业产值耗损木材降低量/每万元林业产值耗损木材量
	（17）成本费用利润率	成本费用总额/营业收入
G 执政环境	（1）地区法律法规完善程度	林区相关法律法规的
	（2）政府行政办事效率	行政工作投入资源/所取得的成果与收益
	（3）林业产业优惠政策情况	林业产业优惠政策数
	（4）依法行政水平	政府依法办事与执法情况的综合指标
	（5）专项政策制定的连续性	专项政策的接续性与连贯性
	（6）政府行政满意度	1－管理部门投诉件数/接收案件总数 × 100%
	（7）人才培养与引进政策	人才培养与引进政策数
	（8）年均专项政策修订情况	林业专项政策年修订数
	（9）年均专项政策制定情况	林业专项政策年制定数

　　该项初始指标集合共列出七大类 68 项主要影响因子，它们都在不同程度上反映了政府依法行政视角下南方集体林区经济发展及其全要素流动的相关

信息。但是，过于复杂的考核内容在实际应用中是较难推进的，加之个别定量指标的数据难以统计和获得，使得实际操作性降低，而使用尽可能少的考核指标获得最大的信息量则更加符合实际工作，从而使全面和高效地考查林区经济发展各要素的内外部状态、综合测评经济发展的内外部环境成为可能。

4.3　重要影响因子的确定方法

4.3.1　专家群体问卷调查表的设计及调查

为构造一个有效并有可操作性的南方集体林区依法行政与经济转型耦合发展的关键影响因子集，根据前期相关研究文献，在归纳汇总和分析国内外专家学者研究成果的基础上，对南方集体林区依法行政与经济转型耦合发展的关键影响因子集进行专家群体调查问卷的设计。依据该项初始指标集合的相关信息，并采用典型对象调查模式，设计专家群体问卷调查表，本书所指专家群体既包括该领域的知名专家学者，也包括高校、区域经济研究机构以及政府职能部门等相关单位的专业从业者，通过实地走访、电子邮件以及电话采访等方式向该领域的专家群体进行问卷咨询，主要调查专家群体对南方集体林区依法行政与经济转型耦合发展关键影响因子的重要程度和易获得性的认知，以及补充未考虑到的、实际工作中确实存在的重要影响因子（详见本书附录）。

4.3.1.1　问卷方式

采用的是通信类型的问卷调查方式。拟好问卷函后通过电子邮件寄给样本专家群体，或者直接约见专家群体进行面对面咨询，请被访问者按题逐一回答后，将问卷寄回。特点是数量大，时间性不强，把问题填答清楚即可。

4.3.1.2 问卷的基本结构

采用三部分的结构形体：封面致敬信、正文问答题、封底指导语。封面致敬信用于说明调查的目的、范围、回答方法和感谢语。封底指导语是对正文问题的一些定义、解释和说明。

4.3.1.3 问卷设计的原则

简单明了，便于被调查对象进行阅读和填答。

4.3.1.4 问卷中问题的设计和答案的构思

南方集体林区依法行政与经济转型耦合发展关键影响因子的问卷调查内容包括三部分：第一，影响因子的重要性程度；第二，测评数据的可获得性；第三，征询各被调查单位补充其他应考虑的因素。采用表格式，把问题排成行，答案排成列，整齐美观节省版面。使用 7 点数量值表进行影响因子重要性程度和评价数据易获得性的评定。因为评价中对于重要程度的高低等很多问题不能简单地用好或不好，是或否的问法，难于表达出内心真实的看法，所以采用量表法以了解被调查者的认可程度和意向程度等。在此调查表中答案设计成由低到高共七个量级：1 表示"非常不重要"，7 表示"非常重要"。易获得性只有二个值，将用 0 表示不易获得，1 表示易获得，计算频数和频率（详见本书附录）。

4.3.1.5 调查对象

由于研究过程所涉及的行业、部门、不同单位的性质以及所关注的内容都有很大差别，对于南方集体林区依法行政与经济转型耦合发展案件影响因子的认可度和重要性认知也是有一定差异的，因此，本书将调查对象分为四类：决策管理部门、典型企业、科研院所以及高校的专家群体，重点是调查各单位关于南方集体林区依法行政与经济转型耦合发展的影响因子重要性程度和易获得性的认知。对四类调查对象共发出调查问卷 105 份，共收回调查问卷95份，满足条件并且为有效数据的调查问卷87份，其中，决策管理部门39份、典型企业12份、科研院所16份、高校20份，面对面专家咨询内容与调查问卷内容基本一致，同时结合专家建议对调查问卷指标做必要修正。

4.3.2　专家群体意见汇集方法

此次问卷调查使各单位针对南方集体林区依法行政与经济转型耦合发展的主要影响因子集，进行了全面深入的重要性程度与测评数据可获得性调查。按照表4-2所示的影响因子调查数据汇集格式，将问卷调查与实际咨询中专家对所有影响因子的重要性程度评价和易获得性数据进行整理和算术统计。

表4-2　　　　　　　　　调查结果实际数据整理样式

重要程度	1	2	3	4	5	6	7	平均值	易得性（%）
专家数	6	0	0	0	0	0	5	3.73	83.47

依据此种数据整理方法，将所收回的调查问卷与专家咨询信息整理和算术统计，其中易得性为频率统计百分数。

4.3.3　调查结果专家群体意见汇集

根据上述数据整理方法对所回收的调查问卷及专家咨询信息整理（如表4-3~表4-9所示）。

表4-3　　　　　　"资源条件"影响因子数据统计结果

影响因子	重要程度							均值	易得性（%）
	1	2	3	4	5	6	7		
（1）森林覆盖率	0	0	0	8	5	3	71	6.57	98.16
（2）天然林比重	0	0	0	2	2	3	80	6.85	95.21

续表

影响因子	重要程度							均值	易得性（％）
	1	2	3	4	5	6	7		
（3）森林分布均衡度	0	0	2	5	5	10	65	6.51	48.35
（4）林地可开发利用率	0	0	5	32	15	11	24	5.20	87.13
（5）森林蓄积量相对百分比	0	2	8	28	15	10	23	5.28	89.83
（6）森林资源状况	2	18	36	13	9	7	3	3.47	48.31
（7）森林蓄积量	0	0	5	30	12	18	22	5.85	93.21
（8）森林生长率	0	0	5	12	15	17	38	6.32	78.79
（9）林地坡度	0	0	3	27	12	17	28	5.45	73.12
（10）工业三废综合利用率	0	0	1	15	19	28	26	5.78	83.45
（11）木产品垃圾综合利用率	0	2	5	12	20	17	31	6.11	78.72
（12）树根回收利用率	0	0	3	8	3	5	68	6.50	85.10

表 4 - 4　　　　　"科技创新水平"影响因子数据统计结果

影响因子	重要程度							均值	易得性（％）
	1	2	3	4	5	6	7		
（1）高校及各类科研机构数量	0	0	2	13	9	21	42	6.01	98.56
（2）林业科技人员数量	0	2	3	9	11	15	47	6.01	98.02
（3）林业科技人员占地区人口比重	0	2	8	21	20	27	9	5.02	96.75
（4）年林业科技论文发表数量	0	0	4	7	13	24	39	6.00	97.32
（5）年林业科技课题数量	0	1	8	26	23	20	9	4.92	97.21
（6）年林业科技发明专利数	0	0	2	2	15	23	45	6.23	98.16
（7）林业科技产业产值	0	2	8	21	20	27	9	5.02	98.02

表 4-5　　　　　"人文与地理环境"影响因子数据统计结果

影响因子	重要程度							均值	易得性（%）
	1	2	3	4	5	6	7		
（1）国外留学生数量	0	0	10	19	24	23	11	5.07	97.30
（2）高等教育水平人口比重占比	0	2	2	45	13	15	10	4.98	95.66
（3）硕士以上学历人口占比	0	0	19	20	26	17	5	5.01	100
（4）人才净流入情况	0	3	7	17	28	23	9	5.01	89.14
（5）教育培训总人次比重	0	0	0	7	13	32	35	6.09	90.41
（6）文化基础设施建设投资比重	0	1	10	4	11	26	35	5.79	85.21
（7）教育投入占 GDP 比重	0	0	0	26	29	15	10	4.94	85.69
（8）游客平均满意度	0	0	1	26	18	24	18	5.25	80.34
（9）物流基础设施建设投资比重	0	0	7	26	29	15	10	4.94	100

表 4-6　　　　　"资金与市场需求状况"影响因子数据统计结果

影响因子	重要程度							均值	易得性（%）
	1	2	3	4	5	6	7		
（1）区域金融机构数量	0	0	2	44	16	22	3	4.78	92.43
（2）金融机构林业授信比重	0	0	1	19	32	22	13	5.31	93.61
（3）林业产品市场占有率	0	0	0	0	14	39	34	6.22	79.22
（4）金融机构存贷比	0	0	0	31	35	2	19	5.03	80.41
（5）担保机构数量	0	0	0	42	28	3	14	4.95	75.70
（6）完善的信用担保体系	0	0	4	30	21	11	21	5.17	75.07

表 4-7　　　　　"经济环境"影响因子数据统计结果

影响因子	重要程度							均值	易得性（%）
	1	2	3	4	5	6	7		
（1）地区生产总值（GDP）	0	0	1	3	12	5	66	6.52	97.91
（2）地区生产总值增速	0	1	16	35	8	12	15	4.85	97.52

续表

影响因子	重要程度							均值	易得性（%）
	1	2	3	4	5	6	7		
（3）地区生产总值占全国比重	0	0	12	30	20	12	13	4.89	98.01
（4）地区财政收入状况	0	0	6	8	8	21	44	6.02	92.33
（5）固定资产投资状况	0	0	0	2	20	14	51	6.31	90.19
（6）人均 GDP 相对水平	0	0	1	3	10	26	47	6.32	99.30
（7）人均财政收入	2	2	11	33	23	10	6	4.46	96.38
（8）人均固定资产投资	0	0	1	51	10	15	10	4.21	93.29

表 4 – 8　　　　　"产业环境"影响因子数据统计结果

影响因子	重要程度							均值	易得性（%）
	1	2	3	4	5	6	7		
（1）林业产业产值	0	0	0	0	0	31	56	6.64	90.37
（2）林业产业企业年均净利润	0	0	20	27	21	10	9	4.75	86.22
（3）林业产业产值增长速度	0	0	0	2	17	29	39	6.21	87.88
（4）企业资产贡献率	0	0	3	9	21	29	25	5.74	89.29
（5）全员劳动生产率	0	0	0	7	17	25	38	6.08	90.31
（6）万元产值林地投入降低百分比	0	0	0	0	18	26	43	6.29	93.45
（7）林业产业从业人员数量	0	0	20	21	29	9	8	4.66	91.09
（8）木产品消费量增长率	0	0	7	38	20	9	13	4.80	93.05
（9）林地利用率	0	0	0	40	21	11	15	5.01	92.19
（10）木材利用率	0	0	0	7	9	39	32	6.10	89.80
（11）一次性林业产品比率	0	0	27	21	25	7	7	4.58	84.21
（12）一次件林产品产量降低百分比	0	0	7	27	21	15	17	5.09	80.11
（13）污水处理循环利用率	0	0	0	21	29	19	18	5.39	85.42
（14）森林资源恢复比率	0	0	5	19	26	19	18	5.28	83.33
（15）人均木材消费量降低百分比	0	0	0	18	18	23	28	5.68	85.28

影响因子	重要程度							均值	易得性（%）
	1	2	3	4	5	6	7		
（16）万元产值耗损木材降低百分比	0	0	4	15	29	22	17	5.35	77.36
（17）成本费用利润率	0	0	6	18	22	16	25	5.78	86.77

表4-9　　　　　　　　"执政环境"影响因子数据统计结果

影响因子	重要程度							均值	易得性（%）
	1	2	3	4	5	6	7		
（1）地区法律法规完善程度	0	0	16	33	2	11	5	4.88	53.23
（2）政府行政办事效率	0	0	0	0	0	22	65	6.75	70.80
（3）林业产业优惠政策情况	0	0	10	37	12	7	21	4.91	83.43
（4）依法行政水平	0	0	0	0	6	22	59	6.61	71.28
（5）专项政策制定的连续性	0	0	0	8	18	27	34	6.00	77.93
（6）政府行政满意度	0	0	0	0	18	26	41	6.22	75.46
（7）人才培养与引进政策	0	1	25	38	15	5	3	4.72	65.47
（8）年均专项政策修订情况	0	0	0	2	21	20	44	6.22	89.33
（9）年均专项政策制定情况	0	0	0	1	1	28	57	6.62	72.10

4.4　应用灰色系统理论筛选关键影响因子

　　南方集体林区依法行政与经济转型耦合发展影响因子的重要性程度是一个抽象的概念，很难给予量化，重要影响因子的筛选也具有多准则和不确定性。目前，对于不确定性问题有三种理论：概率论、模糊理论和灰色理论。人们通过概率与数理统计，解决样本量大、数据多但缺乏明显规律的问题，即"大样本不确定性"问题；人们用模糊数学处理人的经验与认知，解决"认知不确定性"问题；而灰色系统理论则是针对既无经验、数据又少的不确定性问题，即"少数据不确定性"问题。邓聚龙教授在 20 世纪 80 年代初创立了灰色系统理论（grey theory），这一理论作为不确定性系统研究的新兴学科，它从不同角度、不同侧面论述了描述和处理各类不确定性信息的理论和方法。灰色系统理论的迅速发展及其在众多科学领域中的成功应用，赢得了国际学术界的肯定和关注。

4.4.1　模型构建与变量说明

4.4.1.1　灰色聚类白化权函数

本书根据有效问卷信息数据将政府依法行政视角下南方集体林区经济发展影响因子的重要程度设为"低、中、高"三个灰类，进而构造出每个类级的灰类白化权函数公式，如下：

第一灰类"高"，$i=1$，其白化权函数：

$$K_1(lm) = \begin{cases} 1, & h_{lm} \geqslant 7 \\ \dfrac{h_{lm}-4}{7-4}, & 4 < h_{lm} < 7 \\ 0, & h_{lm} \leqslant 4 \end{cases} \qquad (4-1)$$

第二灰类"中"，$i=2$，其白化权函数：

$$K_2(lm) = \begin{cases} 0, & h_{lm} \leqslant 1 \\ \dfrac{h_{lm}-1}{4-1}, & 1 < h_{lm} < 4 \\ 1, & h_{lm} = 4 \\ \dfrac{7-h_{lm}}{7-4}, & 4 < h_{lm} < 7 \\ 0, & h_{lm} \geqslant 7 \end{cases} \qquad (4-2)$$

第三灰类"低"，$i = 3$，其白化权函数：

$$K_3(lm) = \begin{cases} 0, & h_{lm} \geq 4 \\ \dfrac{4 - h_{lm}}{4 - 1}, & 1 < h_{lm} < 4 \\ 1, & h_{lm} \leq 1 \end{cases} \qquad (4-3)$$

设 $K_i(lm)$ 为第 m 个影响因子其重要性程度为 l 的白化权函数值，i 为灰类级数，$i = 1$，2，3，h_{lm} 为第 m 个影响因子其重要性程度为 l 的分值，$K_i(lm)$ 的计算公式分别为公式（4-1）、公式（4-2）、公式（4-3），其中，$l = 1$，2，…，7，$m = 1$，2，…，61。

4.4.1.2　灰色聚类决策系数

将调查表中的每个主要影响因子重要性程度的专家分值进行整理统计，归纳成表，作为灰类决策系数的计算依据，并根据灰色系统原理公式（4-4）计算灰色聚类决策系数 $U_i(m)$ 如下：

$$U_i(m) = \sum n(lm)K_i(lm) \qquad (4-4)$$

其中：$U_i(m)$ 为第 m 个影响因子属于第 i 个灰类级的决策系数；$K_i(lm)$ 为第 m 个影响因子其重要性程度为 l 的白化权函数；$n(lm)$ 为考察第 m 个影响因子其重要性程度为 l 的专家群体数量。

4.4.1.3　确定灰类决策特征向量

每个影响因子的特征向量均由 $\{U_3(m)$，$U_2(m)$，$U_1(m)\}$ 三个灰色聚类的决策系数经过公式（4-4）的运算而得，即 $\{U_低$，$U_中$，$U_高\}$，所有调查问卷所得数据经过统计整理和灰色计算，其决策特征向量与其他数据，如表4-10所示。我们从表4-10中显示的特征向量与重要性程度测算结果不难看出，绝大多数影响因子的重要性程度分布于"高"和"中"两个灰类级，这并非专家群体对于影响因子高估的结果，而是基于已有研究成果和真实考察所获得的影响因子指标集合具有一定的代表性。

表 4 - 10　影响因子重要性程度的灰色聚类运算与易得性综合筛选结果

指标	主要影响因子	决策特征向量	重要程度	易得性（%）	是否选取
A 资源条件	（1）森林覆盖率	(0.00, 12.33, 74.67)	高	98.16	√
	（2）天然林比重	(0.00, 4.33, 82.67)	高	95.21	√
	（3）森林分布均衡度	(0.67, 13.00, 73.33)	高	48.35	×
	（4）林地可开发利用率	(1.67, 36.33, 49.00)	高	87.13	√
	（5）森林蓄积量相对百分比	(1.62, 34.38, 51.00)	高	89.83	√
	（6）森林资源状况	(49.05, 32.38, 5.57)	低	48.31	×
	（7）森林蓄积量	(1.00, 13.67, 72.33)	高	93.21	√
	（8）森林生长率	(2.00, 24.33, 60.67)	高	78.79	√
	（9）林地坡度	(0.33, 13.33, 73.33)	高	73.12	√
	（10）工业三废综合利用率	(1.00, 13.67, 72.33)	高	83.45	√
	（11）木产品垃圾综合利用率	(2.00, 24.33, 60.67)	高	78.72	√
	（12）树根回收利用率	(1.00, 13.67, 72.33)	高	85.10	√
B 经济环境	（1）地区生产总值（GDP）	(0.33, 13.33, 73.33)	高	97.91	√
	（2）地区生产总值增速	(1.00, 45.33, 40.67)	中	97.52	×
	（3）地区生产总值占全国比重	(0.67, 45.33, 41.00)	中	98.01	×
	（4）地区财政收入状况	(2.00, 24.33, 60.67)	高	92.33	√
	（5）固定资产投资状况	(0.00, 20.00, 67.00)	高	90.19	√
	（6）人均 GDP 相对水平	(0.33, 19.00, 67.67)	高	99.30	√
	（7）人均财政收入	(7.00, 59.67, 20.33)	中	96.38	×
	（8）人均固定资产投资	(11.00, 53.00, 23.00)	中	93.29	×
C 科技创新水平	（1）高校及各类科研机构数量	(0.67, 27.33, 59.00)	高	98.56	√
	（2）林业科技人员数量	(2.33, 24.00, 60.67)	高	98.02	√
	（3）林业科技人员占地区人口比重	(3.00, 48.00, 36.00)	中	96.75	×
	（4）年林业科技论文发表数量	(1.33, 26.33, 59.33)	高	97.32	√
	（5）年林业科技课题数量	(0.67, 46.67, 39.67)	中	97.21	×

续表

指标	主要影响因子	决策特征向量	重要程度	易得性（%）	是否选取
C 科技创新水平	（6）年林业科技发明专利数	(0.67, 21.00, 65.33)	高	98.16	√
	（7）林业科技产业产值	(4.00, 49.33, 33.67)	中	98.02	×
D 人文与地理环境	（1）国外留学生数量	(3.33, 49.33, 34.33)	中	97.30	×
	（2）高等教育水平人口比重占比	(2.00, 25.67, 59.33)	高	95.66	√
	（3）硕士以上学历人口占比	(4.00, 49.33, 33.67)		100	√
	（4）人才净流入情况	(1.67, 46.33, 39.00)	中	89.14	×
	（5）教育培训总人次比重	(0.00, 28.46, 60.67)	高	90.41	√
	（6）文化基础设施建设投资比重	(0.00, 26.33, 58.54)		85.21	√
	（7）教育投入占 GDP 比重	(4.33, 49.00, 33.67)	中	85.69	×
	（8）游客平均满意度	(4.00, 27.00, 56.00)	高	80.34	√
	（9）物流基础设施建设投资比重	(7.41, 29.37, 50.22)	高	100	√
E 资金与市场需求状况	（1）区域金融机构数量	(1.00, 47.67, 38.33)	高	92.43	√
	（2）金融机构林业授信比重	(0.33, 27.33, 59.33)	中	93.61	×
	（3）林业产品市场占有率	(0.00, 22.33, 64.67)	高	79.22	√
	（4）金融机构存贷比	(0.00, 23.67, 63.33)	高	80.41	√
	（5）担保机构数量	(0.00, 45.00, 42.00)	中	75.70	×
	（6）完善的信用担保体系	(0.00, 28.00, 59.00)	高	75.07	√
	（7）区域金融机构数量	(0.33, 27.33, 59.33)	高	88.17	×
F 产业环境	（1）林业产业产值	(0.00, 10.33, 76.67)	高	90.37	√
	（2）林业产业企业年均净利润	(0.00, 23.00, 64.00)	高	87.88	×
	（3）林业产业产值增长速度	(2.33, 59.00, 25.67)	中	93.05	×
	（4）企业资产贡献率	(1.00, 34.67, 51.33)	高	89.29	√
	（5）全员劳动生产率	(0.00, 26.67, 60.33)	高	90.31	√
	（6）万元产值林地投入降低百分比	(0.00, 20.67, 66.33)	高	93.45	√
	（7）林业产业从业人员数量	(2.33, 59.00, 25.67)	中	93.05	×
	（8）木产品消费量增长率	(0.00, 47.67, 29.33)	高	92.19	√

指标	主要影响因子	决策特征向量	重要程度	易得性（%）	是否选取
F 产业环境	（9）林地利用率	（0.00，26.00，61.00）	高	89.80	√
	（10）木材利用率	（2.33，59.00，25.67）	中	93.05	×
	（11）一次性林业产品比率	（2.33，59.00，25.67）	中	93.05	×
	（12）一次性林业产品产量降低百分比	（2.33，59.00，25.67）	中	93.05	×
	（13）污水处理循环利用率	（3.00，48.00，36.00）	中	96.75	×
	（14）森林资源恢复比率	（1.33，26.33，59.33）	高	97.32	√
	（15）人均木材消费量降低百分比	（0.67，46.67，39.67）	中	97.21	×
	（16）万元产值耗损木材降低百分比	（3.00，48.00，36.00）	中	96.75	×
	（17）成本费用利润率	（1.33，26.33，59.33）	高	97.32	√
G 执政环境	（1）地区法律法规完善程度	（0.00，53.00，34.00）	中	73.23	×
	（2）政府行政办事效率	（0.00，7.33，79.67）	高	70.80	√
	（3）林业产业优惠政策情况	（3.33，54.00，29.67）	中	83.43	×
	（4）依法行政水平	（0.00，11.33，75.67）	高	71.28	√
	（5）专项政策制定的连续性	（0.00，29.00，58.00）	高	77.93	√
	（6）政府行政满意度	（0.00，22.67，64.33）	高	75.46	√
	（7）人才培养与引进政策	（18.66，38.67，29.67）	中	85.47	×
	（8）年均专项政策修订情况	（0.00，22.67，64.33）	高	89.33	√
	（9）年均专项政策制定情况	（0.00，11.00，76.00）	高	72.10	√

4.4.2　模型运算与结果

在政府依法行政视域下南方集体林区经济发展关键影响因子的选取过程中，本书充分结合南方集体林区行政执法和经济发展的特征与实际，"依法行政"与"经济转型"的主体功能，综合考虑了重要程度与易得性两个决定要素，便于评价考查的实际操作，我们只选取"高"类重要程度的影响因子，而考虑到个别因子实际数据可获得性较低，不具有较强的实际操作性，因此，在灰类级为"高"类的影响因子中将易得性低于50%的影响因子剔除，如表4-10所示，这里用"√"标识选取的影响因子，用"×"标识被剔除的影响因子。基于表4-1～表4-7的初始影响因子调查统计数据，运用Matlab进行灰色聚类决策运算共筛选出34项关键影响因子，如表4-10所示。

通过灰色聚类运算与易得性综合筛选最终共确定了46项关键影响因子。在问卷调查与实地调研的过程中我们了解到，地区管理决策部门以及工作人员对南方集体林区依法行政与经济转型耦合发展的关键影响因子理解不够透彻和全面，导致相关政策的制定缺乏一定的针对性，在一定程度上影响了南方集体林区依法行政与经济转型的耦合效应。加之外部环境的复杂性以及该研究领域本身界定的模糊性，如何客观地把握南方集体林区依法行政与经济转型耦合发展的关键影响因子，也成为实际工作推进的难点。因此，相关职能部门迫切需要一套科学、合理的影响南方集体林区依法行政与经济转型耦合系统持续健康发展的指标体系，以便更好地把握南方集体林区依法行政与经济转型耦合发展的关键诱因，有针对性地制定与实施各项政策措施。

4.5 依法行政与经济转型耦合发展关键影响因子调查结果分析

"依法行政"与"经济转型"的耦合发展是对二者内生关系的全新认识与定位，国内外相关研究文献较少从系统理论出发研究二者的关系问题。本书充分考虑南方集体林区的实际发展特征，结合国内典型学者的相关研究成果，整理统计而成涵盖七大类68项具体影响因子的初始指标集合。考虑到学术上有关"依法行政"与"经济转型"耦合发展评价与考核指标的匮乏，充分结合行业经验与数理统计方法的综合运用，客观辨识二者耦合发展的关键影响因子。在对行业内进行问卷抽样调查的基础上，运用灰色系统理论构造实证检验模型，并结合实际调查数据进行实证与分析，研究结果呈现出三个方面的结论：一是行业内对于"依法行政"与"经济转型"耦合发展影响因子初始指标集合中的大部分指标较认同，说明该指标集合基本涵盖了二者耦合的关键影响要素；二是在七大类指标当中保留指标分布不均，其中经济环境与执政环境指标保留率均在 75% 以上，而人文与地理条件指标保留率最低，仅为 37.5%，抽样调查结果较为集中，说明行业内在"依法行政"与"经济转型"耦合发展的影响因子上基本达成共识；三是运用灰色系统理论构建实证检验模型，可以在一定程度上降低抽样数据的主观性影响。上述研究结果主要体现如下政策含义。

4.5.1　实际工作中缺乏依法行政与经济转型共生发展的评价机制

在问卷调查与实地调研的过程中我们了解到，林区政府相关部门以及工作人员对"依法行政"与"经济转型"耦合发展及其关键影响因子的理解不够透彻和全面，导致相关政策的制定缺乏一定的针对性，在一定程度上影响了林区经济持续、动态转型的自适应能力。加之经济环境的复杂性以及"依法行政"与"经济转型"本身界定的模糊性，如何客观地把握南方集体林区"依法行政"与"经济转型"耦合发展的关键影响因子，也成为实际工作推进的难点。因此，南方集体林区相关职能部门迫切需要一套科学、合理的影响"依法行政"与"经济转型"持续健康发展的指标体系，以便更好地把握二者耦合发展的关键诱因，有针对性地制定与实施各项政策措施。

4.5.2　学界缺乏针对依法行政与经济转型内生关系的研究

国内目前分别针对"依法行政"与"经济转型"的研究文献较多，但针对二者关系的研究文献则较少，特别是针对其内生辩证关系的理论研究较少，目前尚无有关二者耦合发展及其影响因子的研究文献，可参考的文献量之少，指标内容之大同，是南方集体林区"依法行政"与"经济转型"耦合发展影响因子研究工作的难点所在。无论从现实还是理论都证明"依法行政"与"经济转型"作为相互作用的系统，系统要素之间存在相互促进、相互影响的共生关系，从理论视角重新审视二者的内生关系与作用机制，对于有效促进二者协调共生发展具有重要的现实意义。

4.5.3　依法行政与经济转型的耦合具有复杂性和动态性

运用数理统计方法对影响因子集合进行客观辨识，可最大限度地降低主观性的影响，研究过程与研究结果表明，关键影响因子的筛选科学、合理，能够体现大多数专家、学者以及业内工作人员的观点，并且具有较强的实际操作性。但是，需要指出的是，筛选得出的关键影响因子并不是静态不变的，随着南方集体林区经济环境、政策环境以及外部因素的不断改变，"依法行政"系统与"经济转型"系统的要素构成以及系统要素间的作用机制可能会发生阶段性的变化，在实际工作中仍然需要剔除相关因子和添加新的影响要素，这样才能客观地把握南方集体林区行政执法与经济发展的实际，更好地促进南方集体林区经济的持续发展。

4.6　本章小结

本章主要是运用数量方法客观辨识南方集体林区依法行政与经济转型耦合发展的关键影响因子。首先，明确了关键影响因子辨识的基本原则，并在相关文献的基础上总结给出涵盖资源条件、科技创新、经济环境、人文与地理环境、资金与市场需求状况、产业环境以及执政环境等七大类68项指标的初始集合。其次，依据初始指标结合设计专家群体问卷调查表，通过问卷调查获得各指标评价得分的一手数据，并运用灰色系统理论构建白化函数，基于实际调查数据进行灰色聚类运算，剔除易获得性低于 50% 且灰类值处于中或低的初始指标，最终共得到七大类 46 项关键影响因子。最后，根据筛选结果进行了调查结果分析。

南方集体林区依法行政与经济转型系统的耦合机理

5.1 依法行政与经济转型互动发展的现实基础

依法行政与经济转型互动发展的现实基础主要体现在以下四个方面：第一，来自国家宏观决策层面的思想转变与伟大实践；第二，世界典型国家经济改革与法治实践的经验教训及具体例证；第三，国内学界的理论共识；第四，耦合理论与技术在社会科学领域的多元化发展与运用。

5.1.1 我国宏观决策层面的思想转变与法治实践

1993 年 11 月，中共十四届三中全会审议通过《中共中央关于建立社会主义市场经济体制若干问题的决定》，首次在国家重要纲领性文件中明确政府职能转变、法制与市场经济的关系。随后的 1995 年 9 月，中共十四届五中全会审议通过了《关于国民经济和社会发展"九五"计划和 2010 年远景目标的建议》，首次提出经济体制改革与经济增长方式的两个转变，进一步明确推进政府职能的合理转变，指出中央政府通过经济和法律手段，辅以行政手段，适应社会主义市场经济发展的要求，不断加强国家宏观调控的能力，这是我国社会主义市场经济体制下的第一个中长期发展规划，也是较早反映"法治""政府""经济"关系的国家纲领性文件。而随着改革开放的不断推进以及加入 WTO 等市场规则的改变，2000 年 10 月，中共十五届五中全会审议通过的《中共中央关于制定国民经济和社会发展第十个五年计划的建议》则在进一步明确深化经济体制改革，不断完善社会主义市场经济体制的基础上，加快政府职能转变，并同时强调要适应经济体制改革和社会主义市场经济建设的实践要求，切实加强社会主义民主法治建设，加强政府工作的法治化，努力为市场经济营造公平、民主、透明和有序的竞争环境，从而为全面推进依法行政奠定了基础。2003 年 10 月，党的十六届三中全会审议通过的《中共中央关于完善社会主义市场经济体制若干问题的决定》则再次强调转变政府职能，加快建立服务型政府，建立以道德为支撑、产权为基础、法律为保障的社会信用制度。为全面贯彻落实依法治国基本方略和党的十六届三中全会精神，2004 年 3 月 22 日，国务院印发《全面推进依法行政实施纲要》，进一步明确深化行政管理体制改革，依法界定与规范政府的经济调节职能与市场监管职能，切实将政府的经济管理职能转变到为经济社会发展服务与营造公平有序的市场环境上来，强调了政府对经济社会发展管理必须依法行政，这也是我国在社会经济发展中全面推行依法行政的重要标志。此后，党的十八届四中全会通过《中共中央关于全面推进依法治国若干重大问题的决定》，其中明确强调社会主义市场经济本质上是法治经济，各级政府的管理职能不能脱离法治轨道，从国家层面进一步明确了依法行政、政府职能转变与经济发展的内生关系与重要意义。2017 年 10 月 18 日，党的十九大报告中明确指出成立"中央全面依法治国领导小组"，进一步保障经济社会发展的全面法治化。

5.1.2 世界典型国家经济改革与法治实践的经验例证

此外，从全球范围来看，很多国家法治推动经济改革与快速发展的实践例证都可以成为依法行政与经济转型互动发展的现实依据。二战后的联邦德国 1949～1982 年共制定相关经济法律 2000 多件，占比同期制定全部法律的 70% 以上，涉及经济社会发展与管理的方面相当广泛，逐渐形成了一个完善而又庞大的经济法律体系，而事实上，作为法律部门的经济法最早就是诞生于二战后的联邦德国，历史资料显示，德国经济的快速发展时期正式开始于 20 世纪 50 年代，二战后联邦德国经济的迅速崛起得益于对经济调节方式的法治化。同样，日本战后经济的快速发展同样离不开严密的法律、法规体系。此外，日本宪法赋予检察院极大的权利，甚至可以不通过内阁的同意就可以直接对违法嫌疑的政府官员进行例行检查，违法必究的观念在日本已经成为人们生活的习惯。美国则从一开始就从经济发展效率的角度设计了其整个法律架构，使得美国成功解决了"政府失灵"的问题，在美国，美国经济的快速发展与其细致入微和完备的法律体系是分不开的。

5.1.3　国内外学界的理论共识

改革开放以来，特别是党的十五大以来，我国积极推进依法治国重大方略，不断加强中央与地方立法步伐，持续加大执法力度，为我国经济社会的稳定与可持续发展创造了良好的条件。与此同时，国内学界逐渐开始关注"依法行政"与"经济转型"的互促发展，有关两大系统内生关系的创新研究逐渐成为学术关注的焦点。

国内学界对于"依法行政"与"经济转型"的互促内生关系已经基本达成共识，二者作为相互独立的系统，既相互促进，又相互制约，系统之间天然存在着多样性的互促内生机制，厘清系统要素之间的内生关系，辨识系统间相互促进，共生发展的内生机理是当前急需解决的关键问题。可以肯定的是，中国的经济转型客观上需要践行依法行政，而政府作为依法行政的执行者，使得政府转型成为"依法行政"与"经济转型"互促共生的关键节点，具有不可替代的传递作用，只有依法行政才能塑造一个强政府，只有强而有力的政府才能更好地为市场经济服务，因此，必须正确认识依法行政、政府转型与经济转型之间的内生关系，只有在依法行政促进政府职能合理转变的背景下，才具备充足的条件在城镇化、收入分配、消费模式、低碳发展以及公共服务等方面不断实践经济转型的创新模式，才能从区域经济协调发展、贸易转型、民营资本以及需求升级和产业升级等方面深入探寻经济转型升级的具体路径。我国经济进入新常态以来，国外学界始终关注中国经济是否会掉入中等收入国家陷阱，究其原因是新时期在依法行政的推动下，需要重新界定政府对市场经济的管辖权，大量的实证研究已经表明，适应经济发展需要的成功的政府转型是推动经济转型升级和可持续发展的关键，而依法行政则是法治政府建设的根本保障，面对经济转型、社会转型与政府转型过程中的新问题和新矛盾，只有创新性地运用法治思维与法律方式才能根本解决经济发展中的现实问题，完善经济结构，推动经济持续增长。

5.1.4 耦合理论与技术在社会科学领域的多元化发展与运用

当代耦合理论与耦合技术的多元化发展以及在经济管理领域的广泛运用，为"依法行政"与"经济转型"系统全要素的耦合运行奠定了理论基础。耦合是广泛存在于工程技术领域的一种科学现象，属于物理范畴的一个概念，通常指两个或两个以上的系统或者运动模式之间相互作用、相互影响而彼此联合在一起，形成有一定叠加效应的现象，客观上是相互耦合的主体及要素之间相互制约、相互促进与相互依赖的关联关系。目前，国内社会科学领域从不同的视角对"系统耦合理论"进行了诠释，在社会经济、生态坏境、人口问题以及科技创新等诸多领域进行了大量的研究工作，纵观国内现有文献，已有系统耦合观点主要体现在三个方面。

（1）基于耦合个体种类划分的要素耦合与系统耦合。要素耦合重点研究单一系统内部各要素之间的相互作用机制，而系统耦合则研究分属于两个或多个系统内部的各子系统以及不同要素之间的相互作用，强调的是要素组群之间的耦合机制。李荣华（2007）针对上海合作组织内部成员国之间在文化、宗教、政治体制、经济水平以及互信状况等影响因素的不同，从要素耦合的角度系统分析了上合组织在进一步发展中的制约因素。王翔等（2015）针对企业战略中不同商业模式之间的耦合效应对于企业营利性、成长性以及效率性进行了实证研究，均属于系统内的要素耦合。而王仁祥和杨曼（2015）则利用回归分析法实际验证了科技创新与金融创新的系统耦合对于经济效率的提升作用，则属于系统耦合。目前，国内大多数有关耦合理论的研究文献均属于系统耦合。

（2）基于耦合系统数量划分的双系耦合与多系耦合。双系耦合专门研究两个系统内部各子系统以及要素之间的相互作用机制，是两个子系统集合或者两个要素组群的耦合，而多系耦合则研究三个或者三个以上系统之间的耦合关系，相对于双系耦合，多系耦合由于同时考虑多个要素组群之间的叠加效应，因而更加复杂，耦合效应更不稳定。胡亦琴和王洪远（2014）以浙江省实际数据对现代服务业与农业的耦合路径研究；王瑜炜和秦辉（2014）有关中国信息化与新型工业化耦合发展机制的研究；舒小林等（2015）针对旅游产业与生态文明城市之间耦合关系的研究等均属于双系耦合。而李成龙和刘智跃（2013）有关产学研耦合互动发展对于创新绩效的实证研究；逯进等（2012）有关社会福利、经济增长以及区域发展差异的耦合实证研究等则属于多系耦合。目前，国内多数学术文献属于双系耦合研究。

（3）基于耦合系统性质划分的共体耦合与斥体耦合。共体耦合是以相互影响、相互促进的系统之间、要素之间或运行方式之间的作用机制为研究对象，强调耦合单元之间的同向效应，而斥体耦合则是研究相互矛盾、相互排斥的系统、要素以及运行方式之间的反向耦合效应。罗子嫄等（2013）运用熵权法与耦合评价模型对华东地区金融集聚与经济发展的耦合协调关系进行的综合评价研究；张林和李雨田（2015）针对金融发展与科技创新的耦合机理与协调度的研究；蒋天颖等（2014）有关区域创新与城市化耦合发展的研究等，均选择了同向影响效应的系统为研究对象，属于共体耦合研究。而董沛武和张雪舟（2013）有关林业产业与森林生态系统耦合的实证研究；刘艳艳和王少剑（2015）有关城市化与生态环境交互耦合关系的研究等，由于研究对象之间系统的相悖性而属于斥体耦合，国内多数社会科学研究均属于共体耦合。

综上所述，耦合在不同的应用领域具有不同的理解与应用价值。一方面，依法行政通过行政立法有效约束与规制政府行为，使政府严格按照法定程序行权，既不能不为，更不能越权乱为，提高了政府工作效率的同时，推动政府职能有效转变，摆正位置，更好地服务社会经济发展，保障经济转型有序进行；另一方面，适应经济社会发展的客观要求，经济的转型升级可以促进经济社会的可持续发展，从而不断为政府执政提出新的要求与挑战，促进执政能力的提高，二者相互影响，相互依存。因此，依法行政与经济转型无论作为一个运行系统还是一种运行方式，二者之间客观存在着一定的耦合关系，具有天然的理论基础，有必要对依法行政与经济转型各子系统及要素间的作用方式进行深入研究，探寻二者的耦合机理。从理论上看，依法行政与经济转型的耦合互动应该属于双系的动态耦合，是一种共体耦合。

5.2 依法行政与经济转型系统耦合的理论基础

5.2.1 依法行政与经济转型耦合系统的耗散结构特性

耗散结构理论（dissipassive structure）是系统耦合理论体系中的经典理论，重点解释耦合系统动态变化的内外部驱动因素。耗散结构理论最早在 1969 年由比利时科学家普利高津（Prigogine）正式提出，经过近半个世纪的实践检验，这一理论不断得到发展和完善。耗散结构理论作为现代系统工程中的重要分支之一，其方法论具有重要的理论意义和实践价值。

根据耗散结构理论对于系统动态变化动力要素的理论阐释，系统熵变（dS）主要来自两部分的动力要素：一部分是由于系统内部的不可逆熵的增加（d_iS）所产生的内生动因；另一部分则来自系统本身与外界在物质、能量以及信息等要素的交换所引进的熵变流（d_eS）。因此，耦合系统熵变可表示

为 $dS = d_i S + d_e S$，系统熵变情况如图 5 - 1 所示。

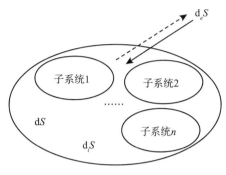

图 5 - 1　耦合系统熵变

一个非平衡的非线性的开放系统，通过系统内各要素和子系统协同作用，在涨落触发下，系统状态从无序变成有序，即耗散结构。耗散结构一般具有四个典型的特性，即开放状态、动态平衡、非线性相互作用和涨落起伏，而依法行政与经济转型耦合系统同样具备耗散结构的四个条件。

（1）依法行政与经济转型耦合系统是一个开放系统。依法行政与经济转型耦合系统存在于一定的时间、空间和环境中，同时不间断地与外界环境进行着物质、能量以及信息要素的交换，促使负熵流的获取以抵消本身系统内部的熵增流，使得系统的总熵值较少或保持不变，从而使系统相对有序的状态在交换中得以实现。

（2）依法行政与经济转型耦合系统是一个动态平衡系统。在依法行政与经济转型的耦合过程中，随着依法行政系统与经济转型系统各自的发展变化，加之外界要素与环境的改变，耦合系统内部各要素以及子系统之间的结构和布局都处在不稳定状态，需要不断从外界获取物质、能量，以及信息等要素资源，以保持系统内部的平衡，从而形成新的结构和组织体系。

（3）依法行政与经济转型耦合系统内部的非线性作用。依法行政与经济转型耦合系统是一个要素众多、关系复杂的系统，包括了资源环境、社会环境、科技创新和市场环境等四个子系统，系统内部及要素之间大多呈非线性关系，系统状态在动态变化过程中的输出与输入之间的关系也是非线性的，这种非线性的相互作用关系，使得耦合系统能够不断完成新的结构和组织特性。

（4）依法行政与经济转型耦合系统存在涨落起伏现象。依法行政与经济转型系统在耦合过程中，通常会收到外部环境要素变化的影响，进而引起耦合系统内部要素和结构的调整与变化，即涨落起伏现象。例如，由于耦合系统外部资源条件的变化引起市场价格的变动，科技创新与政策变动等因素的改变以及一些不可抗力因素的影响，都可能改变依法行政与经济转型耦合系统的平衡状态与耦合结构。这些因素的改变，即涨落起伏积累到一定程度可能引起耦合系统的突变，进而促使耦合系统形成新的结构。

依法行政与经济转型耦合系统在非线性相关效应的作用下，一般遵循序列分叉演化原则，从而形成多种可能的有序结构，每一个外部参量与一种平衡状态都标志着一种新的有序结构的产生。

依法行政与经济转型耦合系统的耗散结构为系统耦合提供的必要条件，系统演化分叉则构成了系统的耦合机制与构成，控制参量的变化成为耦合机制作用的结果，依法行政与经济转型耦合系统的控制参量具体为资源条件、社会环境、科技创新和市场环境四个子系统及其要素，通过系统内部的序参量和要素演化分叉与耦合，可使依法行政与经济转型耦合系统逐渐演变为相对有序的状态，从而为依法行政与经济转型系统耦合的可持续发展提供必要的手段与路径。

5.2.2 依法行政与经济转型耦合系统的协同特性

协同学的概念（synergetics）是由德国物理学家哈肯（Haken）于1969年提出的，协同学原理主要研究系统各部分的相互协作，通过协作引导系统在空间、时间以及功能上从无序状态转变为有序状态，因此，协同学也属于系统的自组织范畴。

协同学原理主要表现为协同效用原理、支配原理和自组织原理。

（1）协同效用原理。系统内部的有序性主要是由系统各要素之间的协同作用所决定的，自组织性存在于任何复杂的系统中，是系统内部有序结构的主要作用力。

（2）支配原理。系统中一般存在两种变量分别对复杂系统的演化发挥作用，即快变量与慢变量，但对复杂系统演化起到支配作用的却是慢变量，在系统要素的影响下，复杂系统才得以从不稳定状态向有序时空结构演进。

（3）自组织原理。外部环境对系统的影响一般存在两种表现：一种是有影响；另一种是无影响。在两种表现下，系统内部各子系统之间呈现出不同的状态：当外部环境对系统没有影响时，各子系统之间自动遵循一种内在性的和自生性的规则，自动形成一定的结构和实现某些功能；当外部环境对系统有影响时，随着外部环境的变化，系统则通过各子系统之间的协同作用，在自身涨落力的推动下，形成新的时空结构。

依法行政与经济转型耦合系统的状态由系统内的序参量和各要素之间的协同性构成，各子系统之间同样存在着内生的自组织性，当系统的外部环境，即输入条件发生变化，而引起系统内部各序参量与要素之间的协同作用发生改变时，这种协同机理也即系统内部的耦合效应，将会在协同效用影响和系统自身涨落力的共同推动下，使系统依法行政、经济转型发展以及产业发展主分量共同朝着系统耦合目标发展。

5.2.3 依法行政与经济转型耦合系统的系统动力学特性

美国麻省理工学院的福斯特（Forrester）教授早在 1956 年便创立的系统动力学思想，其相关研究奠定了后续系统动力学理论发展与实践应用的坚实基础。系统动力学主要是基于信息论、控制论以及计算机仿真技术研究复杂系统随时间变化而产生的状态演进过程。严格来说，系统动力学属于自然科学与社会科学的交叉学科，是专门研究信息反馈、问题识别与解决的科学理论方法。

按照系统工程理论的相关阐释，依法行政与经济转型耦合系统应该属于一类高阶次（high level of order）、多重反馈回路（loop multiplicity）和非线性（non-linear）的复杂系统，系统在时间与空间，即近期与远期、局部与整体之间的矛盾往往难以协调。根据系统动力学的内生观点，系统内部的动态结构与反馈机制是决定系统行为模式与状态特性的重要内生变量，使得系统可以在内外部动力机制与要素制约下按照一定的内生规律发展。

系统动力学理论认为，系统中存在多个无始无终的闭合环，这些闭合环由首尾相连的"链接"构成，这表明系统要素之间存在一种内生的反馈关系，在系统动力学中被称为正反馈和逆反馈。正反馈的作用是促使系统自身运动的加强，而负反馈的作用则是帮助系统自动寻求给定的发展目标，当系统运动达到或者不断接近目标时，负反馈将不断做出响应。依法行政与经济转型耦合系统反馈回路如图 5－2 所示。

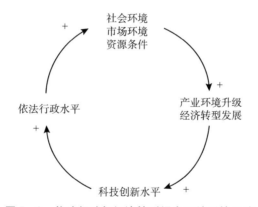

图 5－2 依法行政与经济转型耦合系统反馈回路

依法行政与经济转型耦合系统的变化动力直接表现为系统的优化与控制。通过研究系统内部的信息传递与控制调节过程，可以获得主参量随时间变化的关系表达式，同时对系统进行优化和控制，进而通过系统环境变化有效控制系统状态的演进。依法行政与经济转型的系统耦合可以理解为系统动态反馈使得系统向有序状态演变的内部动力过程。

5.3 南方集体林区依法行政与经济
转型系统耦合设计

5.3.1 系统耦合的目标

美国学者德莱瑞（Delery）将耦合效应系统地分为代替效应、加总效应、正协同效应与负协同效应等四种效应。基于耦合效应角度，并结合南方集体林区依法行政与经济转型耦合发展的长远需要，南方集体林区依法行政与经济转型发展的耦合目标应该是基于依法行政子系统与经济转型子系统之间的全要素耦合联系，使耦合系统形成"1 + 1 > 2"的正耦合效应，并通过有效和持续解决各子系统之间的负效应，保证系统之间的良性动态耦合，以实现耦合状态的动态化与可持续化，从而最终促进南方集体林区依法行政与经济转型的协同发展和良性互动，通过有效优化南方集体林区经济系统的内部结构，增强林区经济的外部适应能力，进而保证林区经济的可持续、健康发展。

5.3.2 系统耦合的原则

依法行政与经济转型耦合系统内部序参量和要素之间耦合机制应遵循以下原则。

（1）互异性原则。依法行政与经济转型耦合系统内部的序参量与各要素应分属于两个不同属性的子系统（或系统）。

（2）显著性原则。依法行政与经济转型耦合系统内各序参量和要素之间必须存在直接的、显著的相互关系。

（3）相关性原则。依法行政与经济转型耦合系统内部各序参量和要素之间必须存在正相关或负相关关系。

（4）非加总原则。依法行政与经济转型耦合系统中各序参量和要素经过耦合后的功能（或效用）应大于各序参量和要素在耦合前的功能（或效用）之和。

（5）敏感性原则。依法行政与经济转型耦合系统内部个序参量和要素之间的相互关系应该是显著的，彼此之间存在着较敏感的相互作用关系。

（6）协调性原则。依法行政与经济转型耦合系统内部各序参量和要素之间经过耦合作用后，能够使系统分叉演化为另一个较为稳定的平衡状态，不断使系统内部各序参量和要素之间趋于协调。

5.3.3 系统耦合的结构

5.3.3.1 南方集体林区依法行政与经济转型耦合系统的要素

南方集体林区依法行政与经济转型耦合系统由人、政府职能、收入、林业经济升级以及制度等基本要素构成。人作为主观能动以及执法行为的发起者，是耦合系统的主体；制度作为约束，是耦合系统的保障；而政府职能、经济转型升级以及收入作为效应传递的重要介质，是耦合系统的中介。

人是南方集体林区依法行政与经济转型耦合系统的主体。人是耦合系统的行为主体、能动主体，同时也是依法行政与经济转型子系统的共同主体与交叉主体。而其他要素都应当处于客体状态，是人的能动作用的实施对象。因此，南方集体林区依法行政与经济转型发展子系统都应该围绕人力系统发挥作用。离开了人力系统，依法行政系统与经济转型发展系统也就不复存在，社会及其他系统将趋于瓦解。人作为耦合系统的主体，一方面成为经济转型发展系统的主导者，另一方面依法行政系统又成为人发挥主导能动作用的重要载体。

制度是南方集体林区依法行政与经济转型系统耦合的必要保障。制度是一个国家以及相关政府职能部门制定并强制执行的用于规范行为主体的一系列规章与准则的集合，因此，在南方集体林区依法行政与经济转型耦合系统中，制度系统构成人力系统的约束效应。约束效应主要体现在正式约束与非正式约束两个方面。正式约束即指南方集体林区相关职能部门针对林业经济发展所制定的一系列具体的法律规章，而非正式约束主要体现在文化及道德等方面的自发约束，没有具体的存在形式。因地制宜、因时制宜、厚植优势的制度系统是南方集体林区依法行政与经济转型系统耦合的根本保障，制度系统的设计要与南方集体林区林业经济发展阶段与水平相适应，这样才能在保障有效依法行政，进而保障南方集体林业经济的可持续健康发展。

政府职能、林业经济升级以及收入等是南方集体林区依法行政与经济转型系统耦合的重要中介。政府职能是南方集体林区依法行政与经济转型系统耦合的中介，依法行政体系的不断完善和发展可以有效促进林区政府职能的合理转变，而政府职能的转变可以进一步提高林区执法机构的服务质量和水平，正确处理好政府与市场的关系，从而输出更加有效的经济决策，促进林区经济适时转型升级，实现可持续健康发展。而林区经济系统的转型升级与提升，可以进一步增加林区国民收入，进一步促进依法行政系统的投入与发展。依法行政系统不断完善与发展的同时，进一步加强了政府管理与调节的市场的能力，也会进一步推进经济系统的转型升级。

5.3.3.2　南方集体林区依法行政与经济转型耦合系统的结构

南方集体林区依法行政与经济转型耦合系统一个复合系统，由林区依法行政子系统和经济转型发展子系统耦合而成。一方面，区域依法行政系统是耦合系统的基础，是南方集体林区实现经济转型发展子系统以及耦合系统协同、可持续发展的前提。区域依法行政系统是南方集体林区职能部门进行制度、政策制定、监管、执法以及服务的系统。只有区域依法行政系统得到有效发展并处于较高水平，区域法律体系不断地完善，行政执法主体的依法行政意识不断提高，政府及相关职能部门才能将更加公平、高效及合理的政策投入到区域经济转型发展系统之中。另一方面，区域经济转型发展系统是耦合系统的关键，其有效保障了南方集体林区经济转型子系统以及耦合系统的协同与可持续发展。区域经济转型发展系统是保障区域经济持续、健康发展的关键，凝聚了人力、物力及财力等各种资本要素，只有区域经济转型系统有效发展，达到较高水平，才能吸引更多社会资源与资本要素投入区域依法行政系统，进而加强依法行政系统与经济转型系统耦合的能力，使耦合进入良性耦合的循环发展。

南方集体林区依法行政系统与经济转型发展系统同样由相互联系的多种要素与变量相互作用而构成。各要素与变量之间相互作用的方式与规则是耦合系统的关键，决定着未来耦合的发展方向及稳定程度。

5.3.4　系统耦合的功能

南方集体林区依法行政与经济转型耦合系统是一种耗散结构，开放性与复杂性是其基本特征，系统内各要素主要依靠物质、信息以及价值等的流动耦合成一个协同的统一体。因此，物质流动、信息流动以及价值流动是南方集体林区依法行政与经济转型耦合系统的三大基本功能。

物质、信息以及价值的协调流动是稳定的南方集体林区依法行政与经济转型耦合系统存在的前提。第一，物质流层面主要包括行政、经济以及废物等三种物质流形态。行政物质流主要是将依法行政系统的物质与人力等资源有效整合，同林业建设经费等投入到经济转型系统的物质流动；经济物质流则是方向的，是经济转型系统的林业升级换代与创新产品等物质资源向依法行政系统的物质流动；而废物物质流是两个子系统在接收彼此物质流后、经过消化吸收所产生的废弃物。第二，信息流层面包括人工信息流和自然信息流。人工信息流是依法行政系统将各种制度、政策以及法律等人工信息投入经济转型系统的信息流动；而自然信息流则是经济转型系统在接收、消化人工信息流的过程中产生的经验、教训等信息资源回流依法行政系统，进而保证各子系统要素间的协调统一，是依法行政系统与经济转型系统相互联系、相互作用的基础。第三，价值流层面，南方集体林区依法行政与经济转型耦合系统的价值流可分为三个维度，分别是投入、消化与产出，价值流与使用价值流的相互交换与持续流动，最终形成了动态的、稳定的耦合系统的价值流。

5.3.5　系统的耦合效应

5.3.5.1　经济转型发展对依法行政的胁迫效应

经营模式单一、规模效益以及林地细碎化问题成为南方集体林区林权制度改革后逐渐面临的现实问题，促进集体林区林业经营模式与发展方式的有效转变，实现规模化、现代化"大林业"成为南方集体林区急需解决的关键问题。因此，林区依法行政水平进一步提高的压力在某种程度上来自林区经济的转型升级。同时，经济的转型意味着改革的推进，任何改革都是有代价的，在南方集体林区经济转型发展的过程中，诸如经营模式的选择、林户利益保障，经营主体利益分红机制等现实矛盾将进一步凸显，这些都将成为政府进一步推进林区经济转型发展的障碍，不利于政府依法行政能力的提高。此外，集体林业的规模化经营在实现规模效益的同时，也将促进林业工业的规模化，很可能导致林业工业规模的扩大速度超过了自然环境与森林再生能力的承载力，从而导致生态破坏与环境污染问题，在一定程度上进一步提高了政府依法行政难度。

5.3.5.2　依法行政对经济转型发展的约束效应

人是社会经济发展的主体，南方集体林区经济的转型发展同样离不开人力资本的投入，需要持续有效的政策、制度与法律的跟进，人则是相关政策、制度与法律的制定者。如果依法行政系统不能保持一个良性发展状态，即便有法可依，也无法实现有法必依。合理的政策难以实施，有效的制度无法落实，那么南方集体林区的经济转型发展就会受到很大程度上的束缚。同时，政府及职能部门依法行权意识与依法执政能力的下降会带来一定的社会问题，也会给经济转型系统的发展带来一定的压力。此外，林区依法行政能力的下降容易滋生形式主义，导致行政效率下降和部分行政失效，造成大量的人力、物力及财力的浪费，进而需要更多的资金支持，而经济转型发展系统是耦合系统中提供资金支持的主要载体，因此，当所需资金持续增加时就会对经济转型系统造成一定的压力，甚至是打击。

因此，有效解决胁迫效应和约束效应的关键是在实现依法行政系统与经济转型系统良性耦合的基础上，推进依法行政的制度化，在全面简政放权的同时，尽快建立有效的监督约束机制。一方面，通过依法行政的制度化和有效的监督管理，不断提高依法行政的适应能力，确保依法行政的执行度、公允度，进而提高依法行政的权威度，进一步有效解决经济转型中的各种矛盾，突破经济转型的胁迫效应；另一方面，通过依法行政的制度化和全面简政放权，可以进一步提高政府依法行政的效率与质量，同时又能有效降低经济转型的人为因素，使客观条件成为推动经济转型的主要动因，从而使经济转型有效摆脱依法行政的约束。南方集体林区依法行政与经济转型系统耦合效应如图 5 - 3 所示。

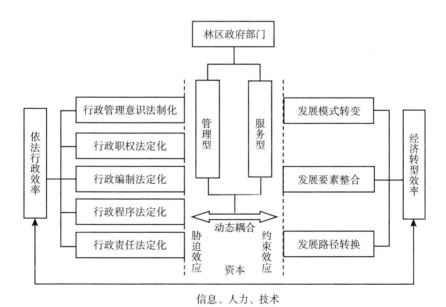

图 5 - 3 南方集体林区依法行政与经济转型系统耦合效应

5.4 南方集体林区依法行政与经济
转型耦合系统的框架

南方集体林区依法行政与经济转型耦合系统是一个复杂的动态系统，系统内部除了能够集中表征研究对象耦合结果的要素以外，还应该受到如资源禀赋、科技创新以及市场与社会环境等外部要素制约的客观条件。因此，根据前文对南方集体林区依法行政与经济转型耦合系统的概念、特征、结构、功能以及耦合效应的具体分析，特别是基于前文有关南方集体林区依法行政与经济转型耦合系统关键影响因素的客观考查结论，本书构建了"一核四子"的系统框架。其中"一核"指行政经济主分量，包括经济发展状况、依法行政状况和产业发展状况三个序参量，"四子"指的是资源条件、社会环境、市场环境和科技创新四个子系统，它们共同构成南方集体林区依法行政与经济转型系统框架。

5.4.1 行政经济主分量

行政经济主分量是南方集体林区依法行政与经济转型系统的耦合目标，也是整个系统的最终直接成果表现。为了客观而明确地表征研究对象的耦合结果及系统要素，进一步将南方集体林区依法行政与经济转型耦合系统具体化、指标化和量钢化处理，本书采用降维方法进行技术处理，选择主分量作为表征系统耦合结果的序参量。根据本书第4章南方集体林区依法行政与经济转型耦合发展关键影响因素的研究结论，构建行政经济主分量，包括经济发展状况、依法行政状况和产业发展状况三个序参量，其构成如图 5 - 4 所示。

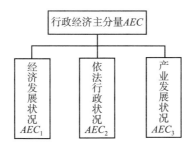

图 5 - 4　南方集体林区依法行政与经济转型耦合系统行政经济主分量构成

5.4.2　资源条件子系统

资源条件子系统是南方集体林区依法行政与经济转型耦合系统的物质基础，为系统耦合提供了运行动力，同时构成了南方集体依法行政与经济转型系统耦合运行的约束条件。根据第 4 章的研究结论，资源条件子系统主要包括森林资源分布状况、森林生产力和林业资源再利用等，其构成如图 5-5 所示。

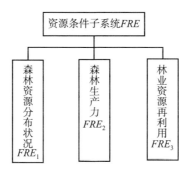

图 5 - 5　南方集体林区依法行政与经济转型耦合系统资源条件子系统构成

5.4.3　科技创新子系统

科技创新子系统是南方集体林区依法行政与经济转型耦合系统的技术支持条件和林业科技效果。它为南方集体林区依法行政与经济转型系统的耦合运行提供了林业科技投入和技术支持，同时通过自身的创新发展，促进南方集体林区依法行政水平的提高和林业经济的转型增长。本书主要用科技创新绩效相对指数来集中反映科技创新子系统状况，其构成见图5-6所示。

图5-6 南方集体林区依法行政与经济转型耦合系统科技创新子系统构成

5.4.4 社会环境子系统

社会环境子系统是南方集体林区依法行政与经济转型系统耦合运行的客观载体，为系统耦合提供了必要的软环境与硬环境支持，是南方集体林区依法行政与经济转型耦合系统的智力支持、人文支持与基础设施保障。社会子系统主要包括：示范促进培训与推广，即围绕林业执法和林业产业转型发展对管理者及林农进行必要的示范培训和技术推广，以及对林业经济外部环境进行的引导和示范，推广建设经验；依法行政与经济转型系统耦合运行中的智力支持，主要体现在林区居民的整体素质。此外还包括林区民俗特色文化和特色旅游资源，以及物流基础设施建设等，为林区依法行政与经济转型发展提供必要的物质保障。社会环境子系统的构成如图5-7所示。

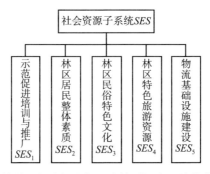

图5-7 南方集体林区依法行政与经济转型耦合系统社会环境子系统构成

5.4.5　市场环境子系统

市场环境子系统是南方集体林区依法行政与经济转型耦合系统的又一支持条件，集中反映了林区林业经济与产业发展的程度，为系统的耦合运行提供了必要的资金投入和支持。市场环境子系统主要包括：金融机构林业授信和林业产品市场竞争力两个要素指标。市场环境子系统的构成如图 5－8 所示。

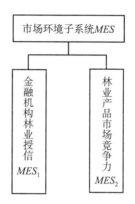

图 5－8　南方集体林区依法行政与经济转型系统市场环境子系统构成

5.4.6　系统总体框架

综上所述，南方集体林区依法行政与经济转型耦合系统包括五个维度，分别是耦合系统、主分量、序参量、子系统和要素，各维度之间相互联系、相互制约，共同构成南方集体林区依法行政与经济转型耦合系统。其中由三个序参量构成的主分量是整个系统的核心表征变量，集中反映系统的耦合运行目标和效果，四个子系统作为主分量的支撑和约束条件，在一定程度上限制着主分量的耦合效果表征，同时，主分量通过序参量之间以及各序参量与子系统之间的联系与作用，动态协调各子系统之间的耦合关系和效果，南方集体林区依法行政与经济转型耦合系统的总体框架如图 5 - 9 所示。因此，南方集体林区依法行政与经济转型系统的耦合从子系统内外部环境的角度分析应该包括三个层次：第一个层次是行政经济主分量内三个序参量之间的耦合；第二个层次是行政经济主分量作为核心表征变量同四个子系统之间的耦合；同样，子系统之间也存在着客观的耦合关系，其耦合效果对上述两个层次的耦合也会产生影响，所以，第三个层次应该是四个子系统之间的耦合。三个层次的耦合共同构成了南方集体林区依法行政与经济转型系统的耦合机理。

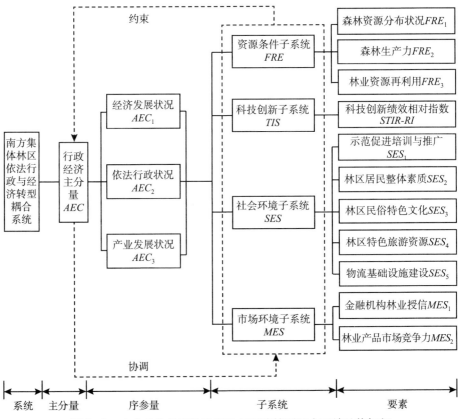

图 5 - 9　南方集体林区依法行政与经济转型耦合系统总体框架

资料来源：笔者根据相关资料整理。

5.5 行政经济主分量各序参量间的耦合机理

5.5.1 经济发展状况与依法行政状况的耦合

根据第 4 章南方集体林区依法行政与经济转型耦合发展关键影响因素的考查结论，经济发展状况序参量主要由经济发展水平指标来表征，而反映经济发展水平的要素包括：地区生产总值、地区财政收入、固定资产投资、人均 GDP 相对水平等。依法行政状况序参量则主要由依法行政水平指标来表征，反映依法行政水平的要素包括：政府行政办事效率、专项政策制定的连续性、年均专项政策修订情况、年专项政策制定情况、政府行政满意度等。经济发展状况序参量与依法行政状况序参量的耦合如图 5 – 10 所示。

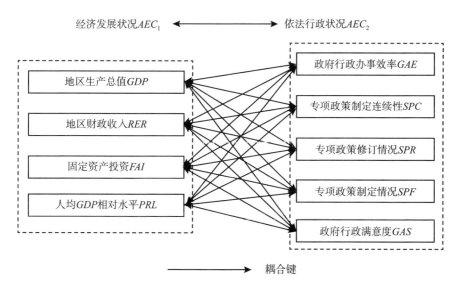

图 5 – 10 经济发展状况序参量与依法行政状况序参量的耦合

反映经济发展水平指标的四个要素能够在一定程度上集中反映林区经济的整体实力和发展状态，而反映依法行政指标的五个要素则可较好地表征林区法制的完善程度和法治的执行状态，特别是政府办事效率和政府行政满意度等能集中反映林区相关管理部门的执法水平。如前所述，法治与经济始终保持着较强的关联度，无论从现实的全球范围进行横向比较，还是从人类历史发展的纵向考察，发达的经济往往伴生完备的法治。其中，政府行政办事效率和政府行政满意度可以全面保证经济发展主体对林区管理部门的认可度，创造良好的法治环境和公平的竞争环境，吸引更多的投资者与经济主体参与其中，从而不断提高地区生产总值、地区财政收入以及人均 GDP 的相对水平，而专项政策制定的连续性、专项政策修订与制定情况则可以在一定程度上为林业经济发展创造良好的政策环境，同样可以促进地区生产总值、地区财政收入以及人均 GDP 相对水平的不断提高。反之，三大指标的不断提升又可以进一步激励政府及相关部门采取各种措施不断提高政府行政办事效率和行政满意度，保证专项政策制定的连续性以及修订和制定情况。而政府行政办事效率，专项政策制定的连续性以及修订与制定情况则可以促进固定资产投资情况的进一步改善，投资环境的改善又会进一步提高政府行政满意度，由此形成良性循环，达到较好的耦合效果。

因此，可构建经济发展状况序参量与依法行政序参量的耦合关系，见图 5-10 所示。

5.5.2　经济发展状况与产业发展状况的耦合

根据第 4 章南方集体林区依法行政与经济转型耦合发展关键影响因素的考察结论，经济发展状况序参量主要由经济发展水平指标来表征，而反映经济发展水平的要素包括：地区生产总值、地区财政收入、固定资产投资、人均 GDP 相对水平等。产业发展状况是集中反映林业产业发展程度与状况的序参量，主要由林业产业发展实力、林业产业经济效益、林业产业减量化指数和林业产业可持续发展指数来表征。其中林业产业发展实力由林业产业产值与林业产业产值增长速度计算求得，林业产业经济效益由全员劳动生产率和成本费用利润率计算求得，林业产业减量化指数则由万元产值林地投入降低百分比、万元产值耗损木材降低百分比、人均木材消费量降低百分比和木产品消费量增长率计算求得，林业产业可持续发展指数由林地利用效率、木材利用率、企业资产贡献率、一次性林业产品产量降低百分比、污水处理循环利用率、年森林资源恢复比率等指标来反映。

其中，林业产业发展实力与林业产业经济效益对于地区生产总值、地区财政收入和人均 GDP 相对水平指标具有明显的促进作用，而林业产业减量化指标与林业产业可持续发展指标则可有效改善地区生产总值、地区财政收入和人均 GDP 相对水平不断提高的质量。随着地区财政收入的不断提高，势必会促进地区固定资产投资，不断改善基础设施与投资环境，进而进一步促进林业经济的发展，不断提高林业产业发展实力和林业产业的经济效益，同时通过相关基础设施的完善，还可以为林业产业的可持续发展以及林业资源的再利用提供必要的基础保障。因此，可以构建经济发展状况序参量和产业发展状况序参量的耦合关系，如图 5 – 11 所示。

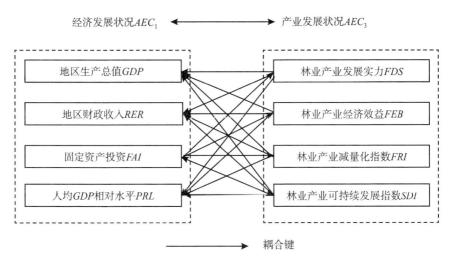

图 5 – 11　经济发展状况序参量与产业发展状况序参量的耦合

5.5.3 产业发展状况与依法行政状况的耦合

产业发展状况序参量与依法行政状况序参量的绝大部分表征指标之间都存在双向耦合关系。其中政府行政办事效率、专项政策制定的连续性、政策修订和制定情况为林业经济发展创造了良好的执法环境和政策环境，可以有效促进林业产业发展实力、林业产业经济效益的提高，为林业产业减量化和可持续发展提供政策保障，进而不断提高林业经济活动主体对政府行政的满意程度。同时，林业产业发展、减量化指标以及可持续发展指标的客观效果又可以及时向管理部门进行信息反馈，从而促进政府行政和相关政策制定的改进。同理，政府行政满意度与林业产业发展实力、林业产业经济效益也存在双向耦合关系。

因此，可以构建产业发展状况序参量与依法行政状况序参量的耦合关系，如图 5－12 所示。

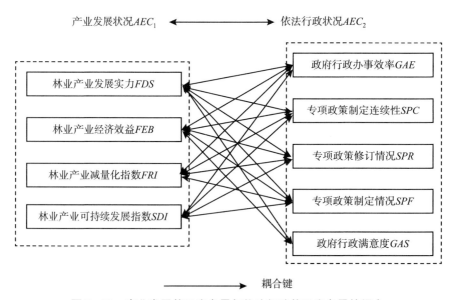

图 5－12　产业发展状况序参量与依法行政状况序参量的耦合

5.5.4 行政经济主分量各序参量的总体耦合

根据第 5.5.1～第 5.5.3 节有关行政经济主分量中经济发展状况、产业发展状况以及依法行政状况之间的耦合关系进行系统分析，可以构建行政经济主分量各序参量间的总体耦合，如图 5－13 所示。

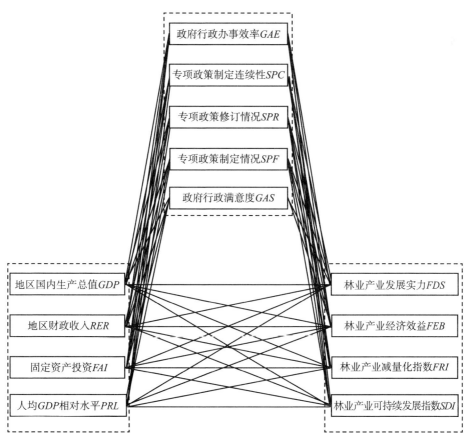

图 5－13　行政经济主分量各序参量间的总体耦合关系

5.6 行政经济主分量与子系统间的耦合机理

5.6.1 行政经济主分量与资源条件子系统的耦合

南方集体林区依法行政与经济转型耦合系统的行政经济主分量包括：经济发展状况、依法行政状况和产业发展状况等三个序参量。资源条件子系统包括：森林资源分布状况、森林生产力和林业资源再利用等三个基本要素。

行政经济主分量中的经济发展状况与产业发展状况序参量是集中反映南方集体林区林业产业发展、产业结构升级，进而反映林业经济整体转型与发展状态的参量指标，无论是林业产业发展还是林业经济整体发展都离不开南方集体林区的森林资源状况。森林资源分布的集中程度直接影响着林业产业分工与林业经济发展难易程度，森林生产力则直接影响着林业产业与林业经济的生产效率和森林资源恢复效率，而林业资源的再利用更能体现林业产业与林业经济发展的可持续性以及林业资源的利用效率，进而影响林业产业结构升级与林业经济的转型发展。

行政经济主分量中的依法行政状况序参量则直接作用于资源条件各要素，依法行政的水平直接决定着森林资源乱砍滥伐、人工造林以及防火防灾等资源保护措施的实施情况，而对于森林资源管理部门的追责是否到位、森林资源管控执行等情况则起到积极的约束作用。同时，资源条件三要素反馈的信息又可以促进依法行政的改进与完善。

因此，可构建行政经济主分量与资源条件子系统的耦合关系，如图 5－14 所示。

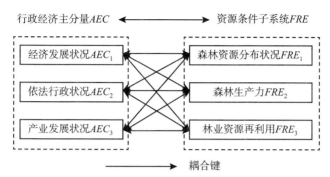

图 5-14　行政经济主分量与资源条件子系统的耦合

5.6.2　行政经济主分量与科技创新子系统的耦合

在南方集体林区依法行政与经济转型耦合系统科技创新子系统中只考虑科技创新绩效一个要素。一方面，行政经济主分量中依法行政状况序参量可以通过政府行政执法环境的改善，提高政府办事效率，在一定程度上可以促进科技创新绩效的提高；另一方面，科技创新绩效这一要素，可以通过科技创新促进林业生产力的有效提高，进而推动林业产业与经济的发展，同时，产业与经济的发展又可以增加地区财力，进而加大对科技创新的投入力度，推动林业科技能力持续提升。

因此，可构建行政经济主分量与科技创新子系统的耦合关系，如图 5-15 所示。

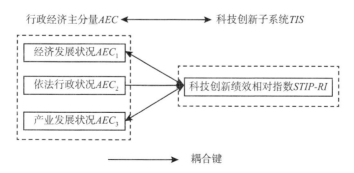

图 5-15　行政经济主分量与科技创新子系统的耦合

5.6.3 行政经济主分量与社会环境子系统的耦合

在南方集体林区依法行政与经济转型耦合系统社会环境子系统中主要考虑：示范促进培训与推广、林区居民整体素质、林区民俗特色文化、林区特色旅游资源、物流基础设施建设等要素条件。

行政经济主分量中的依法行政状况序参量与社会环境子系统中的示范促进培训与推广和林区居民整体素质具有内在耦合关系。一方面，依法行政状况直接决定了按照既定的规程和要求对管理人员进行法制教育培训与推广的效果，同时培训与推广的情况反作用于依法行政，促进依法行政水平的持续提升；另一方面，林区居民的整体素质，包括文化程度，受教育程度等又在一定程度上影响着林区居民对法治措施与手段的支持程度与配合程度，进而影响着依法行政的有效实施。

行政经济主分量中的经济发展状况与产业发展状况序参量则与社会环境子系统中的各要素均存在内在耦合关系。针对林区居民的示范促进培训与推广可以极大地调动居民尝试新的经济发展方式的积极性，进而促进产业结构调整与经济的转型升级，而产业与经济的发展又会起到积极的示范带动作用。林区居民的整体素质也会对产业与经济发展产生积极影响，二者相互促进。林区民俗特色文化与林区特色旅游资源在一定程度上可以促进林区特色产业的发展，进而提升林区整体经济发展状况，实现集体林区经济的转型升级，同时，林区产业结构调整与经济的转型发展又会带动林区特色民俗文化与特色旅游资源的开发与发展。而林区物流基础设施建设情况则与经济发展状况和产业发展状况存在密切的互促影响机制。

因此，可构建行政经济主分量与社会资源子系统的耦合关系，如图 5－16 所示。

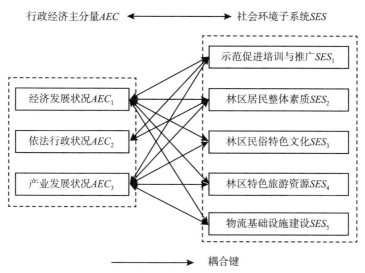

图 5 – 16　行政经济主分量与社会环境子系统的耦合

5.6.4　行政经济主分量与市场环境子系统的耦合

在南方集体林区依法行政与经济转型耦合系统市场环境子系统中主要考虑金融机构林业授信和林业产品市场竞争力两个要素。一方面，依法行政状况序参量通过管理部门的严格执法，为金融机构针对林业企业授信净化市场环境，对失信人员和企业加大执法曝光力度，进而降低金融机构林业授信风险，同时，对不规范市场行为的严格整治，为林业产品市场竞争力的提升创造有利的市场条件。而两要素反馈的执法弊端和漏洞又不断促进执法措施的完善，促进依法行政水平的提高。另一方面，金融机构林业授信状况在很大程度上影响着林业产业与经济发展的资金结构和来源，良好的授信状况可以促进林业产业与经济的快速发展，而良好的林业产业与经济发展情况又为金融机构授信提供了必要保障。同时，林业产业与经济发展状况又与林业产品市场竞争力存在着显著的耦合互促关系。

因此，可构建行政经济主分量与市场环境子系统的耦合关系，如图 5 – 17 所示。

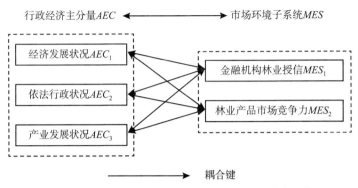

图 5－17 行政经济主分量与市场环境子系统的耦合

5.6.5 行政经济主分量与子系统间的总体耦合

根据第 5.6.1～第 5.6.4 节中对行政经济主分量与资源条件、科技创新、社会环境和市场环境四个子系统内的耦合机理进行分析，可构建南方集体林区依法行政与经济转型系统内的总体耦合关系，如图 5－18 所示。

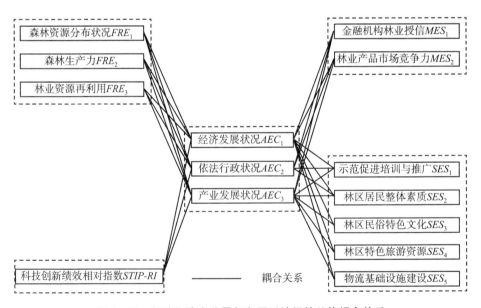

图 5－18 行政经济主分量与各子系统间的总体耦合关系

5.7　子系统间的耦合机理

5.7.1　资源条件子系统与科技创新子系统间的耦合

南方集体林区依法行政与经济转型耦合系统中资源条件子系统的森林生产力和森林资源再利用要素与科技创新子系统的科技创新绩效存在显著的耦合关系。一方面，科技创新在不断推动林业技术进步的同时，通过林业新技术的开发与应用，促进森林生产力和林业资源的再利用效率的提高；另一方面，在新技术的应用中不断检验与完善林业技术，通过信息的客观反馈，推动林业技术的不断改进，进而提升林业科技创新水平。此外，资源条件子系统的森林资源分布状况也可以推动科技创新，特别是森林资源分布不均匀的地区，为了解决集中采伐、运输和生产上的困难，可以促进林业科技在林木采伐、运送以及生产方式上的创新，甚至可以在人工造林方面寻求科技突破，以解决森林分布不均的实际生产困难。

因此，可构建资源条件子系统与科技创新子系统间的耦合关系，如图 5 - 19 所示。

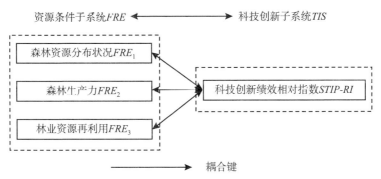

图 5 - 19　资源条件子系统与科技创新子系统间的耦合

5.7.2 资源条件子系统与社会环境子系统间的耦合

资源条件子系统中的森林资源分布状况与社会环境子系统中的林区民俗特色文化、林区特色旅游资源和物流基础设施建设直接联系。一方面，根据森林资源的分布情况，可以依据不同分布区域的森林资源特点开发特色民俗文化和旅游资源，强化森林资源分布的空间主体功能。另一方面，森林资源分布状况直接影响着物流基础设施建设情况，对于森林分布比较分散的区域，木材运输的基础设施投入较大，运输网络相对复杂。

资源条件子系统中的森林生产力和林业资源再利用与社会环境子系统中的示范促进培训与推广和林区居民整体素质直接联系。一方面，林区居民整体素质的高低直接决定着林业科技水平，同时，通过对林业科技知识的宣传教育与推广，可以进一步促进森林生产力和森林资源循环利用效率的提高。另一方面，当森林生产力与森林资源再利用效率较低时，为了进一步改善森林生产力与再利用状况，势必会促进教育与推广的加强，以及林区居民整体素质的改善。

因此，可构建资源条件子系统与社会环境子系统间的耦合关系，如图 5 - 20 所示。

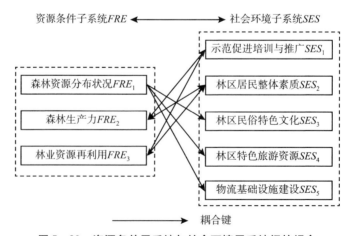

图 5 - 20 资源条件子系统与社会环境子系统间的耦合

5.7.3 资源条件子系统与市场环境子系统间的耦合

资源条件子系统的森林资源分布状况、森林生产力和林业资源再利用与市场环境子系统的金融机构林业授信直接联系。一方面，无论是改善森林资源分布状况、提高森林生产力，还是提高林业资源的再利用效率都需要大量的资金投入，金融机构的林业授信为资源条件的改善提供了必要的资金支持；另一方面，资源条件自身状况，特别是森林资源生产力水平以及林业资源的再利用状况又影响着林业授信资金的风险状况，进而影响林业金融的授信额度。资源子系统中森林生产力与林业资源再利用与市场环境子系统的林业产品市场竞争力直接联系。主要体现在较高的森林生产力和林业资源再利用率可以在一定程度上节省森林资源的消耗，降低林业产品的生产成本，同时，还可以推动绿色林业产品的发展，从而提高林业产品在同类产品中的市场竞争力。因此，可构建资源条件子系统与市场环境子系统间的耦合关系，如图 5 - 21 所示。

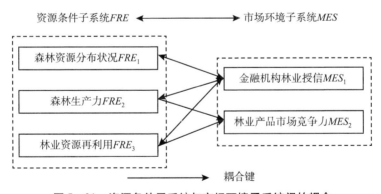

图 5 - 21 资源条件子系统与市场环境子系统间的耦合

5.7.4 科技创新子系统与社会环境子系统间的耦合

一方面，林区林业科普知识的示范促进培训与推广和林区居民的整体素质在一定程度上直接决定了林区科技创新能力与效率；另一方面，林业科技创新的发展与林业新技术的应用，又促进了林区特色民俗文化和旅游资源的开发与利用，推动林区物流基础设施建设技术的开发与利用。与此同时，不断变化的特色民俗文化与旅游资源以及物流基础设施建设的实际需求，又推动林业科技创新的不断完善和发展。

因此，可构建科技创新子系统与社会环境子系统间的耦合关系，如图 5 – 22 所示。

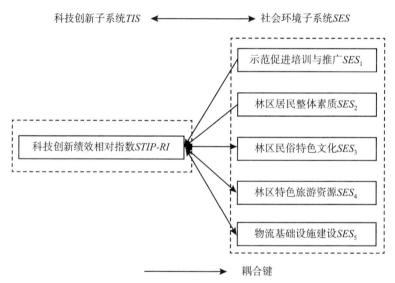

图 5 – 22　科技创新子系统与社会环境子系统间的耦合

5.7.5　科技创新子系统与市场环境子系统间的耦合

一方面，林业技术的开发与利用、科技人才的引进以及创新动力的提升都需要大量的资金投入，金融机构的林业授信则成为科技创新所需资金的重要来源，直接决定着林业科技创新动力；另一方面，林业科技创新可以增加林业产品的附加值和科技含量，同时还可能在降低林业产品生产成本上发挥作用，进而提高林业产品的市场竞争力。与此同时，林业产品市场竞争力提升的客观要求又会助推林业科技创新的发展。因此，可构建科技创新子系统与市场环境子系统间的耦合关系，如图 5 – 23 所示。

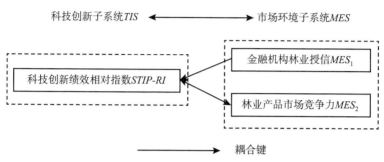

图 5 – 23　科技创新子系统与市场环境子系统间的耦合

5.7.6　市场环境子系统与社会环境子系统间的耦合

市场环境子系统的金融机构林业授信与社会环境子系统的林区居民整体素质、林区民俗特色文化、林区特色旅游资源以及物流基础设施建设等要素直接联系。一方面，特色民俗文化、特色旅游资源以及物流基础设施的建设都需要大量资金投入，金融机构的林业授信成为三要素用资需求的主要来源，同时特色民俗文化、特色旅游资源的开发运营状况以及物流基础设施的建设与营运情况又决定着林业授信资源的偿还风险。另一方面，林区居民的整体素质对金融机构林业授信情况会产生直接影响，居民整体素质较高，授信方的信用较好，林业授信的风险就较低。

市场环境子系统的林业产品市场竞争力与社会环境子系统的示范促进培训与推广、林区特色民俗文化、林区特色旅游资源以及物流基础设施建设等四个要素直接联系。一方面，通过对林业科普知识的宣传与培训等活动，提高企业与林业经济从业者的科技认知度，从而转化为林业科技生产力，提高林业产品竞争力；另一方面，林区特色民俗文化与特色旅游资源的开发能够进一步提高林区旅游产品的区分度和品牌效应，促进相关林业产品竞争力的提高，而物流基础设施的建设程度在一定程度上决定着林区旅游服务设施的完善程度或者林业产品运输设施的完备程度，可以通过完善的服务设施提高旅游产品的竞争力，或者通过完备的运输设施降低林业产成本，进而增加林业产品竞争力。同时，林业产品竞争力的提高可以扩大产品销路，促进林区财政和林农增收，从而增加特色民俗文化、特色旅游资源以及物流基础设施建设的投入，带动三要素的发展。

因此，可以构建市场环境子系统与社会环境子系统间的耦合关系，如图 5－24 所示。

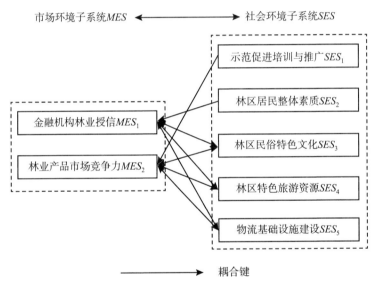

图 5－24 市场环境子系统与社会环境子系统间的耦合

5.7.7 子系统间的总体耦合

根据第 5.7.1～第 5.7.6 节中对资源条件、科技创新、社会环境以及市场环境四个子系统间的耦合机理分析，可构建南方集体林区依法行政与经济转型耦合系统间的总体耦合关系，如图 5－25 所示。

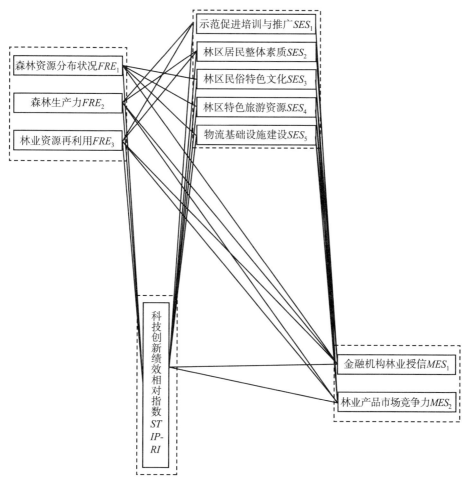

图 5-25　南方集体林区依法行政与经济转型系统各子系统间的总体耦合关系

5.8　本 章 小 结

本章主要对南方集体林区依法行政与经济转型系统的耦合机理相关问题进行系统分析。由于依法行政与经济转型的耦合是一个全新的理论命题，因此本章首先阐述二者耦合的现实依据与理论基础，在证明二者可耦性的基础上，进一步明确二者耦合的目标、结构和功能等问题。在此基础上，分别针对南方集体林区依法行政与经济转型系统行政经济主分量各序参量间、行政经济主分量与各子系统间以及各子系统间的耦合机理分三个层次加以深入分析，最终分别得出总体耦合关系。

南方集体林区依法行政与经济转型耦合发展评价指标体系构建

6.1　指标体系构建的原则与思路

6.1.1　指标体系构建的基本原则

南方集体林区依法行政与经济转型的耦合发展是一个系统工程，仅从定性层面去理解依法行政与经济转型耦合发展的内涵，显然是不够全面和客观的，也不利于在实际工作中指导二者的耦合发展。因此，仍然需要从定量的角度针对某一特定区域的依法行政与经济转型系统的耦合状况与协调程度进行客观评价与判断，而定量判断的一个常用工具就是构建耦合发展的评价指标体系。

通过南方集体林区依法行政与经济转型耦合度测量指标体系的构建与测度分析，不仅可以在整体上了解南方集体林区依法行政与经济转型耦合发展的实际状况，更能通过指标体系中每一类指标的分析深入了解南方集体林区依法行政与经济转型耦合系统内部某一方面的耦合状态，对南方集体林区依法行政与经济转型系统耦合的关键因素进行分析，从而找出耦合系统在发展过程中的关键问题及症结所在，进而为南方集体林区依法行政与经济转型的耦合发展辨识有效路径与改进目标。

然而，有关依法行政与经济转型耦合发展的研究同样是一个复杂的系统工程，不仅南方集体林区依法行政与经济转型系统之间存在着错综复杂的关系，而且依法行政与经济转型系统内部也存在着各种复杂的内生关系，依法行政与经济转型系统之间存在着复杂的交互促进、胁迫与约束的内生机制。一方面，南方集体林区在经济转型过程中的经营模式选择、林户利益保障以及经营主体之间的利益分红等矛盾会对政府依法行政产生一定的胁迫效应。另一方面，林区行政能力的下降同样会造成大量人力、物力和财力的浪费，给经济转型发展带来一定的压力。因此，指标的选取要能客观地反映二者之间的胁迫与约束机制，同时也要很好地反映各自系统内部的关系。因此，指标的选取要充分体现以下原则：

（1）客观性原则。指标体系必须建立在客观科学的基础上，能够充分反映南方集体林区依法行政与经济转型的发展特征、水平与内在机制，能够体现依法行政与经济转型的内涵需要，层次结构清晰，具有明确的物理指向和意义，测试与统计方法必须科学、合理、规范，以保证测度预评价结果的客观性。

（2）全面性原则。全面性原则要求指标体系要有较广的覆盖面，能够全面而综合地反映南方集体林区依法行政与经济转型发展的状态、程度和趋势。既要有总量指标、状态指标，又要有效率指标；既要有趋势指标、现状指标，又要有管理指标。

（3）独立性原则。指标体系的构建需要尽可能回避相似指标，有效剔除意义相近，相关性不高的指标。同时，指标体系应该层次分明，各指标之间应该是一个相互联系的有机整体，每个指标都应该具有一定的独立性，应该能够反映南方集体林区依法行政与经济转型耦合发展某一方面的特性，具有一定的代表性。

（4）动态性原则。依法行政与经济转型的耦合发展不是一成不变的，是一个复杂的动态过程,加之南方集体林区及其外部环境要素的不断改变,客观要求其依法行政与经济转型系统耦合测度的指标体系必须能够反映这一动态过程。因此,南方集体林区依法行政与经济转型系统耦合测度的指标体系需要具有一定的弹性,能够反映不同发展时期的阶段性特征,以便更好地进行预测和管理。

(5)操作性原则。由于南方集体林区依法行政与经济转型系统耦合及其测度的复杂性,导致指标体系的设计、定量化以及模型的设计与运算客观上面临实际操作的难题,因此,在充分考虑模型选取、指标数据的可靠性与可获得性的基础上,指标体系的设计要尽可能简明扼要,层次分明,优先选取易于计算、容易获得并能够充分反映南方集体林区依法行政与经济转型耦合发展实际情况的指标,从而使最终的指标体系具有较强的可操作性,并有可能在信息不完备的情况下对南方集体林区依法行政与经济转型的系统耦合做出最真实客观的测度预评价。

6.1.2 指标体系构建的基本思路

南方集体林区依法行政与经济转型耦合系统是一个多子系统与多要素构成的复杂系统结构,在耦合系统内部各序参量与构成要素之间全部存在耦合作用。根据本书第 4 章关键影响因子与第 5 章的耦合机理分析,在南方集体林区依法行政与经济转型耦合系统内部构建行政与经济主分量以及资源环境子系统、社会环境了系统、科技创新子系统和市场环境子系统。由于关键影响因子中的执政环境、产业环境与经济环境因子能够共同反映林区依法行政与经济发展的耦合效果,又考虑到南方集体林区依法行政与经济转型系统耦合的主要目的便是实现政府依法行政能力的提升与林区经济的转型升级,因此,将执政环境、经济环境与产业环境影响因子整合为耦合系统的主分量,集中反映与考察系统耦合的输出效应。而资源条件、人文与地理环境、资金与市场需求状况以及科技创新水平作为分别反映耦合系统内部各子系统的影响因子,分别将其作为耦合系统的资源条件子系统、社会环境子系统、市场环境子系统以及科技创新子系统来考察。基于前述的分析，在南方集体林区依法行政与经济转型耦合系统内部，行政与经济主分量同资源条件、社会环境、市场环境以及科技创新等子系统之间分别存在一定的耦合机制，同时，在资源条件、社会环境、市场环境以及科技创新等子系统之间也均形成一定的耦合机制。

南方集体林区依法行政与经济转型耦合系统内部与各子系统间的耦合关系与作用可以促进南方集体林区依法行政与经济转型耦合系统的协调发展，耦合系统内部各要素与各子系统之间相互影响、相互制约、相互促进，在系统外界输入一定的情况下，通过相互间的耦合机制而达到最优的效应输出，使系统耗散最小、功效最大。通过构建南方集体林区依法行政与经济转型耦合系统评测指标体系，对系统耦合的程度与阶段进行测定与分析，进而发现影响耦合系统功效的症结与问题，进而有针对性地调节耦合系统内部各序参量与要素之间的关系，使各序参量与要素之间的耦合关系逐渐趋于有序状态，最终使南方集体林区依法行政与经济转型耦合系统不断向优化状态转变。

前面在对南方集体林区依法行政与经济转型耦合系统内部与各子系统及要素间的相互作用机制进行系统分析的基础上，进一步分析耦合系统内部与各子系统之间的耦合机理，基于此构建南方集体林区依法行政与经济转型系统耦合测定指标体系的基本框架，如表4-1所示。在该框架中，基于资源条件子系统、社会环境子系统、市场环境子系统以及科技创新子系统四个序参量的行政与经济主分量，分别与四个子系统的要素以及子系统间的要素通过双向耦合机制链接在一起。建立南方集体林区依法行政与经济转型耦合系统测定指标体系，可以全面直观地分析与了解南方集体林区依法行政与经济转型的耦合程度，检验林区依法行政与经济转型的耦合效果，并及时提出持续改进与优化的对策措施。

6.1.3　南方集体林区依法行政与经济转型系统耦合测度指标体系

根据上述原则和思路，对行政经济主分量、资源条件子系统、科技创新子系统、社会环境子系统以及市场环境子系统的指标构建与分析，本书构建了南方集体林区依法行政与经济转型系统耦合的测量指标体系，如表 6 - 1 所示。

表 6 - 1　　南方集体林区依法行政与经济转型系统耦合测度指标体系

序号	分类	序参量	指标	指标解释	单位
1	行政经济主分量（AEC）	经济发展状况（AEC_1）	EDL	经济发展水平	亿元
2			GDP	地区生产总值	亿元
3			RER	地区财政收入	亿元
4			FAI	固定资产投资	亿元
5			PRL	人均 GDP 相对水平	—
6		依法行政状况（AEC_2）	AAL	依法行政水平	件
7			GAE	政府行政办事效率	件
8			SPC	专项政策制定的连续性	件
9			SPR	年均专项政策修订情况	件
10			SPF	年均专项政策制定情况	件
11			GAS	政府行政满意度	%
12			GAS_i	第 i 个林户对依法行政评价水平	%
13		产业发展状况（AEC_3）	FDS	林业产业发展实力	%
14			OFI	林业产业产值	亿元
15			RFI	林业产业产值增长速度	%
16			FEB	林业产业经济效益	%
17			TLP	全员劳动生产率	%
18			CPR	成本费用利润率	%
19			FRI	林业产业减量化指数	%
20			FIRP	万元产值林地投入降低百分比	%
21			DWRP	万元产值耗损木材降低百分比	%
22			PCTC	人均木材消费量降低百分比	%
23			GRWP	木产品消费量增长率	%
24			SDI	林业产业可持续发展指数	%
25			FUE	林地利用效率	%
26			WUR	木材利用率	%
27			EAR	企业资产贡献率	%
28			FRR	一次性林业产品产量降低百分比	%
29			SRR	污水处理循环利用率	%
30			FRA	年森林资源恢复比率	%

序号	分类	序参量	指标	指标解释	单位
31	资源条件 子系统 （FRE）	森林资源分布状况 （FRE_1）	FRDL	森林资源分布水平	%
32			FCO	森林覆盖率	%
33			NFR	天然林比重	%
34		森林生产力 （FRE_2）	FPI	森林生产力指数	%
35			FUR	林地可开发利用率	%
36			FVP	森林蓄积量相对百分比	%
37			FGR	森林生长率	%
38			FLS	林地坡度	%
39		林业资源再利用 （FRE_3）	FRRI	林业资源再利用指数	%
40			IWUR	工业三废综合利用率	%
41			WWUR	木产品垃圾综合利用率	%
42			RRR	树根回收利用率	%
43	科技创新 子系统 （TIS）	科技创新绩效 相对指数 （STIP-RI）	URN	年均林业科技论文发表数量	篇
44			STP	年均林业科技发明专利数	件
45			FSP_1	高校及各类科研机构数量	个
46			FSP_2	林业科技人员数量	人
47			STIO	林业科技产业产值	亿元
48	社会环境 子系统 （SES）	示范促进培训 与推广 （SES_1）	AEN	教育与培训总人次与总人数比重	次
49			TEN	教育与培训总人次	次
50			TMN	管理人员总人数	人
51		林区居民 整体素质 （SES_2）	HEP	高等教育水平人口比重	%
52			BDN	本科以上学历人口数	人
53			FTP	林区人口总数	人
54		林区民俗 特色文化 （SES_3）	FCP	文化基础设施建设投资比重	%
55			FCI	文化基础设施建设投资额	亿元
56			FII	基础设施建设投资额	亿元

序号	分类	序参量	指标	指标解释	单位
57	社会环境子系统（SES）	林区特色旅游资源（SES_4）	FSD	游客平均满意度	%
58			FTQ	特色旅游资源接待游客总量	人
59			FSD_i	第 i 名游客的满意度	%
60		物流基础设施建设（SES_5）	LIP	物流基础设施建设投资比重	%
61			LII	物流基础设施建设投资额	亿元
62			FAI	林区固定资产投资额	亿元
63	市场环境子系统（MES）	金融机构林业授信（MES_1）	FCP	金融机构林业授信比重	%
64			FCA	金融机构林业授信总金额	亿元
65			FTC	金融机构对外授信总额	亿元
66		林业产品市场竞争力（MES_2）	FMS	林业产品市场占有率	%
67			SFN	属地林业产品消费量	亿元
68			FIN	林业产品消费总量	亿元

6.2　依法行政与经济转型系统行政经济主分量指标

南方集体林区依法行政与经济转型耦合系统的行政经济主分量（AEC）主要用于集中考察林区依法行政与经济转型系统的耦合效果，是林区依法行政与经济转型系统耦合测度的中心目标，主分量的序参量主要包括：经济发展状况（AEC_1）、依法行政状况（AEC_2）和产业发展状况（AEC_3），综合第4章关键影响因子的研究结论与南方集体林区的阶段性实际，对各序参量的耦合指标进行具体设计。

6.2.1　经济发展状况

经济发展状况（AEC_1）序参量是南方集体林区经济转型的重要体现，是

153

林区耦合系统中最重要的输出指标之一。主要包括经济发展水平（*EDL*）、地区生产总值（*GDP*）、地区财政收入（*RER*）、固定资产投资（*FAI*）以及人均 GDP 相对水平（*PRL*）五个指标。

本书以经济发展水平（*EDL*）作为衡量南方集体林区经济发展状况的主要指标。一个地区的经济发展水平主要分为整体水平与相对水平，其中地区生产总值（*GDP*）、地区财政收入（*RER*）与固定资产投资（*FAI*）可以集中反映林区经济发展的整体水平，而人均 GDP 相对水平 *PRL* 是指林区人均 GDP 占全国人均 GDP 的比值，在一定程度上反映了林区经济发展的相对水平。林区经济发展状况是经济发展整体水平与相对水平的综合结果，因此，南方集体林区经济发展状况耦合指标经济发展水平的计算如公式（6-1）所示。

$$EDL = (GDP \times P_g + RER \times P_r + FAI \times P_i) \times PRL \qquad (6-1)$$

式中，*EDL* 为南方集体林区经济发展水平（单位：亿元）；*GDP* 为地区生产总值（单位：亿元）；*RER* 为地区财政收入（单位：亿元）；*FAI* 为固定资产投资（单位：亿元）；*PRL* 为林区人均 GDP 与全国人均 GDP 比较值（无单位）；P_g、P_r、P_i 分别为地区生产总值、地区财政收入与固定资产投资的权重系数，$P_g + P_r + P_i = 1$，权重系数将由专家打分确定。

6.2.2 依法行政状况

依法行政状况是南方集体林区依法行政与经济转型耦合系统的第二个主要输出指标，集中反映了林区政府职能转变与依法行政能力的提高情况，主要包括政府行政办事效率 *GAE*、依法行政水平 *AAL*、专项政策制定的连续性 *SPC*、政府行政满意度 *GAS*、年均专项政策修订情况 *SPR*、年均专项政策制定情况 *SPF* 六大指标，本书主要以依法行政水平来表征南方集体林区依法行政状况的差异化程度。政府职能转变与行政能力的提高主要体现在两方面：一方面，取决于林区政府内部要素的制约，主要由内部指标来考察；另一方面，来自行政执法部门外部要素的反应情况，需要借助外部指标来体现。因此，依法行政水平这一反映指标的设计需要能够综合反映林区政府部门依法行政状况的内外部要素特质，并对内外部要素的相关信息进行集中传递和体现。这里用政府行政办事效率（*GAE*）、专项政策制定的连续性（*SPC*）、年均专项政策修订情况（*SPR*）以及年均专项政策制定情况（*SPF*）来反映林区政府内部要素信息，其中政府行政办事效率用林业相关职能部门年均处理案件数量来反映，专项政策制定的连续性主要指林业相关接续政策与制度数量，专项政策修订情况与专项政策制定情况则分别用林业专项政策修订次数和制定数量来反映。对于政府行政执法外部要素的相关信息主要通过政府行政满意度（*GAS*）来反映，主要指林户或林业经济活动主体对政府依法行政与林业执法的满意程度。综上，南方集体林区依法行政状况指标依法行政水平的计算如公式（6 - 2）所示。

$$
\begin{cases}
AAL = (GAE \times P_g + SPC \times P_s + SPR \times P_r + SPF \times P_f) \times GAS \\
GAS = \dfrac{1}{n} \sum_{i=1}^{n} GAS_i
\end{cases}
\quad (6-2)
$$

式中：*AAL* 为依法行政水平（单位：件）；*GAE* 为政府行政办事效率（单位：件）；*SPC* 为专项政策制定的连续性（单位：件）；*SPR* 与 *SPF* 分别为专项政策修订与制定情况（单位：件）；*GAS* 为政府行政满意度（单位：%）；GAS_i 为第 *i* 个林户或林业经济活动主体对政府依法行政与林业执法满意程度的评价水平；P_g、P_s、P_r 与 P_f 分别为政府行政办事效率、专项政策制定连续性、年均专项政策修订情况和年均专项政策制定情况的权重系数，$P_g + P_s + P_r + P_f = 1$，权重系数将由专家打分确定。

6.2.3 产业发展状况

产业发展状况是南方集体林区依法行政与经济转型耦合系统输出的另一个重要指标，是集中反映南方集休林区林业产业专项发展水平的重要参考，在一定程度上集中体现了林区依法行政与经济转型系统耦合对集体林业发展的关联效应。考察林业产业发展的指标有很多，通常需要从经济角度客观衡量林业产业的发展势头与整体实力，考虑当前国家林业产业政策的总体精神，同时还必须对南方集体林区林业产业的可持续发展以及生态指标进行全面考量。因此，本书主要从发展实力、经济效益、循环生态等角度考察南方集体林区林业产业发展状况，具体要素构成包括：林业产业发展实力（*FDS*）、林业产业经济效益（*FEB*）、林业产业减量化指数（*FRI*）和林业产业可持续发展指数（*SDI*）。

6.2.3.1 林业产业发展实力

林业产业发展实力是集中反映林区林业经济发展势头的重要指标，通常对发展实力的衡量主要从相对值和绝对值两个角度出发，侧重于对研究对象相对发展水平与绝对发展水平的考察。本书主要采用林业产业产值占 GDP 比重来反映南方集体林区林业产业发展的相对水平，林业产业发展的绝对水平则用林业产业产值的增长速度来考察。因此，林业产业发展实力指标便是林业产业产值占 GDP 的比重与林业产业产值增长速度的综合体现，林业产业发展实力指标水平的计算如公式（6 − 3）所示。

$$\begin{cases} FDS = \dfrac{OFI}{GDP} \times 100\% \times f_1 + RFI \times f_2 \\ f_1 + f_2 = 1 \end{cases} \qquad (6-3)$$

式中，*FDS* 为林业产业发展实力（单位：%）；*OFI* 为林业产业产值（单位：亿元）；GDP 为考察区域国内生产总值（单位：亿元）；*RFI* 为林业产业产值增长速度（单位：%）；f_i 为权重系数（无量纲），由专家打分计算求得。

6.2.2.2 林业产业经济效益

林业产业经济效益不同于单纯的经济产出情况，而是专指通过林业产品与林业相关劳动的对外交换所取得的社会资源的节约，这里的社会资源既包括人力、物力及资金等社会资源的投入，也包括土地、林木等相关自然资源，即以尽可能少的林业相关劳动耗费而取得尽可能多的林业产业经营成果，或者是用同等的林业相关劳动耗费而取得更多的林业产业经营成果。林业产业经济效益是林业劳动投入、资金占用、成本费用与有用生产成果之间的比较。考虑到林业产业仍然是劳动密集型产业，并具有资金投入量大的特点，本书主要从成本与劳动两个角度考察南方集体林区林业产业经济效益情况，分别用全员劳动生产率和全员成本费用利润率来反映两方面的经济效益。林业产业全员劳动生产率指根据林业产品的价值量等指标计算得到的每一个林业从业人员在单位时间内平均能生产出来了的林业产品的数量，是林业产业生产技术水平、经营管理水平、从业人员技术数量程度以及劳动积极性等因素的综合体现，一般由林业产业增加值与林业从业人员总数之比计算求得。而林业产业全员成本费用利润率则反映了林业产业在当期发生的所有成本费用所带来的收益的能力，一般由林业产业当期利润总额与当期成本费用总额之比计算求得。因此，南方集体林区林业产业经济效益指标水平的计算如公式（6-4）所示。

$$\begin{cases} FEB = \dfrac{TLP}{\overline{TLP}} \times 100\% \times f_1 + CPR \times f_2 \\ f_1 + f_2 = 1 \end{cases} \quad (6-4)$$

式中：FEB 为林业产业经济效益（单位：%）；TLP 为全员劳动生产率（单位：%）；$\overline{TLP}$ 为林业劳动省生产率全国平均水平；CPR 为成本费用利润率（单位：%）；f_i 为权重系数（无量纲），由专家打分计算求得。

6.2.2.3 林业产业减量化指数

减量化原本是固体废物管理领域的重要概念，原意指将大量疏松膨胀、体积庞大的固体废物经过压缩或者无害焚化处理，以大幅度减小废物体积，从而降低运输成本和场地占用空间。后来被引入循环经济领域，专指在生产、流通和消费过程中减少资源消耗和废物产生，进而与再利用和资源化并称为循环经济的三原则，成为循环经济的重要内容。而林业产业由于其自身生产资料与最终产品的特殊性，其可持续发展必须考虑循环再利用问题。林业产业减量化指标是集中反映林业产业在林业生产、林业相关商品流通以及林业产品消费过程中有效减少相关资源，特别是森林资源消耗与废物产生的关键指标。本章主要以万元产值林地投入降低百分比、万元产值耗损木材降低百分比、人均木材消费量降低百分比与木产品消费量增长率来反映南方集体林区林业产业减量化指标水平，计算如公式（6-5）所示。

$$\begin{cases} FRI = FIRP \times f_1 + DWRP \times f_2 + PCTC \times f_3 + GRWP \times f_4 \\ \sum_{i=1}^{4} f_i = 1 \end{cases} \quad (6-5)$$

式中：FRI 为林业产业减量化指数（单位：%）；$FIRP$ 为万元产值林地投入降低百分比（单位：%）；$DWRP$ 为万元产值耗损木材降低百分比（单位：%）；$PCTC$ 为人均木材消费量降低百分比（单位：%）；$GRWP$ 为木产品消费量增长率（单位：%）；f_i 为权重系数（无量纲），由专家打分计算求得。

6.2.2.4 林业产业可持续发展指数

可持续发展是既要满足当代人发展的需要，又不能损害后代人满足其自身发展需要的能力，既要达到经济发展的目的，同时又不能损害人类赖以生存的自然资源和环境。可持续发展的主要标志就是资源的永续利用和良好的生态环境，这也是林业产业可持续发展的基本要求，本书主要从林业资源的再利用与资源利用效率角度考察南方集体林区林业产业的可持续发展潜力。主要指标包括：林地利用效率、木材利用率、企业资产贡献率、一次性林业产品产量降低百分比、污水处理循环利用率以及年均森林资源恢复比率。其中林地利用率是指南方集体林区林地占林业产业用地的比率，木材利用率是指合格林木产品中所包含的木材数量占木材原材料总数量的比重，企业资产贡献率是林区林业企业利润总额、税金总额以及利息支出总和与平均资产总额之比，集中反映了林业企业全部资产的获利能力，同时也体现了企业林业资产的总体利用效率。用年均新增人工林百分比考察年均森林资源恢复比率的指标水平，这也是直接反映林业资源可持续发展的重要指标。综上，南方集体林区林业资源可持续发展指标水平的计算如公式（6-6）所示。

$$\begin{cases} SDI = FUE \times f_1 + WUR \times f_2 + EAR \times f_3 + FRR \times f_4 + SRR \times f_5 + FRA \times f_6 \\ \sum_{i=1}^{6} f_i = 1 \end{cases}$$

$$(6-6)$$

式中：SDI 为林业产业可持续发展指数（单位：%）；FUE 为林地利用效率（单位：%）；WUR 为木材利用率（单位：%）；EAR 为企业资产贡献率（单位：%）；FRR 为一次性林业产品产量降低百分比（单位：%）；SRR 为污水处理循环利用率（单位：%）；FRA 为年均森林资源恢复比率（单位：%）；f_i 为权重系数（无量纲），由专家打分计算求得。

6.3　依法行政与经济转型系统资源条件子系统指标

资源条件子系统是南方集体林区依法行政与经济转型系统耦合的基础和保障，是系统内各要素之间以及内部要素与外部要素之间相互作用的物质支撑，因此，资源条件子系统对于南方集体林区依法行政与经济转型系统耦合的最终效果具有重要的决定作用。衡量森林资源的指标有很多，通常包括森林分布、林分结构、植被结构、森林质量以及森林利用等内容，结合第 4 章关键影响因子的辨识结果以及本书的研究重点，主要从森林分布、森林生产力以及森林资源再利用等方面整合关键影响因子，构建子系统构成要素，具体包括：森林资源分布状况（FRE_1）、森林生产力（FRE_2）和林业资源再利用（FRE_3）。

6.3.1　森林资源分布状况

各种森林资源在空间与地域上分布的数量和质量是衡量森林资源分布状态及分布质量的重要指标，体现了一个地区森林资源开发利用的难易程度，同时又是林业产业与林业经济发展的基础与保障。森林资源分布情况既包括森林分布的均衡程度、森林覆盖比重等数量指标，同时还包括天然林比重等质量指标。本书选用森林资源分布水平来表征南方集体林区森林资源的分布状况，具体包括森林分布均衡度、森林覆盖率和天然林比重三个指标。南方集体林区森林资源分布水平的计算如公式（6-7）所示。

$$\begin{cases} FRDL = FDE \times f_1 + FCO \times f_2 + NFR \times f_3 \\ FDE = 1 - \dfrac{\displaystyle\sum_{i=1}^{n} |FCO - FCO_i|}{n \times FCO} \\ \displaystyle\sum_{k=1}^{3} f_k = 1 \end{cases} \qquad (6-7)$$

式中：$FRDL$ 为森林资源分布水平（单位：%）；FDE 为森林分布均衡度；FCO 为森林覆盖率（单位：%）；NFR 为天然林比重（单位：%）；FCO_i 为第 i 个可统计小区域的森林覆盖率；n 为可统计的小区域总数；f_k 为权重系数，由专家打分计算求得。

6.3.2 森林生产力

森林资源是林业生产与林业经济发展不可替代的基本生产资料，是林业产业结构优化的重要支撑。而森林资源是有限的，并且具有地理位置、森林结构、林木价值及分布等方面的差异性，这就决定了森林资源本身的经济价值与生产能力在地域分布等方面存在着较大差异，使得森林资源本身的生产能力成为衡量不同区域及林种之间差异性的重要标准。所谓森林生产力指森林资源的可生产能力，是可统计区域内全部森林资源在生态保护、循环利用以及可持续发展的基础上，通过与外界因素的充分交换，经过人的生产经营活动而最大限度地创造价值的能力或潜力，是集中反映区域内森林资源可开发利用程度及社会经济价值的重要指标。本书用森林资源生产力指数来表征森林资源生产力，具体包括林地可开发利用率、森林蓄积量相对百分比、森林生长率以及林地坡度比重等指标。其中林地可开发利用率指林地可开发利用面积占林地总面积的比重，森林蓄积量相对百分比指区域内森林蓄积量占全国森林蓄积量百分比。森林生长量指一定区域内林地上所有树木在生长过程中的直径、树高、材积增长的数量总和，分别称为直径生长量、树高生长量和材积生长量，合称为森林生长量，而森林生长率指当年森林新增生长量与上一年度森林生长量之比，主要反映区域内森林资源的接续发展程度。林地坡度则对森林资源的可开发利用程度起到决定性作用，森林资源可开发性随着林地坡度的增大而逐渐降低，行业内经验值主要以 26 度为分界线，认为坡度在 26 度以下的林地为重要可开发林业资源，因此本书以 26 度以下坡度林业面积占全部林业面积的比重来反映林地坡度指标值。南方集体林区森林生产力指数的计算如公式（6−8）所示。

$$\begin{cases} FPI = FUR \times f_1 + FVP \times f_2 + FGR \times f_3 + FLS \times f_4 \\ \sum_{i=1}^{4} f_i = 1 \end{cases} \quad (6-8)$$

式中：FPI 为森林生产力指数（单位：%）；FUR 为林地可开发利用率（单位：%）；FVP 为森林蓄积量相对百分比（单位：%）；FGR 为森林生长率（单位：%）；FLS 为林地坡度（26 度以下林地面积占比）（单位：%）；f_i 为权重系数，由专家打分计算求得。

6.3.3 林业资源再利用

林业资源的稀缺性、生产周期长、资金回收周期长、投入大等特点决定了高效利用林业资源以及因地制宜地安排林业生产的重要性，因此，区域内林业资源的循环利用状况直接决定了区域林业产业与社会经济的可持续发展程度。同时，从生态环境的角度，林业资源的循环利用与高效产出也在一定程度上反映了区域林业产业与经济发展的整体状况，因此，林业资源的再利用可作为衡量区域内林业产业发展状况的参考指标。本书选用林业资源再利用指数来反映南方集体林区林业资源再利用情况，具体包括林业工业三废综合利用率、木产品垃圾综合利用率以及树根回收利用率。其中林业工业三废综合利用率是指林业工业生产过程中所排出的废气、废水和废渣的综合利用量占工业三废总量的百分比，是反映林业工业排放废物再利用的重要指标，木产品垃圾综合利用率是指林木产品生产过程中所产生的木质废物的综合利用量占木质废物总量的百分比，是集中反映木质废弃物综合利用的关键指标，树根回收利用率指树根回收利用数量占树根总量百分比，是林业资源再利用的原始指标，主要表征林木采伐阶段树根回收利用情况。南方集体林区林业资源再利用指数的计算如公式（6-9）所示。

$$\begin{cases} FRRI = IWUR \times f_1 + WWUR \times f_2 + RRR \times f_3 \\ \sum_{i=1}^{3} f_i = 1 \end{cases} \qquad (6-9)$$

式中：$FRRI$ 为林业资源再利用指数（单位：%）；$IWUR$ 为工业三废综合利用率（单位：%）；$WWUR$ 为木产品垃圾综合利用率（单位：%）；RRR 为树根回收利用率（单位：%）；f_i 为权重系数，由专家打分计算求得。

6.4 依法行政与经济转型系统科技创新子系统指标

随着社会的快速发展，特别是进入 21 世纪以后，科技创新对社会、经济以及人们生活的推动作用和影响日益凸显，科技创新越来越能够体现一个国家或者地区的综合竞争实力与发展潜力，因此，南方集体林区的科技创新水平和状况对于林区林业产业结构的优化升级以及林区社会经济的持续发展有着重要的推动作用，同时是反映林区经济社会发展的重要指标，是南方集体林区依法行政与经济转型耦合系统的子系统。南方集体林区科技创新子系统是由影响林业科技创新的公共部门与私有机构以及各类科技人员所组成，通过林业科技创新活动相关活动主体的行为模式、制度安排以及相互作用，旨在经济高效地创造、引入、改进和扩散新的知识与技术，从而使林业科技创新取得更好的林业产出绩效，并将科技创新作为林业生产变革和发展的关键动力，进而形成相对稳定的、开放的林业科技网络系统。林业科技是林区经济社会发展的生产力，科技创新则是林业经济转型发展的动力，如果将林区科技创新子系统作为一个整体来考察，那么客观衡量科技创新水平就必须考虑科技投入与产出，这里用高校及各类科研机构数量和林业科技人员数量作为林业科技创新的投入指标，用林业科技论文发表数量和林业科技发明专利数作为林业科技创新的产出指标，由于投入产出的绝对数量并不能真实反映林区科技创新的效率和水平，因此引入"林业科技产业产值占林业产业总产值比重"这一相对指标来反映林区科技创新效率，因此，南方集体林区科技创新子系统的评价效果就可以由上述四个绝对指标和一个相对指标综合决定。本书用科技创新绩效相对指数来表征南方集体林区科技创新水平，具体计算如公式（6-10）所示。

$$STIP\text{-}RI = \frac{URN + STP}{FSP_1 + FSP_2} \times \frac{STIO}{OFI} \qquad (6-10)$$

式中：$STIP\text{-}RI$ 为科技创新绩效相对指数（无量纲）；URN 为年林业科技论文发表数量（单位：篇）；STP 为年均林业科技发明专利数（单位：件）；FSP_1 为高校及各类科研机构数量（单位：个）；FSP_2 为林业科技人员数量（单位：人）；$STIO$ 为林业科技产业产值（单位：亿元）；OFI 为林业产业总产值（单位：亿元）。

6.5 依法行政与经济转型系统社会环境子系统指标

一个地区经济的发展与社会的发展是密不可分的有机整体，社会环境作为地区一切活动的载体决定着活动主体的行为模式、各主体、各要素之间的作用机制以及相互影响的结果，因此，南方集体林区依法行政与经济转型系统的耦合同样离不开社会环境子系统。社会环境子系统的构成要素是极其复杂的，考虑到本书的研究对象以及第 4 章关键影响因素的辨识结果，这里主要考察示范促进培训与推广、林区居民整体素质、林区民俗特色文化、林区特色旅游资源以及物流基础设施建设等五个指标来综合考量南方集体林区依法行政与经济转型系统社会环境子系统情况。南方集体林区依法行政的贯彻

与推广主要取决于管理者的思想认识和态度，而这一方面受林区居民的整体
文化素质影响，另一方面取决于林区政府对依法行政的培训与示范推广情况，
因此，在社会环境中引入示范促进培训与推广（SES_1）和林区居民整体素质
（SES_2）两项指标作为南方集体林区依法行政的关键影响要素。而林区独特
的民俗与旅游资源则是林业经济转型发展的重要基础，同时完善的物流基础
设施建设则是林业经济持续发展的重要保障，因此，将林区民俗特色文化
（SES_3）、林区特色旅游资源（SES_4）和物流基础设施建设（SES_5）作为南方
集体林区经济转型的关键影响要素。五个要素彼此相互影响、相互作用，共
同构成南方集体林区依法行政与经济转型耦合系统的社会环境子系统。

6.5.1　示范促进培训与推广

示范促进培训与推广是南方集体林区政府管理部门加强依法行政相关教
育与宣传的主要手段，是提高林区法治思想意识的关键，同时也是提升林区
法治管理水平的重要途径。本书以南方集体林区相关职能部门管理人员接受
法制教育或相关培训的总人次与管理人员总数的比值来衡量示范与培训推广
指标，计算如公式（6-11）所示。

$$AEN = \frac{TEN}{TMN} \times 100\% \qquad (6-11)$$

式中：AEN 为南方集体林区相关职能部门管理人员接受法制教育或相关培训
的总人次与管理人员总数的比值（单位：%）；TEN 为接受法制教育与培训的
总人次（单位：次）；TMN 为相关管理人员总数（单位：人）。

6.5.2　林区居民整体素质

林区居民整体文化素质直接反映了林区社会发展的文明程度，同时决定
着林区法制管理与行政的态度和认识，是南方集体林区依法行政与经济转型
耦合系统社会环境子系统的关键要素之一。本书用林区高等教育水平人口比

重来表征林区居民的整体素质，林区高等教育水平人口比重为南方集体林区获得本科以上学历或者相当于本科以上学历的人口数占人口总数的比值，计算公式如（6-12）所示。

$$HEP = \frac{BDN}{FTP} \times 100\%$$ (6-12)

式中：HEP 为南方集体林区高等教育水平人口比重（单位：%）；BDN 为获得本科以上学历或相当于本科以上学历的人口数（单位：人）；FTP 为林区人口总数（单位：人）。

6.5.3 林区民俗特色文化

林区民俗特色文化是南方集体林区独特文化传承和发展的重要体现，是林区生态文明建设的重要载体，并在一定程度上作为林业经济转型发展所依附的重要文化资源，对林业经济的转型起到部分承接与促进作用，成为南方集体林区经济转型社会环境子系统的重要组成部分。林区民俗特色文化主要包括传统的物质文化与非物质文化以及文化传承所必需的基础设施建设等内容。

本书主要以林区文化基础设施建设投资比重来衡量林区特色民俗文化。林区文化基础设施建设投资比重为林区文化基础设施建设投资额与林区基础设施建设总投资额的比值，计算如公式（6-13）所示。

$$FCP = \frac{FCI}{FII} \times 100\%$$ (6-13)

式中：FCP 为林区文化基础设施建设投资比重（单位：%）；FCI 为林区文化基础设施建设投资额（单位：亿元）；FII 为林区基础设施建设投资额（单位：亿元）。

6.5.4 林区特色旅游资源

旅游功能作为现代林业经济发展的重要组成部分，具有不可替代的生态与经济双重效益，同时具有较强的持续发展能力，与林业经济相结合，不仅可以保护森林生态，同时还能取得可观的经济效益，是林业经济转型的重要承接点。这里的林区特色旅游资源专指以森林、林地、各种植被及其相关资源为主题的绿色旅游品种和项目。衡量旅游资源的标准主要包括旅游资源产值、接待游客数量、旅游基础设施建设以及游客满意度等内容。本书主要以林区特色旅游资源游客平均满意度来衡量南方集体林区林业特色旅游资源水平。林区特色旅游资源游客平均满意度为南方集体林区特色旅游资源游客满意度之和与林区特色旅游资源接待游客总量的比值，计算如公式（6-14）所示。

$$FSD = \frac{1}{FTQ} \sum_{i=1}^{FTQ} FSD_i \times 100\% \qquad (6-14)$$

式中：FSD 为林区特色旅游资源游客平均满意度（单位：%）；FSD_i 为林区特色旅游资源第 i 名游客的满意度（单位：%）；FTQ 为林区特色旅游资源接待游客总量（单位：人）。

6.5.5 林区物流基础设施建设

林区物流基础设施建设是林业经济发展及其转型升级的重要保障，无论对于传统的林业生产还是新型林业经济的发展都是不可替代的重要载体，成为南方集体林区依法行政与经济转型耦合系统社会环境子系统的重要支撑。本书主要以林区物流基础设施建设投资比重来衡量林区物流基础设施建设情况，林区物流基础设施建设投资比重为林区物流设施及其相关基础设施投资额与林区固定资产投资的比值，计算如公式（6-15）所示。

$$LIP = \frac{LII}{FAI} \times 100\% \qquad (6-15)$$

式中：LIP 为林区物流基础设施建设投资比重（单位：%）；LII 为林区物流基础设施建设投资额（单位：亿元）；FAI 为林区固定资产投资额（单位：亿元）。

6.6　依法行政与经济转型系统市场环境子系统指标

市场是一个地区经济运转的重要载体，是社会活动主体以及各种产品、资源以及资本等要素禀赋相互交换、相互作用的媒介，南方集体林区依法行政与经济转型系统耦合的市场环境子系统同样也承载着林区行政管理、林业产品、林业资本以及其他相关要素资源的交换与整合，是南方集体林区依法行政与经济转型系统耦合的重要平台。林区经济的转型发展离不开大量的资金支持，加之林业经济生产周期长、资金回收期长等特点，特殊而长期有效的资金投入是林区经济持续发展的必备要素，同时林业产品作为林区经济系统的最终输出，必须能够充分利用市场实现自身收益最大化，这就要求林业产品必须拥有相对完善的市场流通机制。因此，对于市场环境子系统主要从金融市场与产品市场两个层面进行指标构建与考量，结合关键影响因子的筛选结果，主要选取金融机构林业授信情况（MES_1）作为考察林区金融市场环境的主要指标。将林业产品市场竞争力（MES_2）和林业产品品牌价值（MES_3）作为林区产品市场的考核指标。

6.6.1　金融机构林业授信

金融机构林业授信情况是集中反映林区金融机构对林业经济支持力度的重要指标，同时也在一定程度上反映林业企业在金融市场融通资金的难易程度。本书用金融机构林业授信比重来表征林区金融机构林业授信情况，金融机构林业授信比重指林区金融机构对林业及其相关产业授信贷款总金额与金融机构对外授信总额的比值，计算如公式（6-16）所示。

$$FCP = \frac{FCA}{FTC} \times 100\% \qquad (6-16)$$

式中：*FCP* 为金融机构林业授信比重（单位：%）；*FCA* 为金融机构林业授信总金额（单位：亿元）；*FTC* 为金融机构对外授信总额（单位：亿元）。

6.6.2　林业产品市场竞争力

林业产品市场竞争力是直接关系林区林业及其相关产品市场销售情况的重要指标，是南方集体林区林业产品与同类产品相比较的各种优势与差异性特点的集合，是集中反映南方集体林区林业产品市场销量及其实现最大化效益难易程度的重要指标。本书以林业产品市场占有率来衡量南方集体林区林业产品的竞争力，林业产品市场占有率为以南方集体林区为第一生产或者加工地的林业及其相关产品消费量与区域内全部（包括区域内以及外来同类产品）林业及其相关产品消费总量的比值，计算如公式（6-17）所示。

$$FMS = \frac{SFN}{FTN} \times 100\% \qquad (6-17)$$

式中：*FMS* 为林业产品市场占有率（单位：%）；*SFN* 为以南方集体林区为主要产地的林业产品消费量（单位：亿元）；*FIN* 为林区林业产品消费总量（单位：亿元）。

6.7　本章小结

本章主要是对南方集体林区依法行政与经济转型耦合发展的评价指标体系进行设计和构建研究。首先，明确了南方集体林区依法行政与经济转型耦合发展评价指标体系的构建原则。其次，根据第 4 章关键影响因素的研究结果，结合七大类指标的特性，并充分考虑南方集体林区依法行政与经济转型耦合发展的实际，将经济环境、产业环境以及执政环境指标设计为行政经济主分量，将资源条件、科技创新水平、人文与地理环境以及资金与市场需求环境指标分别设计为资源条件子系统、科技创新子系统、社会环境子系统和市场环境子系统四个序参量。最后，根据行政经济主分量、资源条件子系统、科技创新子系统、社会环境子系统以及市场环境子系统各构成要素或指标之间的关系，分别进行要素或指标的整合与解释，并给出主分量及各子系统序参量指标的计算依据，从而构建南方集体林区依法行政与经济转型耦合发展的评价指标体系。

第 7 章

南方集体林区依法行政与经济
转型系统耦合度测量

7.1　南方集体林区依法行政与经济
转型系统耦合度分析

7.1.1　南方集体林区依法行政与经济转型系统耦合度界定

耦合度（coupling degree）是系统耦合理论中最重要的量化指标，是反映系统内部子系统以及要素之间协同作用，由无序趋向有序的度量标准。从协同学理论的角度看，子系统以及要素间耦合作用的协调程度在很大程度上决定着系统由无序到有序的发展趋势，影响着系统相变的特征和规律，更进一步地决定着系统在达到临界区域时向何种有序或者结构发展。

基于第 5 章对南方集体林区依法行政与经济转型系统耦合机理的研究，本书提出了南方集体林区依法行政与经济转型系统耦合度的定义，南方集体林区依法行政与经济转型系统耦合度是描述南方集体林区依法行政与经济转型系统序参量与要素之间相互影响、相互作用程度的关键指标。其大小直接反映了各子系统以及序参量与内部要素之间的协同程度，同时也反映出子系统与内部要素之间耦合发展过程所处的阶段性特征，通过对南方集体林区依法行政与经济转型系统耦合度的动态测量，一方面可以对系统目标运行过程中的优点与不足进行实时反馈，另一方面可以对南方集体林区依法行政与经济转型发展的全过程进行实时的纠偏与调整，不断优化南方集体林区依法行政与经济转型系统资源，提升系统运行效果。

行政经济主分量与资源条件子系统、社会环境子系统、科技创新子系统以及市场环境子系统之间及其构成要素之间的相互影响程度决定着南方集体林区依法行政与经济转型系统耦合度的大小，本书在构建南方集体林区依法行政与经济转型系统耦合度评价指标体系的基础上，建立南方集体林区依法行政与经济转型系统耦合度测量模型。

南方集体林区依法行政与经济转型系统的耦合度测量模型由序参量体系、功效函数以及耦合度函数构成，评价指标体系中的各指标即为系统的序参量，下面主要介绍功效函数与耦合度函数。

7.1.2 南方集体林区依法行政与经济转型系统的耦合函数

7.1.2.1 南方集体林区依法行政与经济转型系统的功效函数

南方集体林区依法行政与经济转型耦合系统包括行政经济主分量、资源条件子系统、科技创新子系统、社会环境子系统和市场坏境子系统。设变量 u_i，$i=1$，2，3，$\cdots$，n 为南方集体林区依法行政与经济转型耦合系统的序参量，即行政经济主分量、资源条件子系统、科技创新子系统、社会环境子系统以及市场条件子系统，u_{ij} 为第 i 个序参量的第 j 个指标，X_{ij} 为第 j 个指标的指标值，$j=1$，2，3，$\cdots$，m。A_{ij} 和 B_{ij} 分别为耦合系统序参量的上限和下限，当 X_{ij} 为正指标，且其值越大，表示对耦合系统的贡献为正功效，当 X_{ij} 为负指标，且其值越小，表示对耦合系统的贡献为负功效，则根据系统耦合理论，南方集体林区依法行政与经济转型系统耦合的功效函数如公式（7-1）

所示。

$$u_{ij} = \begin{cases} (X_{ij} - B_{ij})/(A_{ij} - B_{ij}), & u_{ij}\text{具有正功效} \\ (A_{ij} - X_{ij})/(A_{ij} - B_{ij}), & u_{ij}\text{具有负功效} \end{cases}, \quad (i = 1, 2, 3, \cdots, n; j = 1, 2, 3, \cdots, m)$$

$$(7-1)$$

式中：u_{ij} 表示指标变量值 X_{ij} 对耦合系统功效贡献的大小程度，当 X_{ij} 为正指标时，u_{ij} 则表示正功效，当 X_{ij} 为负指标时，u_{ij} 则表示负功效，同时 u_{ij} 也能反映各评价指标达到系统目标的满意程度，u_{ij} 的值介于 $0 \sim 1$ 之间，其值越接近 0，表示越不满意，越接近 1 则表示越满意。

7.1.2.2　南方集体林区依法行政与经济转型耦合系统的序参量贡献值

南方集体林区依法行政与经济转型耦合系统包括一个主分量和四个子系统，主分量与每个子系统都有若干序参量或者要素构成，通常主分量与子系统的序参量或者要素的"总贡献值"可以通过集成求和方法加以实现，在实际应用中一般采取线性加权求和法或者几何平均法来确定，计算如公式（7-2）所示。

$$\begin{cases} U_i = \sum_{j=1}^{m} \lambda_{ij} u_{ij} \\ \sum_{j=1}^{m} \lambda_{ij} = 1 \end{cases}$$

$$(7-2)$$

式中：U_i 为子系统对总耦合系统有序度的贡献值；m 为子系统的指标或要素个数；λ_{ij} 为系统各序参量或者指标要素的权重系数，$\lambda_{ij} \geq 0$，通常可以用层次分析法或者熵值法等方法计算求得。

7.1.2.3　南方集体林区依法行政与经济转型系统的耦合度分析

南方集体林区依法行政与经济转型系统耦合度可以通过耦合协调度模型进行测算求得，耦合协调度是一种衡量系统之间耦合协调程度的标准定量模型和方法。

常用的协调度函数主要有距离协调度、变化协调度和综合协调度三种类型。距离协调度主要以系统间的距离为研究对象与衡量标准,通过系统间的距离判断系统间的协调程度,系统间的距离在一定程度上可以表征系统间彼此运行轨迹的相似程度。变化协调主要考量系统间的相对变化情况,以耦合系统各子系统相对动态变化的一致程度来判断系统间的协调性,变化协调度的测量重点考察当某一个子系统动态变化时另一个子系统相对变化的同步协调性。而综合协调度则主要用于研究较复杂系统的整体协调性,重点分析各子系统经过耦合运动后所形成的复合系统的最终状态。结合南方集体林区依法行政与经济转型系统的构成要素与特性,本书的主要目标是要考察系统的耦合程度及其协调性,因此,选用距离协调度的相应计算思路对南方集体林区依法行政与经济转型系统的耦合程度进行测度。

根据前文的分析结果,在此主要以行政经济主分量与资源条件子系统协调距离的测度为例进行推导分析。设行政经济主分量与资源条件子系统的发展程度分别用函数 $F_1(x, t)$ 和 $F_2(y, t)$ 来表示,x 和 y 分别是 AEC 和 FRE 系统的特征向量,t 表示时间。则 $F_1(x, t)$ 与 $F_2(y, t)$ 之间的相对离差系数就表示行政经济主分量与资源条件子系统之间的耦合协调程度,则如公式 (7-3) 所示:

$$c = \frac{2|F_1(x, t) - F_2(y, t)|}{F_1(x, t) + F_2(y, t)} = 2\sqrt{1 - \frac{F_1(x, t) \times F_2(y, t)}{\left[\dfrac{F_1(x, t) + F_2(y, t)}{2}\right]^2}} \quad (7-3)$$

由于 $F_1(x, t) \times F_1(y, t) \leqslant \left[\dfrac{F_1(x, t) + F_2(y, t)}{2}\right]^2$,因此,当

$\dfrac{F_1(x, t) \times F_2(y, t)}{\{[F_1(x, t) + F_2(y, t)]/2\}^2}$ 越大,则 c 越小,$F_1(x, t)$ 与 $F_2(y, t)$ 相关离差系数越小,表示行政经济主分量与资源条件子系统之间的耦合距离最小,两系统运行轨迹的相似程度也就越高,表明两系统的耦合程度就越好。而多个子系统之间相互作用的耦合关系则可以借鉴物理学中的容量耦合概念与系统耦合系数模型来表示,南方集体林区依法行政与经济转型系统耦合度函数

模型可表示为：

$$C_n = \{(u_1 \quad u_2 \quad \cdots \quad u_n)/\prod(u_i + u_j)\}^{1/n} , \quad (i = 1, 2, \cdots, n; j = 1, 2, \cdots, n)$$

$$(7-4)$$

式中，C_n 表示行政经济主分量与资源条件子系统、科技创新子系统、社会环境子系统以及市场环境子系统之间的整体耦合程度，$C_n \in [0, 1]$，C_n 越大表明南方集体林区依法行政与经济转型系统的耦合程度越好。理论上，当 $C_n = 1$ 时，表示整体耦合度最大，系统之间以及系统内部序参量或要素之间达到良性共振的耦合状态，系统将趋于新的耦合结构；当 $C_n = 0$，表示耦合度极小或者无耦合关系，系统之间及系统内部序参量或者要素之间处于无关状态，系统将无序发展。

7.1.3 南方集体林区依法行政与经济转型系统的耦合标准分析

基于当前研究文献对系统耦合程度或水平的理解，系统的耦合程度一般可分为低水平耦合、拮抗耦合、磨合耦合以及高水平耦合四个阶段，针对不同的研究对象以及对耦合方式与过程等的不同理解，系统耦合的判断标准也不同。

郭凤城（2008）依据耦合度 C 将城市群与产业群的耦合水平划分为四类，即 $C = 0$ 时为无耦合、$0 < C \leqslant 0.3$ 为低耦合、$0.3 < C \leqslant 0.7$ 时为一般耦合、$0.7 < C \leqslant 1$ 时为高耦合。

豆志杰（2013）将农业生态安全与农产品质量安全的耦合标准细分为极度失调、高度失调、中度失调、低度失调、弱度失调、弱度协调、低度协调、中度协调、高度协调以及极度协调等 10 个等级。

曹洪华（2014）根据实证研究结论将洱海流域生态 – 经济系统的耦合阶段划分为磨合消耗、快速消耗、快速协调和磨合协调四个过程。

张文龙（2009）利用变异系数指标 C_t 衡量系统之间的耦合程度，并根据 C_t 的取值范围将城市化与产业生态化的耦合标准划分为 3 个大类与 7 个小类，如表 7 – 1 所示。

表 7 – 1　　　　　　城市化与产业生态化耦合发展协调度等级划分

大类	协调等级	协调度
失调衰退类	严重失调	$0 < C_t \leq 0.3$
	中度失调	$0.3 < C_t \leq 0.4$
	失调	$0.4 < C_t \leq 0.5$
勉强协调发展类	勉强协调	$0.5 < C_t \leq 0.6$
协调发展类	中等协调	$0.6 < C_t \leq 0.7$
	良好协调	$0.7 < C_t \leq 0.8$
	优质协调	$0.8 < C_t \leq 1.0$

　　李明（2010）在借鉴相关文献成果的基础上，依据耦合度指标的取值，将农村生态住区建设系统的耦合发展阶段划分为 6 种状态，如表 7 – 2 所示。

表 7 – 2　　　　　　农村生态住区建设系统耦合度评级标准

耦合标准	无耦合	低水平耦合	拮抗时期	磨合阶段	高水平耦合	完全耦合
耦合度	$C = 0$	$0 < C \leq 0.3$	$0.3 < C \leq 0.5$	$0.5 < C \leq 0.8$	$0.8 < C < 1$	$C = 1$

　　综上所述，耦合度 C 对于南方集体林区依法行政与经济转型系统的耦合程度的判断无疑具有重要的现实意义和理论意义，但是，考虑到南方集体林区依法行政与经济转型系统各序参量及其构成要素的复杂性，本书认为在某种情况下耦合度 C 并不能完全表征南方集体林区依法行政与经济转型的整体耦合效果，当子系统的序参量贡献水平均较低且值较相近时，就会出现耦合度较高但不符合现实意义的结果，在这种情况下，理论耦合度对南方集体林区依法行政与经济转型系统耦合的指导意义较差，因此，需要将南方集体林区依法行政与经济转型系统耦合度测量模型进行必要的修正，修正结果如公式（7 – 5）所示。

$$\begin{cases} C_T = (C_n \times T)^{1/n} \\ T = \sum_{i=1}^{n} p_i \times u_i \\ \sum_{i=1}^{n} p_i = 1 \end{cases} \qquad (7-5)$$

式中：C_n 为行政经济主分量与资源条件子系统、科技创新子系统、社会环境子系统以及市场环境子系统的整体耦合协调度；C_T 为修正耦合协调度；T 为南方集体林区依法行政与经济转型耦合系统子系统的综合调整指数，它反映了南方集体林区依法行政与经济转型耦合系统的整体协同效应；P_i 则为第 i 个子系统的待定系数，可以由行业专家打分计算求得。最终，南方集体林区依法行政与经济转型系统的耦合程度可以依据修正耦合协调度的取值区间进行划分，结合国内相关学者的研究基础，本书将南方集体林区依法行政与经济转型系统的耦合程度划分为四个主要阶段：低阶耦合、拮抗耦合、磨合耦合和高阶耦合。本书提出的南方集体林区依法行政与经济转型系统耦合状态及耦合度发展阶段如图 7-1 所示。

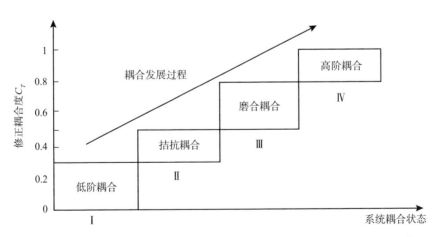

图 7-1　南方集体林区依法行政与经济转型系统耦合发展及耦合度评价状态

参照我国学者李明（2010）和曹洪华（2014）有关耦合程度划分标准的

研究成果，本书构建了南方集体林区依法行政与经济转型系统耦合程度的划分标准，如表 7 - 3 所示。

表 7 - 3　　　　　南方集体林区依法行政与经济转型耦合度划分标准

耦合度	耦合标准	耦合解释
$C = 0$	零耦合	南方集体林区依法行政与经济转型耦合系统各子系统及其序参量或要素之间不存在任何相互作用、相互影响与彼此贡献关系，整个系统处于无序状态
$0 < C \leqslant 0.3$	低阶耦合	南方集体林区依法行政与经济转型耦合系统各子系统及其序参量或要素之间相互作用、相互影响与彼此贡献的关系不够明显，系统基本不协调，有序性差
$0.3 < C \leqslant 0.5$	拮抗耦合	南方集体林区依法行政与经济转型耦合系统各子系统及其序参量或要素之间存在一定的相互作用、相互影响与彼此贡献的关系，但关系不明显，系统勉强协调
$0.5 < C \leqslant 0.8$	磨合耦合	南方集体林区依法行政与经济转型耦合系统各子系统及其序参量或要素之间存在相互作用、相互影响与相互贡献的关系，且关系明显，系统比较协调
$0.8 < C < 1$	高阶耦合	南方集体林区依法行政与经济转型耦合系统各子系统及其序参量或要素之间存在明显的相互作用、相互影响与相互贡献关系，且关系很强，系统有序性明显，具有较强的协调性
$C = 1$	全耦合	南方集体林区依法行政与经济转型耦合系统各子系统及其序参量或要素之间存在完全的相互作用、相互影响与彼此贡献的关系，且关系强烈直接，各子系统运行轨迹同步共振，系统完全耦合

7.2　南方集体林区依法行政与经济转型系统耦合测度模型的构建

7.2.1　灰色关联度分析方法

7.2.1.1　灰色关联度分析理论

1982 年，华中科技大学的邓聚龙教授首先提出了灰色系统的概念，随后逐步创建并完善了灰色系统理论。所谓灰色系统是同时包含确定信息和不确定信息的模糊信息系统，由于人们对于客观事物的认识具有不确定性，同时本书研究对象同样具有不确定性，因此，灰色系统理论被广泛地应用于相关问题的研究领域。

关联度分析法则是灰色系统理论中的一种因素分析方法，基于系统中统计数列的几何关系，对系统中多因素的关联程度进行对比分析，理论上，系统中各因素与时间变量曲线的几何形状越相似，各种因素的发展变化趋势就越接近，则表明因素间的关联程度就越大。因此，灰色关联度分析方法被广泛地应用于因素分析、综合评价以及方案决策等研究领域。

关联度分析方法是一种动态分析方法，常被用于系统中各要素动态发展变化的定量分析，系统中各因素之间发展态势的相似或者相近程度，是关联度分析方法衡量因素间相似或者接近程度的量化标准，特别适合于系统要素的动态量化分析。而南方集体林区依法行政与经济转型耦合系统恰好是一个确定信息与不确定信息交织在一起的复杂动态系统，具有明显的灰色系统的典型特征，因此，本书考虑运用灰色关联度分析方法构建南方集体林区依法行政与经济转型系统耦合的测度模型。

7.2.1.2　灰色关联度计算方法

设 $X_0 = \{x_0(k)$，$k = 1$，2，$\cdots$，$n\}$ 为任意参考序列，$X_i = \{x_i(k)$，$k = 1$，2，$\cdots$，$n\}$，$(i = 1$，2，$\cdots$，$m)$ 为相对比较序列，记 $\Delta x_{oi}(k) = x_o(k) - x_i(k)$，代表 x_o 与 x_i 在 k 点位置的位移差值，$\Delta x_i(k) = x_i(k) - x_i(k-1)$，表示 x_i 在 k 点处的一阶斜率，同时也表示 x_i 在 k 点处的变化速度，而 $\Delta^2 x_i(k) = x_i(k) - x_i(k-1)$，则代表 x_i 在 k 点处的二阶斜率，是 x_i 在 k 点处变化的加速度情况，上述公式中的 $i = 1$，2，$\cdots$，m。根据灰色关联度算法，当 $|\Delta x_{oi}(k)|$ 值越小时，表明两个序列的运行轨迹在 k 点时的相似程度就越高，而 $|\Delta x_i(k) - \Delta x_o(k)|$ 的值越小，则表明两个序列的运行轨迹在 k 点时的运行速度是趋同的，同理，$|\Delta^2 x_i(k) - \Delta^2 x_o(k)|$ 的值越小，则表明两个序列在 k 点时的运行加

速度有趋同的趋势。基于上述灰色关联度计算方法，同样可以定义 $\Delta y_{oi}(k) = y_o(k) - y_i(k)$，$\Delta y_i(k) = y_i(k) - y_i(k-1)$，$\Delta^2 y_i(k) = y_i(k) - y_i(k-1)$，$i = 1, 2, \cdots, m$。

一般地，比较典型的灰色关联度计算模型主要有四种：

（1）邓氏关联度：

$$r_i \triangleq r(x_o, x_i) = \frac{1}{n} \sum_{k=1}^{n} \frac{\min\limits_{i} \min\limits_{k} |\Delta x_{oi}(k)| + \rho \max\limits_{i} \max\limits_{k} |\Delta x_{oi}(k)|}{|\Delta x_{oi}(k)| + \rho \max\limits_{i} \max\limits_{k} |\Delta x_{oi}(k)|}$$

$$(7-6)$$

式中：$\rho = 0.5$。

（2）绝对关联度：

$$r_i = \frac{1}{n-1} \sum_{k=2}^{n} \frac{1}{1 + |\Delta y_o(k) - \Delta y_i(k)|} \qquad (7-7)$$

（3）T 型关联度：

$$\xi(k) = \begin{cases} \mathrm{sgn}(\Delta y_o(k), \Delta y_i(k)) \\ \quad \times \dfrac{\min(|\Delta y_o(k)|, |\Delta y_i(k)|)}{\max(|\Delta y_o(k)|, |\Delta y_i(k)|)}, & \text{当 } \Delta y_o(k) \text{ 与 } \Delta y_i(k) \text{ 不同时为 0 时} \\ 0, & \text{当 } \Delta y_o(k) \text{ 与 } \Delta y_i(k) \text{ 同时为 0 时} \end{cases}$$

$$(7-8)$$

$$r_i = \frac{1}{n-1} \sum_{k=2}^{n} \xi(k) \qquad (7-9)$$

式中：$y_i(k) = x_k(k)/D_i$，$D_i = \sum_{k=2}^{n} |\Delta x_i(k)|/(n-1)$，$(i=1, 2, \cdots, m)$。

（4）改进关联度：

$$r_i = \frac{1}{n-1} \sum_{j=1}^{n} \{ w_{ij}/[c + tg(\beta_j/2)] \} \qquad (7-10)$$

$$w_{ij} = 1 - |\Delta x_{oi}(j)| \Big/ \sum_{k=1}^{n} |\Delta x_{oi}(k)| \qquad (7-11)$$

$$\beta_j = arctg \frac{\Delta x_i(j+1) - \Delta x_o(j+1)}{1 + \Delta x_i(j+1) \times \Delta x_o(j+1)} \qquad (7-12)$$

式中：$c=1$。

综上所述，在四种主要的灰色关联度模型中，邓氏关联度可以通过计算序列之间的位移差来较好地反映两个序列之间发展过程或者运行过程的相似程度，同时可以表征量级的相近性，而绝对关联度、T 关联度和改进关联度模型则是通过计算序列在某时间点的运行速度的差异情况来表征两个序列运行轨迹或者运行趋势之间的相似性，主要表现为两序列之间的运行轨迹相对变化的相近程度。此外，T 型关联度还可以进一步表示正反相关关系。

通过进一步比较分析，可得出四种关联度模型的主要相同点与区别，如表 7 - 4 所示。

表 7 - 4　　　　　　　　　　四种关联度模型的异同点比较

类别	完善性	计算量	r_i 离散度	应用情况
邓氏关联度	较好	小	较小	很好
绝对关联度	好	小	小	好
T 型关联度	一般	较小	大	好
改进关联度	一般	大	小	一般

通过上述分析，邓氏关联度具有较高的综合使用价值，因此，本书主要以邓氏关联度为基础进一步构建南方集体林区依法行政与经济转型系统耦合的评价测度模型。

7.2.2　灰色关联度耦合模型

本书以灰色关联度模型中的邓氏关联度算法为基础，并结合物理学中的容量耦合系数模型，在对南方集体林区依法行政与经济转型系统中子系统以及基于行政经济主分量的各子系统内的耦合关联关系与协调程度进行系统分析的基础上，建立了南方集体林区依法行政与经济转型系统灰色关联度耦合模型，如公式（7 - 13）所示。

$$\begin{cases} C_n = \left\{ (c_1 \quad c_2 \quad \cdots \quad c) \Big/ \prod (c_i + c_j) \right\}^{1/n} \\ C(t) = \dfrac{1}{m \times n} \displaystyle\sum_{i=1}^{m} \sum_{j=1}^{n} \dfrac{\min\limits_{i}\min\limits_{j} |C_i'(t) - R_j'(t)| + \rho \max\limits_{i}\max\limits_{j} |C_i'(t) - R_j'(t)|}{|C_i'(t) - R_j'(t)| + \rho \max\limits_{i}\max\limits_{j} |C_i'(t) - R_j'(t)|} \end{cases}$$

$$(7-13)$$

式中，C_n 为 t 时刻南方集体林区依法行政与经济转型系统的整体耦合度，$C(t)$ 为 t 时刻南方集体林区依法行政与经济转型耦合系统两子系统间的耦合度。

7.3 南方集体林区依法行政与经济转型系统耦合度测量方法

综上所述，结合南方集体林区依法行政与经济转型系统耦合测度模型的自身特点与变量参数等需要，本书提出南方集体林区依法行政与经济转型系统耦合度的计算步骤与方法，如图 7-2 所示。

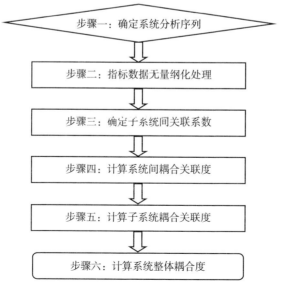

图 7-2　南方集体林区依法行政与经济转型系统耦合度测量流程

7.3.1 确定耦合系统分析序列

在前述分析中，系统分析序列是耦合度测算过程的主要参数，南方集体林区依法行政与经济转型系统的分析序列 X_i 主要包括：行政经济主分量序列组 AEC_i 和资源条件子系统序列组 FRE_j、科技创新子系统序列组 TIS_j、社会环境子系统序列组 SES_j、市场环境子系统序列组 MES_j。南方集体林区依法行政与经济转型系统的详细分析序列如表 7 - 5 所示。

表 7 - 5　　　　　南方集体林区依法行政与经济转型系统分析序列

分析序列	序参量/要素	指标	计算公式
行政经济主分量序列组 AEC_i	经济发展状况 (AEC_1)	EDL	$EDL = (GDP \times P_g + RER \times P_r + FAI \times P_i) \times PRL$
	依法行政状况 (AEC_2)	AAL	$\begin{cases} AAL = (GAE \times P_g + SPC \times P_s + SPR \times P_r + SPF \times P_f) \times GAS \\ GAS = \dfrac{1}{n} \sum\limits_{i=1}^{n} GAS_i \end{cases}$
	产业发展状况 (AEC_3)	FDS	$\begin{cases} FDS = \dfrac{OFI}{GDP} \times 100\% \times f_1 + RFI \times f_2 \\ f_1 + f_2 = 1 \end{cases}$
		FEB	$\begin{cases} FEB = \dfrac{TLP}{TLP} \times 100\% \times f_1 + CPR \times f_2 \\ f_1 + f_2 = 1 \end{cases}$
		FRI	$\begin{cases} FRI = FIRP \times f_1 + DWRP \times f_2 + PCTC \times f_3 + GRWP \times f_4 \\ \sum\limits_{i=1}^{4} f_i = 1 \end{cases}$
		SDI	$\begin{cases} SDI = FUE \times f_1 + WUR \times f_2 + EAR \times f_3 + FRR \times f_4 + SRR \\ \qquad \times f_5 + FRA \times f_6 \\ \sum\limits_{i=1}^{6} f_i = 1 \end{cases}$

续表

分析序列	序参量/要素	指标	计算公式
资源条件子系统 FRE_j	森林资源分布状况（FRE_1）	FRDL	$\begin{cases} FRDL = FDE \times f_1 + FCO \times f_2 + NFR \times f_3 \\ FDE = 1 - \dfrac{\sum\limits_{i=1}^{n} \lvert FCO - FCO_i \rvert}{n \times FCO} \\ \sum\limits_{k=1}^{3} f_k = 1 \end{cases}$
	森林生产力（FRE_2）	FPI	$\begin{cases} FPI = FUR \times f_1 + FVP \times f_2 + FGR \times f_3 + FLS \times f_4 \\ \sum\limits_{i=1}^{4} f_i = 1 \end{cases}$
	林业资源再利用（FRE_3）	FRRI	$\begin{cases} FRRI = IWUR \times f_1 + WWUR \times f_2 + RRR \times f_3 \\ \sum\limits_{i=1}^{3} f_i = 1 \end{cases}$
科技创新子系统 TIS_j	科技创新绩效相对指数（STIP-RI）	STIP-RI	$STIP\text{-}RI = \dfrac{URN + STP}{FSP_1 + FSP_2} \times \dfrac{STIO}{OFI}$
社会环境子系统 SES_j	示范促进培训与推广（SES_1）	AEN	$AEN = \dfrac{TEN}{TMN} \times 100\%$
	林区居民整体素质（SES_2）	HEP	$HEP = \dfrac{BDN}{FTP} \times 100\%$
	林区民俗特色文化（SES_3）	FCP	$FCP = \dfrac{FCI}{FII} \times 100\%$
	林区特色旅游资源（SES_4）	FSD	$FSD = \dfrac{1}{FTQ} \sum\limits_{i=1}^{FTQ} FSD_i \times 100\%$
	物流基础设施建设（SES_5）	LIP	$LIP = \dfrac{LII}{FAI} \times 100\%$

分析序列	序参量/要素	指标	计算公式
市场环境子系统 MES_j	金融机构林业授信（MES_1）	FCP	$FCP = \dfrac{FCA}{FTC} \times 100\%$
	林业产品市场竞争力（MES_2）	FMS	$FMS = \dfrac{SFN}{FTN} \times 100\%$

7.3.2 耦合系数数据的无量纲化处理

评价指标的无量纲化处理方法较多，本书主要采用极差标准化方法对耦合系统数据进行无量纲化处理，以行政经济主分量为例进行无量纲处理，其他类同，计算如公式（7-14）所示。

$$AEC_i' = (AEC_i - \overline{AEC_i})/S_{xi} \qquad (7-14)$$

式中：$\overline{AEC_i}$表示数列 X_i 的均值，S_{xi} 则表示数列 X_i 的标准差。

7.3.3 确立各子系统间的关联系数

系统间的关联系数是两个相互比较的系统序列在 t 时刻的相对差异值，这里主要运用邓氏关联度方法计算南方集体林区依法行政与经济转型系统子系统间的关联系数。同样以行政经济主分量与资源条件子系统为例，其关联系数计算如公式（7-15）所示。

$$\xi_{ij}(t) = \frac{\underset{i}{\min}\underset{j}{\min}\,|AEC_i'(t) - FRE_j'(t)| + \rho\,\underset{i}{\max}\underset{j}{\max}\,|AEC_i'(t) - FRE_j'(t)|}{|AEC_i'(t) - FRE_j'(t)| + \rho\,\underset{i}{\max}\underset{j}{\max}\,|AEC_i'(t) - FRE_j'(t)|}$$

$$(7-15)$$

式中：$\xi_{ij}(t)$ 为南方集体林区依法行政与经济转型系统在 t 时刻行政经济主分量的第 i 个序参量与资源条件子系统的第 j 个要素之间的关联系数；

$AEC_i'(t)$ 和 $FRE_j'(t)$ 分别为南方集体林区依法行政与经济转型系统在 t 时刻行政经济主分量的第 i 个序参量与资源条件子系统的第 j 个要素的标准化值，ρ 为分辨系数，一般取 0.5，ρ 可以显著提高关联系数之间的差异性。

7.3.4　计算系数间的耦合关联度

根据选取的样本数据量 k 对行政经济主分量与资源条件子系统之间的关联系数 $\xi_{ij}(t)$ 求均值，从而可以得到一个关联度矩阵 γ，关联度矩阵可以进一步表征子系统之间耦合关系的复杂程度，关联度 γ 的计算如公式（7-16）所示。

$$\gamma_{ij} = \frac{1}{k} \sum_{j=1}^{k} \xi_{ij}(t) \qquad (7-16)$$

根据关联度矩阵 γ 的行或者列的数据对 r_{ij} 的平均值，就可以进一步得到各子系统间耦合的关联度模型，如公式（7-17）和公式（7-18）所示。

$$d_i = \frac{1}{n} \sum_{j=1}^{n} \gamma_{ij}(t)，(i=1, 2, \cdots, m; j=1, 2, \cdots, n) \qquad (7-17)$$

$$d_j = \frac{1}{m} \sum_{i=1}^{m} \gamma_{ij}(t)，(i=1, 2, \cdots, m; j=1, 2, \cdots, n) \qquad (7-18)$$

式中：d_i 为行政经济主分量的第 i 个指标与资源条件子系统的期望关联度，d_j 为资源条件子系统的第 j 个指标与行政经济主分量的期望关联度，m、n 则分别是行政经济主分量与资源条件子系统的指标数量。

7.3.5　计算子系统间的耦合关联度

南方集体林区依法行政与经济转型系统子系统间的耦合状况可进一步通过子系统间的关联度计算公式求得，本书运用系统关联耦合度模型计算子系统间的耦合关联度，具体如公式（7-19）所示。

$$C(t) = \frac{1}{m \times n} \sum_{i=1}^{m} \sum_{j=1}^{n} \xi_{ij}(t) \qquad (7-19)$$

式中：$C(t)$ 为南方集体林区依法行政与经济转型系统子系统间的耦合关联度。

7.3.6 计算系数整体耦合关联度

根据物理学中容量耦合的概念以及容量耦合系数模型，并结合上述子系统间的耦合关联度计算模型，可以最终确定南方集体林区依法行政与经济转型系统的整体耦合度测量模型，计算如公式（7-20）所示。

$$C_n = \left\{ (c_1 \quad c_2 \quad \cdots \quad c_n) \middle/ \prod (c_i + c_j) \right\}^{1/n}, \quad (i = 1, 2, \cdots, n; j = 1, 2, \cdots, n)$$

$$(7-20)$$

式中：C_n 为南方集体林区依法行政与经济转型系统的整体耦合度，也是本书研究的最终测量目标。

7.4 本 章 小 结

本章主要是南方集体林区依法行政与经济转型系统耦合度测量方法体系的构建研究。首先，基于前述研究结论，明确界定南方集体林区依法行政与经济转型系统耦合度的内涵。其次，对南方集体林区依法行政与经济转型系统的功效函数、序参量贡献值及其耦合度进行数量分析，在此基础上，综合运用极差方法、距离协调度以及灰色关联度模型构建南方集体林区依法行政与经济转型系统耦合度测量模型。最后，设计构建南方集体林区依法行政与经济转型系统耦合度测量方法体系，包括确定系统分析序列、指标的无量纲化处理、确定系统间关联系数、计算系统间耦合关联度、计算子系统耦合关联度及计算系统整体耦合关联度等六个程序。

南方集体林区依法行政与经济转型耦合发展的实证研究：以广东省为例

　　根据我国林区划分习惯，南方集体林区主要包括海南省、广东省、广西壮族自治区、福建省、浙江省、安徽省、江西省、湖北省、湖南省和贵州省等十个省区，这些省区的集体林所占比重远高于全国平均水平，成为我国集体林森林资源的重要地区。从长期的历史发展趋势来看，南方集体林区在我国森林资源的培育、可持续发展以及木材供给等方面发挥着越来越重要的作用。由于南方集体林区涉及范围较广，加上各省区依法行政与经济社会发展状况、政策环境等差异较大，依法行政与经济转型的系统耦合在不同区域自然也呈现出不同的特征，以相同口径获取十个省区的全部数据存在较大困难，因此，将南方集体林区所有省份作为整体进行耦合实证显然不符合实际。广东省目前处丁南方集体林区的一类地区，代表着林区依法行政与经济转型耦合发展的较高水平，许多地方值得其他地区学习，在一定程度上代表了其他区域未来的发展方向，因此，限于本书篇幅等因素，本书仅以广东省集体林区为例进行实证研究与模型检验。

8.1 广东省林区依法行政与经济
转型系统耦合度计算

广东省是在全国较早推行集体林权制度改革试点的省份，早在 2007 年便在全国率先探索出了具有地方特色的林权改革模式，并于 2009 年在全省范围内进行全面推进，2011 年广东省集体林权制度改革已基本完成。可以说，2007 年是广东省逐步建立具有广东特色的"均股均利"林改新模式的关键节点，而 2007~2017 年也是广东省集体林权制度改革从无到有，从探索逐步走向成熟与深化，此阶段在广东省林业经济社会的发展历程中具有鲜明的典型性和代表性。因此，本书主要基于前述研究构建的南方集体林区依法行政与经济转型耦合评价指标体系与耦合度测量模型，选择 2007~2017 年广东省林业经济社会发展与依法行政方面的历史数据，对广东省林区依法行政与经济转型发展的耦合状态进行实证研究。

8.1.1 行政经济主分量指标

8.1.1.1 经济发展状况

经济发展状况主要由经济发展水平（EDL）指标来表征，主要包括地区生产总值（GDP）、地区财政收入（RER）与固定资产投资（FAI）三个绝对量指标以及人均 GDP 相对水平 PRL 指标，根据课题组的数据统计与调查结果，历年指标数据如表 8-1 所示。

表 8-1   2007~2017 年广东省经济发展状况序参量各指标数据统计

项目名称	地区生产总值（GDP）（万亿元）	地区财政收入（RER）（亿元）	固定资产投资（FAI）（亿元）	人均 GDP 相对水平（PRL）
2007 年（$T1$）	3.18	2175	9595	1.62
2008 年（$T2$）	3.68	2785	11181	1.56

续表

项目名称	地区生产总值（GDP）（万亿元）	地区财政收入（RER）（亿元）	固定资产投资（FAI）（亿元）	人均 GDP 相对水平（PRL）
2009 年（T3）	3.95	3649	13353	1.50
2010 年（T4）	4.60	4516	16113	1.45
2011 年（T5）	5.32	5515	16933	1.40
2012 年（T6）	5.71	6228	19308	1.35
2013 年（T7）	6.25	7076	22859	1.34
2014 年（T8）	6.78	8060	25928	1.34
2015 年（T9）	7.28	9365	30031	1.34
2016 年（T10）	8.09	10390	33008	1.38
2017 年（T11）	8.99	11315	37478	1.38

资料来源：根据历年《中国统计年鉴》《广东省统计年鉴》数据统计与计算。

以 2007 年为例计算经济发展水平（EDL）指标值：

$$EDL = (GDP \times P_g + RER \times P_r + FAI \times P_i) \times PRL = (3.18 \times 10000 \times 0.46 +$$
$2175 \times 0.30 + 9595 \times 0.24) \times 1.62 = (14628 + 652.5 + 2302.8) \times 1.62 = 28485$
（亿元），这里 P_g、P_r、P_i 表示权重系数，根据课题组专家打分调查统计并进行加权平均计算求得，其值分别为 0.46、0.30 和 0.24，同理可以求得其他年份的经济发展水平指标值，如表 8 – 2 所示。

表 8 – 2　2007~2017 年广东省经济发展状况序参量指标值计算结果统计

项目名称	经济发展水平（EDL）（亿元）
2007 年（T1）	28485
2008 年（T2）	31897
2009 年（T3）	33704
2010 年（T4）	38254
2011 年（T5）	42267

项目名称	经济发展水平（EDL）（亿元）
2012 年（T6）	44237
2013 年（T7）	48721
2014 年（T8）	55455
2015 年（T9）	58297
2016 年（T10）	66589
2017 年（T11）	74166

8.1.1.2　依法行政状况

依法行政状况主要由依法行政水平（AAL）指标来反映，指标运算主要包括政府行政办事效率（GAE）、专项政策制定连续性（SPC）、政府行政满意度（GAS）、年均专项政策修订情况（SPR）以及年均专项政策制定情况（SPF），根据课题组的数据统计与调查结果，历年指标数据如表 8－3 所示。

表 8－3　　2007～2017 年广东省依法行政状况序参量各指标数据统计

项目名称	政府行政办事效率（GEA）（件）	专项政策制定连续性（SPC）（件）	专项政策修订（SPR）（件）	专项政策制定（SPF）（件）	政府行政满意度（GAS）（%）
2007 年（T1）	0	0	2	3	100
2008 年（T2）	0	0	0	6	100
2009 年（T3）	0	0	2	0	100
2010 年（T4）	0	0	1	0	100
2011 年（T5）	6	2	0	3	100
2012 年（T6）	2	0	0	0	100
2013 年（T7）	7	1	0	2	100
2014 年（T8）	17	2	0	3	100
2015 年（T9）	30	1	0	3	100

续表

项目名称	政府行政办事效率（GEA）（件）	专项政策制定连续性（SPC）（件）	专项政策修订（SPR）（件）	专项政策制定（SPF）（件）	政府行政满意度（GAS）（%）
2016 年（T10）	39	4	2	7	100
2017 年（T11）	62	1	0	1	100

资料来源：历年广东省林业厅政府信息公开工作年度报告与调查结果统计。

需要说明的是，由于林业部门受理案件过程的重叠性与复杂性，政府行政办事效率指标以广东省林业厅年度申请与受理政府公开信息数量表示，而政府行政满意度则通过对政府信息公开的受理情况统计计算求得，专项政策制定连续性指标主要考虑当年修订和制定政策中与已有政策密切相关的政策数量。

以 2007 年为例计算依法行政水平（AAL）指标值：

$AAL = (GAE \times P_g + SPC \times P_s + SPR \times P_r + SPF \times P_f) \times GAS = (0 \times 0.36 + 0 \times 0.2 + 2 \times 0.22 + 3 \times 0.22) \times 100\% = 1.1$（件），其中 P_g、P_s、P_r 与 P_f 为权重系数，分别取值为 0.36、0.20、0.22 和 0.22，由专家打分进行加权平均计算求得，同理可以求得其他年份的依法行政水平（AAL）指标值，如表 8 - 4 所示。

表 8 - 4   2007～2017 年广东省依法行政状况序参量指标值计算结果统计

项目名称	依法行政水平（AAL）（件）
2007 年（T1）	1.10
2008 年（T2）	1.32
2009 年（T3）	0.44
2010 年（T4）	0.22
2011 年（T5）	3.22
2012 年（T6）	0.72

续表

项目名称	依法行政水平（AAL）（件）
2013 年（T7）	3.16
2014 年（T8）	7.18
2015 年（T9）	11.66
2016 年（T10）	16.82
2017 年（T11）	22.74

8.1.1.3 产业发展状况

产业发展状况由产业发展指数（FDI）来表征，构成要素具体包括：林业产业发展实力（FDS）、林业产业经济效益（FEB）、林业产业减量化指数（FRI）和林业产业可持续发展指数（SDI），根据课题组的数据统计与调查结果，各构成要素的历年指标数据如表 8 − 5 至表 8 − 8 所示。

表 8 − 5　　　2007 ~ 2017 年广东省林业产业发展实力指标数据统计

项目名称	林业产业产值（OFI）（亿元）	地区生产总值（GDP）（万亿元）	林业产值增长速度（RFI）（%）
2007 年（T1）	1376	3.18	4.60
2008 年（T2）	1404	3.68	2.03
2009 年（T3）	2200	3.95	56.68
2010 年（T4）	2802	4.60	27.36
2011 年（T5）	3328	5.32	18.77
2012 年（T6）	4691	5.71	40.96
2013 年（T7）	5595	6.25	19.27
2014 年（T8）	6500	6.78	16.18
2015 年（T9）	7150	7.28	9.70
2016 年（T10）	7696	8.09	7.60
2017 年（T11）	8022	8.99	4.24

资料来源：根据历年《广东省林业综合统计年报》《中国林业统计年鉴》数据统计与计算。

表 8 - 6   2007～2017 年广东省林业产业经济效益指标数据统计

项目名称	全员劳动生产率（TLP）（万元）	全员劳动生产率全国平均水平（$\overline{TLP}$）（万元）	成本费用利润率（CPR）（%）
2007 年（T1）	52332	42633	11.9
2008 年（T2）	21340	10231	19.5
2009 年（T3）	25291	11187	23.6
2010 年（T4）	29458	14443	19.8
2011 年（T5）	29274	12324	18.2
2012 年（T6）	32729	15428	23.7
2013 年（T7）	35341	16372	17.6
2014 年（T8）	36792	16938	15.3
2015 年（T9）	38495	17652	12.8
2016 年（T10）	38471	18323	11.9
2017 年（T11）	40379	19340	10.2

资料来源：根据历年《广东省林业综合统计年报》《中国林业统计年鉴》数据统计与计算。

表 8 - 7   2007～2017 年广东省林业产业减量化指数指标数据统计

项目名称	万元产值林地投入降低百分比（FIRP）（%）	万元产值耗损木材降低百分比（DWRP）（%）	人均木材消费量降低百分比（PCTC）（%）	木产品消费量增长率（GRWP）（%）
2007 年（T1）	-2.90	1.29	3.67	8.70
2008 年（T2）	5.70	1.53	3.88	7.30
2009 年（T3）	10.90	1.78	4.01	7.95
2010 年（T4）	-1.30	2.33	3.94	10.18
2011 年（T5）	8.20	2.95	4.35	15.23
2012 年（T6）	11.70	2.03	4.99	14.90
2013 年（T7）	6.50	2.76	5.93	17.18
2014 年（T8）	9.20	4.13	6.61	23.56
2015 年（T9）	3.90	5.37	6.98	18.27

续表

项目名称	万元产值林地投入降低百分比（FIRP）（%）	万元产值耗损木材降低百分比（DWRP）（%）	人均木材消费量降低百分比（PCTC）（%）	木产品消费量增长率（GRWP）（%）
2016 年（T10）	7.10	7.81	8.82	15.34
2017 年（T11）	5.80	8.05	10.17	13.19

资料来源：根据历年《广东省林业综合统计年报》《中国林业统计年鉴》数据统计与计算。

表 8-8   2007~2017 年广东省林业产业可持续发展指数指标数据统计

项目名称	林地利用效率（FUE）（%）	木材利用率（WUR）（%）	企业资产贡献率（EAR）（%）	一次性林业产品产量降低百分比（FDR）（%）	污水处理循环利用率（SRR）（%）	森林资源恢复比率（FRA）（%）
2007 年（T1）	87.9	65.2	8.1	-3.7	5.5	0.2
2008 年（T2）	88.3	66.3	7.6	2.3	5.9	1.0
2009 年（T3）	92.1	67.9	7.7	1.5	6.7	9.0
2010 年（T4）	93.7	70.3	7.9	5.9	7.9	-9.1
2011 年（T5）	97.2	75.8	8.5	9.8	9.3	0.3
2012 年（T6）	98.5	76.4	9.1	10.1	9.5	0.0
2013 年（T7）	98.2	76.1	9.8	9.2	10.8	0.9
2014 年（T8）	98.7	77.9	10.2	11.7	11.2	0.5
2015 年（T9）	99.1	75.6	9.5	11.9	11.9	0.2
2016 年（T10）	98.9	76.7	9.3	10.8	13.4	0.1
2017 年（T11）	99.3	79.1	8.9	12.6	15.6	0.1

资料来源：根据历年《广东省林业综合统计年报》《中国林业统计年鉴》数据统计与计算。

以 2007 年数据为例分别计算林业产业发展实力、林业产业经济效益、林业产业减量化指数以及林业产业可持续发展指数的指标值，计算过程如下：

$$FDS = \frac{OFI}{GDP} \times 100\% \times f_1 + RFI \times f_2$$

$$= \frac{1376}{31800} \times 100\% \times 0.53 + 4.60\% \times 0.47 = 4.45\%$$

其中，f_1 和 f_2 为对应指标权重系数，由专家打分计算求得。

$$FEB = \frac{TLP}{TLP} \times 100\% \times f_1 + CPR \times f_2$$

$$= \frac{52332}{42633} \times 100\% \times 0.75 + 11.9\% \times 0.25 = 3.9\%$$

其中，f_1 和 f_2 为对应指标权重系数，由专家打分计算求得。

$$FRI = FIRP \times f_1 + DWRP \times f_2 + PCTC \times f_3 + GRWP \times f_4 = -2.9\% \times 0.15$$

$$+ 1.29\% \times 0.33 + 3.67\% \times 0.31 + 8.70\% \times 0.21 = 2.96\%$$

其中，f_1，f_2，f_3，f_4 为对应指标权重系数，由专家打分计算求得。

$$SDI = FUE \times f_1 + WUR \times f_2 + EAR \times f_3 + FRR \times f_4 + SRR \times f_5 + FRA \times f_6$$

$$= 87.9\% \times 0.23 + 65.2\% \times 0.25 + 8.1\% \times 0.08 - 3.7\% \times 0.1$$

$$+ 5.5\% \times 0.16 + 0.2\% \times 0.18$$

$$= 20.217 + 16.3 + 0.648 - 0.37 + 0.88 + 0.036 = 37.66\%$$

其中，f_i，$i = 1$，2，$\cdots$，6 为对应指标权重系数，由专家打分计算求得。

同理，依据指标计算公式计算求得其他年份的序参量指标值如表 8 – 9 所示。

表 8 – 9　2007 ~ 2017 年广东省产业发展状况序参量构成要素指标值统计

项目名称	林业产业发展实力（FDS）（%）	林业产业经济效益（FEB）（%）	林业产业减量化指数（FRI）（%）	林业产业可持续发展指数（SDI）（%）
2007 年（T1）	4.45	3.90	2.96	37.66
2008 年（T2）	2.98	6.44	4.10	38.85
2009 年（T3）	29.59	7.60	5.14	41.62
2010 年（T4）	16.09	6.48	3.93	39.97
2011 年（T5）	12.14	6.34	6.75	44.51
2012 年（T6）	23.61	7.52	7.10	45.01
2013 年（T7）	13.80	6.02	7.33	45.21
2014 年（T8）	12.69	5.45	9.74	46.06
2015 年（T9）	9.76	4.84	8.36	45.58

项目名称	林业产业发展实力（FDS）（%）	林业产业经济效益（FEB）（%）	林业产业减量化指数（FRI）（%）	林业产业可持续发展指数（SDI）（%）
2016 年（T10）	8.61	4.55	9.60	45.84
2017 年（T11）	6.72	4.12	9.45	47.36

基于表 8 – 9 的数据计算产业发展指数（FDI）序参量值，以 2007 年数据为例，计算如下：

$$FDI = FDS \times f_1 + FEB \times f_2 + FRI \times f_3 + SDI \times f_4 = 4.45\% \times 0.28 + 3.9\%$$
$$\times 0.23 + 2.96\% \times 0.17 + 37.66\% \times 0.32 = 14.70\%$$

其中，f_1，f_2，f_3，f_4 为对应指标权重系数，由专家打分计算求得。同理，可求得其他年份产业发展指数指标值，如表 8 – 10 所示。

表 8 – 10　　　2007 ~ 2017 年广东省产业发展状况序参量指标值计算结果统计

项目名称	产业发展指数（FDI）（%）
2007 年（T1）	14.70
2008 年（T2）	15.44
2009 年（T3）	24.23
2010 年（T4）	19.45
2011 年（T5）	20.25
2012 年（T6）	23.95
2013 年（T7）	20.96
2014 年（T8）	21.20
2015 年（T9）	19.85
2016 年（T10）	19.76
2017 年（T11）	19.59

8.1.2 资源条件子系统指标

8.1.2.1 森林资源分布状况

森林资源分布状况主要由森林资源分布水平（*FRDL*）指标来表示，其构成要素主要有森林分布均衡度（*FDE*），森林覆盖率（*FCO*）以及天然林比重（*NFR*），根据课题组的数据统计与调查结果，各构成要素的历年指标数据如表 8 - 11 所示。

表 8 - 11　　2007 ~ 2017 年广东省森林资源分布状况构成要素指标值统计

项目名称	森林分布均衡度（*FDE*）	森林覆盖率（*FCO*）（%）	天然林比重（*NFR*）（%）
2007 年（*T*1）	0.73	56.10	43.10
2008 年（*T*2）	0.75	57.10	42.50
2009 年（*T*3）	0.87	66.10	37.20
2010 年（*T*4）	0.78	57.00	39.80
2011 年（*T*5）	0.71	57.30	39.60
2012 年（*T*6）	0.74	57.30	39.50
2013 年（*T*7）	0.77	58.20	38.30
2014 年（*T*8）	0.77	58.69	38.00
2015 年（*T*9）	0.80	58.88	37.90
2016 年（*T*10）	0.81	58.98	37.40
2017 年（*T*11）	0.83	59.08	36.10

资料来源：根据历年《广东省林业综合统计年报》《中国林业统计年鉴》等数据统计与计算。

以 2007 年数据为例计算森林资源分布水平的指标值，计算过程如下：

$$FRDL = FDE \times f_1 + FCO \times f_2 + NFR \times f_3 = 0.73 \times 0.21 + 56.1\%$$
$$\times 0.42 + 43.1\% \times 0.37 = 54.76\%$$

其中，f_1，f_2，f_3 为对应指标权重系数，由专家打分计算求得，同理可得其他年份森林资源分布水平的指标值如表 8 – 12 所示。

表 8 – 12　　2007 ~ 2017 年广东省森林资源分布状况指标值计算结果统计

项目名称	森林资源分布水平（FRDL）（%）
2007 年（T1）	54.76
2008 年（T2）	55.46
2009 年（T3）	59.80
2010 年（T4）	55.05
2011 年（T5）	53.63
2012 年（T6）	54.22
2013 年（T7）	54.79
2014 年（T8）	54.88
2015 年（T9）	55.55
2016 年（T10）	55.62
2017 年（T11）	56.60

8.1.2.2　森林生产力

森林生产力主要由森林生产力指数（FPI）来表征，其构成要素主要包括林地可开发利用率（FUR），森林蓄积量相对百分比（FVP），森林生长率（FGR）以及林地坡度（FLS），根据课题组的数据统计与调查结果，各构成要素的历年指标数据如表 8 – 13 所示。

表 8 – 13　　2007 ~ 2017 年广东省森林生产力构成要素指标值统计

项目名称	林地可开发利用率（FUR）（%）	森林蓄积量相对百分比（FVP）（%）	森林生长率（FGR）（%）	林地坡度（FLS）（%）
2007 年（T1）	27.30	2.88	4.67	39.70
2008 年（T2）	27.90	2.67	5.77	40.10

续表

项目名称	林地可开发利用率（FUR）（%）	森林蓄积量相对百分比（FVP）（%）	森林生长率（FGR）（%）	林地坡度（FLS）（%）
2009 年（T3）	33.40	2.88	3.72	38.30
2010 年（T4）	35.60	2.97	0.30	39.60
2011 年（T5）	34.10	3.03	9.44	38.50
2012 年（T6）	37.90	4.17	18.22	38.80
2013 年（T7）	38.50	2.94	46.92	39.70
2014 年（T8）	35.70	3.57	4.39	41.20
2015 年（T9）	39.20	5.08	3.89	40.80
2016 年（T10）	40.10	4.01	2.14	40.30
2017 年（T11）	39.80	3.85	1.75	39.80

资料来源：根据历年《广东省林业综合统计年报》《中国林业统计年鉴》等数据统计与计算。

以 2007 年数据为例计算森林生产力的指标值，计算过程如下所示：

$$FPI = FUR \times f_1 + FVP \times f_2 + FGR \times f_3 + FLS \times f_4 = 27.3\% \times 0.23 + 2.88\%$$
$$\times 0.21 + 4.67\% \times 0.33 + 39.7\% \times 0.23 = 17.56\%$$

其中，林地坡度用 26 度以下林地面积占比表示，f_1，f_2，f_3，f_4 为对应指标权重系数，由专家打分计算求得，同理可计算求得其他年份森林生产力指标值，如表 8 – 14 所示。

表 8 – 14   2007 ~ 2017 年广东省森林生产力指标值计算结果统计

项目名称	森林生产力指数（FPI）（%）
2007 年（T1）	17.56
2008 年（T2）	18.10
2009 年（T3）	18.32
2010 年（T4）	18.02

续表

项目名称	森林生产力指数（FPI） （%）
2011 年（T5）	20.45
2012 年（T6）	24.53
2013 年（T7）	34.09
2014 年（T8）	19.89
2015 年（T9）	20.75
2016 年（T10）	20.04
2017 年（T11）	19.69

8.1.2.3 林业资源再利用

林业资源再利用主要由林业资源再利用指数（FRRI）来表示，主要构成要素包括工业三废综合利用率（IWUR），木产品垃圾综合利用率（WWUR）以及树根回收利用率（RRR），根据课题组的数据统计与调查结果，各构成要素的历年指标数据如表 8 - 15 所示。

表 8 - 15　2007 ~ 2017 年广东省林业资源再利用构成要素指标值统计

项目名称	工业三废综合利用率 （IWUR）（%）	木产品垃圾综合利用率 （WWUR）（%）	树根回收利用率 （RRR）（%）
2007 年（T1）	82.5	61.0	53.3
2008 年（T2）	82.9	60.9	65.2
2009 年（T3）	84.1	61.8	68.9
2010 年（T4）	83.7	63.3	69.1
2011 年（T5）	84.8	63.0	71.5
2012 年（T6）	85.1	65.2	76.5
2013 年（T7）	86.9	65.3	79.8
2014 年（T8）	86.7	69.4	78.3

续表

项目名称	工业三废综合利用率 (*IWUR*)（%）	木产品垃圾综合利用率 (*WWUR*)（%）	树根回收利用率 (*RRR*)（%）
2015 年（*T9*）	89.3	68.5	80.7
2016 年（*T10*）	89.9	71.7	85.1
2017 年（*T11*）	92.1	70.1	88.4

资料来源：根据历年《广东省林业综合统计年报》《中国林业统计年鉴》等数据统计与计算。

以 2007 年数据为例计算森林生产力的指标值，计算过程如下：

$$FRRI = IWUR \times f_1 + WWUR \times f_2 + RRR \times f_3 = 82.5\% \times 0.25 + 61.0\%$$
$$\times 0.39 + 53.3\% \times 0.36 = 63.60\%$$

其中，f_1，f_2，f_3 为对应指标权重系数，由专家打分计算求得，同理可计算求得其他年份森林业资源再利用的指标值，如表 8 - 16 所示。

表 8 - 16　2007 ~ 2017 年广东省林业资源再利用指标值计算结果统计

项目名称	林业资源再利用指数 (*FRRI*)（%）
2007 年（*T1*）	63.60
2008 年（*T2*）	67.95
2009 年（*T3*）	69.93
2010 年（*T4*）	70.49
2011 年（*T5*）	71.51
2012 年（*T6*）	74.24
2013 年（*T7*）	75.92
2014 年（*T8*）	76.93
2015 年（*T9*）	78.09
2016 年（*T10*）	81.07
2017 年（*T11*）	82.19

8.1.3 科技创新子系统指标

科技创新子系统只含有一个科技创新水平指标,由科技创新绩效相对指数($STIP\text{-}RI$)来表征,其构成要素包括林业科技论文发表数量(URN),林业科技发明专利数(STP),高校及各类科研机构数量(FSP_1),林业科技人员数量(FSP_2)以及林业科技产业产值占地区生产总值比重($STIO/RGDP$)等。根据课题组的数据统计与调查结果,各构成要素的历年指标数据如表 8-17 所示。

表 8-17　　　2007~2017 年广东省科技创新水平指标各要素数据统计

项目名称	林业科技论文发表数量（URN）（篇）	林业科技发明专利数（STP）（件）	高校及各类科研机构数量（FSP_1）（个）	林业科技人员数量（FSP_2）（人）	林业科技产业产值（$STIO$）（亿元）	林业产业产值（OFI）（亿元）
2007 年（$T1$）	48	5	138	176	132	1376
2008 年（$T2$）	39	3	141	182	117	1404
2009 年（$T3$）	49	7	144	188	209	2200
2010 年（$T4$）	48	4	145	185	268	2802
2011 年（$T5$）	55	5	148	178	366	3328
2012 年（$T6$）	74	8	148	166	609	4691
2013 年（$T7$）	76	9	150	170	671	5595
2014 年（$T8$）	78	12	150	167	975	6500
2015 年（$T9$）	98	13	150	165	1073	7150
2016 年（$T10$）	90	11	151	159	1231	7696
2017 年（$T11$）	122	9	151	155	1604	8022

资料来源:根据历年《广东省林业综合统计年报》《广东省统计年鉴》《中国林业统计年鉴》数据统计与计算。

以 2007 年数据为例计算科技创新水平的指标值,计算过程如下:

$$STIP\text{-}RI = \frac{URN + STP}{FSP_1 + FSP_2} \times \frac{STIO}{OFI} = \left[(48+5)/(138+176) \right] \times (132/1376) = 1.62\%$$

其中，由于高等院校林业研究领域从业人员数据较难统计，林业科技人员数量这里主要指广东省林业科研院所从业人员数量，同理可计算其他年份科技创新水平的指标值，如表 8 - 18 所示。

表 8 - 18　　2007～2017 年广东省科技创新水平指标值计算结果统计

项目名称	科技创新绩效相对指数（FRRI）（%）
2007 年（T1）	1.62
2008 年（T2）	1.08
2009 年（T3）	1.60
2010 年（T4）	1.51
2011 年（T5）	2.02
2012 年（T6）	3.39
2013 年（T7）	3.19
2014 年（T8）	4.26
2015 年（T9）	5.29
2016 年（T10）	5.21
2017 年（T11）	8.56

8.1.4　社会环境子系统指标

8.1.4.1　示范促进培训与推广

示范促进培训与推广主要出林区相关管理人员接受法制教育与培训的总人次占管理人员总数的比重（AEN）来表征，主要包括相关管理人员接受法制教育与培训的总人次（TEN）和林区相关管理人员总数（TMN）两大指标，其中，AEN 为 TEN 与 TMN 比值，根据课题组的实地调查与数据统计结果，并结合指标计算公式可得各构成要素的历年指标数据如表 8 - 19 所示。

表 8-19 2007～2017 年广东省示范促进培训与推广构成要素指标值统计

项目名称	教育与培训总人次（TEN）（次）	相关管理人员总数（TMN）（人）	总人次与总人数比值（AEN）（%）
2007 年（T1）	155	13575	1.14
2008 年（T2）	230	13351	1.72
2009 年（T3）	345	12652	2.73
2010 年（T4）	380	12713	2.99
2011 年（T5）	560	12535	4.47
2012 年（T6）	590	12208	4.83
2013 年（T7）	680	12168	5.59
2014 年（T8）	765	12105	6.32
2015 年（T9）	820	12077	6.79
2016 年（T10）	880	11930	7.38
2017 年（T11）	1100	11889	9.25

资料来源：根据历年《广东省林业综合统计年报》、广东省林业厅官网，以及实地调查结果计算。

8.1.4.2 林区居民整体素质

林区居民整体素质情况主要由林区高等教育水平人口比重（HEP）来表征，具体包括获得本科以上学历或相当于本科以上学历的人口数（BDN）与林区人口总数（FTP），其中，HEP 为 BDN 与 FTP 的比值，根据课题组的实地调查与数据统计结果，并结合指标计算公式可得各构成要素的历年指标数据，如表 8-20 所示。

表 8-20 2007～2017 年广东省林区居民整体素质构成要素指标值统计

项目名称	本科以上学历人口数（BDN）（万人）	林区人口总数（FTP）（万人）	林区高等教育水平人口比重（HEP）（%）
2007 年（T1）	300	9660	3.11
2008 年（T2）	320	9893	3.23

项目名称	本科以上学历人口数 （BDN） （万人）	林区人口总数 （FTP） （万人）	林区高等教育水平人口 比重（HEP） （%）
2009 年（T3）	357	10130	3.52
2010 年（T4）	395	10441	3.78
2011 年（T5）	408	10505	3.88
2012 年（T6）	426	10594	4.02
2013 年（T7）	444	10644	4.17
2014 年（T8）	463	10724	4.32
2015 年（T9）	500	10849	4.61
2016 年（T10）	533	10999	4.85
2017 年（T11）	546	10900	5.01

资料来源：根据历年《广东省林业综合统计年报》《广东省统计年鉴》，以及实地调查结果计算。

8.1.4.3 林区民俗特色文化

林区民俗特色文化主要由林区文化基础设施建设投资比重（FCP）来表征，具体包括林区文化基础设施建设投资额（FCI）和林区基础设施建设投资额（FII）两大指标，其中 FCP 为 FCI 与 FII 比值，根据课题组的实地调查与数据统计结果，并结合指标计算公式可得各构成要素的历年指标数据，如表 8 - 21 所示。

表 8 - 21 　2007～2017 年广东省林区民俗特色文化构成要素指标值统计

项目名称	林区文化基础设施建设 投资额（FCI） （亿元）	林区基础设施建设 投资额（FII） （亿元）	林区文化基础设施建设 投资比重（FCP） （%）
2007（T1）	85	9595	0.89
2008（T2）	123	11181	1.10
2009（T3）	156	13353	1.17
2010（T4）	179	16113	1.11
2011（T5）	205	16933	1.21

项目名称	林区文化基础设施建设投资额（*FCI*）（亿元）	林区基础设施建设投资额（*FII*）（亿元）	林区文化基础设施建设投资比重（*FCP*）（%）
2012（*T6*）	228	19308	1.18
2013（*T7*）	249	22859	1.09
2014（*T8*）	357	25928	1.38
2015（*T9*）	388	30031	1.29
2016（*T10*）	410	33008	1.24
2017（*T11*）	465	37478	1.24

资料来源：根据历年《广东省林业综合统计年报》、广东省林业厅官网，以及实地调查结果计算。

8.1.4.4 林区特色旅游资源

林区特色旅游资源由林区特色旅游资源游客平均满意度（*FSD*）来表示，由于针对林区特色旅游资源的游客满意度过去多年缺乏数据统计，按照实际计算公式计算游客满意度存在的实际困难，因此，这里主要使用广东省整体旅游资源游客满意度数据代替林区特色旅游资源的评价，根据课题组的实地调查与数据统计结果，林区特色旅游资源的历年指标数据如表 8-22 所示。

表 8-22 2007~2017 年广东省林区特色旅游资源指标值计算结果统计

项目名称	林区旅游资源游客平均满意度（*FSD*）（%）
2007 年（*T1*）	72.7
2008 年（*T2*）	75.8
2009 年（*T3*）	82.5
2010 年（*T4*）	79.3
2011 年（*T5*）	85.1
2012 年（*T6*）	88.7
2013 年（*T7*）	88.2
2014 年（*T8*）	87.3

续表

项目名称	林区旅游资源游客平均满意度（FSD）（%）
2015 年（T9）	79.6
2016 年（T10）	83.5
2017 年（T11）	85.6

资料来源：根据历年《广东省旅游景区游客满意度大数据调查报告》、广东省旅游局官网数据整理。

8.1.4.5 林区物流基础设施建设

林区物流基础设施建设主要由林区物流基础设施建设投资比重（LIP）来表征，构成要素主要包括林区物流基础设施建设投资额（LII）与林区固定资产投资额（FAI），其中 LIP 为 LII 与 FAI 的比值，根据课题组的实地调查与数据统计结果，并结合指标计算公式可得各构成要素的历年指标数据，如表 8 - 23 所示。

表 8 - 23　　2007~2017 年广东省林区物流基础设施建设构成要素指标值统计

项目名称	林区物流基础设施建设投资额（LII）（亿元）	林区固定资产投资额（FAI）（亿元）	林区物流基础设施建设投资比重（LIP）（%）
2007 年（T1）	560	9595	5.84
2008 年（T2）	750	11181	6.71
2009 年（T3）	830	13353	6.22
2010 年（T4）	945	16113	5.86
2011 年（T5）	1078	16933	6.37
2012 年（T6）	1340	19308	6.94
2013 年（T7）	1550	22859	6.78
2014 年（T8）	1578	25928	6.09
2015 年（T9）	1780	30031	5.93
2016 年（T10）	2380	33008	7.21
2017 年（T11）	2910	37478	7.76

资料来源：根据历年《广东省林业综合统计年报》、广东省林业厅官网，以及实地调查结果计算。

8.1.5 市场环境子系统指标

8.1.5.1 金融机构林业授信

金融机构林业授信主要由金融机构林业授信比重（FCP）来表征，构成要素主要包括金融机构林业授信总金额（FCA）与金融机构对外授信总额（FTC），其中，FCP为FCA与FTC的比值，根据课题组的实地调查与数据统计结果，并结合指标计算公式可得各构成要素的历年指标数据，如表8-24所示。

表 8-24　　　2007~2017 年广东省金融机构林业授信构成要素指标值统计

项目名称	金融机构林业授信总金额（FCA）（万亿元）	金融机构对外授信总额（FTC）（万亿元）	金融机构林业授信比重（FCP）（%）
2007 年（T1）	0.38	3.06	12.42
2008 年（T2）	0.56	3.38	16.57
2009 年（T3）	0.88	4.45	19.78
2010 年（T4）	1.12	5.18	21.62
2011 年（T5）	1.28	5.86	21.84
2012 年（T6）	1.35	6.71	20.12
2013 年（T7）	1.66	7.57	21.93
2014 年（T8）	1.86	8.49	21.91
2015 年（T9）	1.92	9.57	20.06
2016 年（T10）	2.33	11.09	21.01
2017 年（T11）	2.85	12.60	22.62

资料来源：根据历年《广东省林业综合统计年报》《广东省金融运行报告》数据统计。

8.1.5.2 林业产品市场竞争力

林业产品市场竞争力主要由林业产品市场占有率（*FMS*）来表征，具体包括本地林业产品消费量（*SFN*）与林区林业产品总消费量（*FIN*），其中，*FMS* 为 *SFN* 与 *FIN* 的比值，根据课题组的实地调查与数据统计结果，并结合指标计算公式可得各构成要素的历年指标数据，如表 8 – 25 所示。

表 8 – 25　　　　2007 ~ 2017 年广东省林业产品市场竞争力构成要素指标值统计

项目名称	本地林业产品消费量（*SFN*）（亿元）	林区林业产品总消费量（*FIN*）（亿元）	林业产品市场占有率（*FMS*）（%）
2007 年（*T1*）	938	4065	23.08
2008 年（*T2*）	1240	4926	25.17
2009 年（*T3*）	1465	5520	26.54
2010 年（*T4*）	1843	6071	30.36
2011 年（*T5*）	2296	6540	35.11
2012 年（*T6*）	2423	6920	35.02
2013 年（*T7*）	2758	7384	37.35
2014 年（*T8*）	2985	7855	38.00
2015 年（*T9*）	3383	8642	39.15
2016 年（*T10*）	3501	8915	39.27
2017 年（*T11*）	3517	9350	37.61

资料来源：根据历年《广东省林业综合统计年报》《广东省统计年鉴》数据统计。

8.1.6　广东省林区依法行政与经济转型系统耦合评价指标体系

根据前述评价指标的运算与统计结果，汇总而成广东省林区依法行政与经济转型系统耦合评价指标体系及各指标值，如表 8 – 26 所示。

南方集体林区依法行政与经济转型耦合发展研究

表 8－26　广东省林区依法行政与经济转型系统耦合评价指标体系与指标值

子系统	序参量	量纲	T1	T2	T3	T4	T5	T6	T7	T8	T9	T10	T11
行政经济主分量（AEC）	经济发展状况（AEC_1）	亿元	28485	31897	33704	38254	42267	44237	48721	55455	58297	66589	74166
	依法行政状况（AEC_2）	件	1.1	1.32	0.44	0.22	3.22	0.72	3.16	7.18	11.66	16.82	22.74
	产业发展状况（AEC_3）	%	14.70	15.44	24.23	19.45	20.25	23.95	20.96	21.20	19.85	19.76	19.59
资源条件子系统（FRE）	森林资源分布状况（FRE_1）	%	54.76	55.46	59.80	55.05	53.63	54.22	54.79	54.88	55.55	55.62	56.60
	森林生产力（FRE_2）	%	17.56	18.10	18.32	18.02	20.45	24.53	34.09	19.89	20.75	20.04	19.69
	林业资源再利用（FRE_3）	%	63.60	67.95	69.93	70.49	71.51	74.24	75.92	76.93	78.09	81.07	82.19
科技创新子系统（TIS）	科技创新绩效相对指数（FRRI）	%	1.62	1.08	1.60	1.51	2.02	3.39	3.19	4.26	5.29	5.21	8.56

续表

子系统	序参量	量纲	T1	T2	T3	T4	T5	T6	T7	T8	T9	T10	T11
社会环境子系统（SES）	示范促进培训与推广（SES_1）	%	1.14	1.72	2.73	2.99	4.47	4.83	5.59	6.32	6.79	7.38	9.25
	林区居民整体素质（SES_2）	%	3.11	3.23	3.52	3.78	3.88	4.02	4.17	4.32	4.61	4.85	5.01
	林区民俗特色文化（SES_3）	%	0.89	1.10	1.17	1.11	1.21	1.18	1.09	1.38	1.29	1.24	1.24
	林区特色旅游资源（SES_4）	%	72.7	75.8	82.5	79.3	85.1	88.7	88.2	87.3	79.6	83.5	85.6
	林区物流基础设施建设（SES_5）	%	5.84	6.71	6.22	5.86	6.37	6.94	6.78	6.09	5.93	7.21	7.76
市场环境子系统（MES）	金融机构林业授信（MES_1）	%	12.42	16.57	19.78	21.62	21.84	20.12	21.93	21.91	20.06	21.01	22.62
	林业产品市场竞争力（MES_2）	%	23.08	25.17	26.54	30.36	35.11	35.02	37.35	38.00	39.15	39.27	37.61

资料来源：根据前述指标数据汇总。

8.2　广东省林区依法行政与经济转型
系统耦合度测量

综上所述，根据第 6 章构建的南方集体林区依法行政与经济转型系统耦合度测量评价指标体系（如表 6 – 1 所示），并基于上述统计数据，运用 Matlab 7.0 进行模型运算，分别对行政经济主分量序参量及其要素间耦合度、行政经济主分量与子系统间耦合度以及各子系统间耦合度进行测定，可以得到以下计算结果。

8.2.1　行政经济主分量序参量及其要素间耦合度

（1）依法行政状况与经济发展状况序参量关联度及其耦合度。如表 8 – 27 和表 8 – 28 所示。

表 8 – 27　　广东省依法行政状况与经济发展状况序参量要素间关联度

关联度	GDP	RER	FAT	PRL
GEA	0.6529	0.6347	0.6822	0.6109
SPC	0.7125	0.6930	0.8357	0.6944
SPR	0.7358	0.7633	0.6608	0.6350
SPF	0.6933	0.7355	0.7529	0.7466
GAS	0.6810	0.6548	0.6822	0.7333

表 8 – 28　　广东省依法行政状况与经济发展状况序参量间耦合度

时期	T1	T2	T3	T4	T5	T6	T7	T8	T9	T10	T11
耦合度	0.465	0.396	0.478	0.538	0.582	0.516	0.505	0.495	0.688	0.695	0.758

（2）产业发展状况与经济发展状况序参量关联度及其耦合度。如表 8 – 29 和表 8 – 30 所示。

表 8 – 29　　　广东省产业发展状况与经济发展状况序参量要素间关联度

关联度	GDP	RER	FAT	PRL
FDS	0.7425	0.7611	0.7028	0.6845
FEB	0.6637	0.7538	0.7832	0.8040
FRI	0.6570	0.7320	0.7953	0.6857
SDI	0.6459	0.7233	0.7655	0.7344

表 8 – 30　　　广东省产业发展状况与经济发展状况序参量间耦合度

时期	T1	T2	T3	T4	T5	T6	T7	T8	T9	T10	T11
耦合度	0.537	0.556	0.584	0.503	0.577	0.629	0.710	0.785	0.762	0.744	0.745

（3）依法行政状况与产业发展状况序参量关联度及其耦合度。如表 8 – 31 和表 8 – 32 所示。

表 8 – 31　　　广东省依法行政状况与产业发展状况序参量要素间关联度

关联度	GDP	RER	FAT	PRL
GEA	0.6238	0.5846	0.6340	0.6533
SPC	0.5932	0.5944	0.6050	0.7220
SPR	0.5870	0.5940	0.6550	0.6710
SPF	0.6885	0.6210	0.7230	0.6685
GAS	0.7231	0.7410	0.6750	0.6933

表 8 – 32　　　广东省依法行政状况与产业发展状况序参量间耦合度

时期	T1	T2	T3	T4	T5	T6	T7	T8	T9	T10	T11
耦合度	0.412	0.477	0.485	0.463	0.548	0.590	0.663	0.682	0.694	0.701	0.687

（4）行政经济主分量各序参量间的总体耦合度。如表 8 – 33 所示。

表 8 –33　　　　　　广东省行政经济主分量各序参量间的总体耦合度

时期	T1	T2	T3	T4	T5	T6	T7	T8	T9	T10	T11
耦合度	0.388	0.451	0.487	0.443	0.538	0.554	0.592	0.665	0.717	0.755	0.795

（5）行政经济主分量系统耦合效果图。如图 8 – 1 和图 8 – 2 所示。

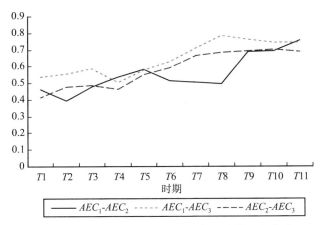

图 8 – 1　广东省行政经济主分量各序参量间耦合度

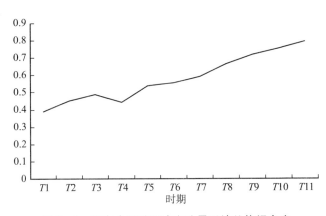

图 8 – 2　广东省行政经济主分量系统总体耦合度

8.2.2 行政经济主分量与子系统间耦合度

（1）行政经济主分量与资源条件子系统关联度及系统间耦合度。如表 8 – 34 和表 8 – 35 所示。

表 8 – 34 　　　　广东省行政经济主分量与资源条件子系统关联度

关联度	FRE_1	FRE_2	FRE_3
AEC_1	0.6740	0.7358	0.7233
AEC_2	0.5524	0.6347	0.5893
AEC_3	0.7833	0.8560	0.8816

表 8 – 35 　　　　广东省行政经济主分量与资源条件子系统间耦合度

时期	T1	T2	T3	T4	T5	T6	T7	T8	T9	T10	T11
耦合度	0.378	0.359	0.527	0.449	0.535	0.631	0.686	0.620	0.673	0.715	0.682

（2）行政经济主分量与科技创新子系统关联度及系统间耦合度。如表 8 – 36 和表 8 – 37 所示。

表 8 – 36 　　　　广东省行政经济主分量与科技创新子系统关联度

关联度	AEC_1	AEC_1	AEC_1
TIS	0.6624	0.6307	0.6523

表 8 – 37 　　　　广东省行政经济主分量与科技创新子系统间耦合度

时期	T1	T2	T3	T4	T5	T6	T7	T8	T9	T10	T11
耦合度	0.355	0.293	0.358	0.352	0.477	0.534	0.528	0.583	0.654	0.655	0.771

（3）行政经济主分量与社会环境子系统关联度及系统间耦合度。如表 8 - 38 和表 8 - 39 所示。

表 8 - 38　　　　广东省行政经济主分量与社会环境子系统关联度

关联度	SES_1	SES_2	SES_3	SES_4	SES_5
AEC_1	0.6882	0.5733	0.5239	0.5410	0.6653
AEC_2	0.5821	0.5977	0.5743	0.6129	0.6348
AEC_3	0.5754	0.5899	0.6215	0.6335	0.5840

表 8 - 39　　　　广东省行政经济主分量与社会环境子系统间耦合度

时期	T1	T2	T3	T4	T5	T6	T7	T8	T9	T10	T11
耦合度	0.405	0.422	0.415	0.432	0.530	0.552	0.581	0.637	0.685	0.734	0.768

（4）行政经济主分量与市场环境子系统关联度及系统间耦合度。如表 8 - 40 和表 8 - 41 所示。

表 8 - 40　　　　广东省行政经济主分量与市场环境子系统关联度

关联度	AEC_1	AEC_1	AEC_1
MES_1	0.6834	0.7655	0.7019
MES_2	0.6284	0.7215	0.7020

表 8 - 41　　　　广东省行政经济主分量与市场环境子系统间耦合度

时期	T1	T2	T3	T4	T5	T6	T7	T8	T9	T10	T11
耦合度	0.453	0.449	0.481	0.526	0.564	0.594	0.627	0.669	0.753	0.750	0.742

（5）行政经济主分量与各子系统间的总体耦合度。如表 8 - 42 所示。

表 8－42 　　　　　广东省行政经济主分量与子系统间的总体耦合度

时期	$T1$	$T2$	$T3$	$T4$	$T5$	$T6$	$T7$	$T8$	$T9$	$T10$	$T11$
耦合度	0.391	0.436	0.433	0.491	0.523	0.531	0.586	0.655	0.724	0.734	0.705

（6）行政经济主分量与子系统间的总体耦合度效果图。如图 8－3 和图 8－4 所示。

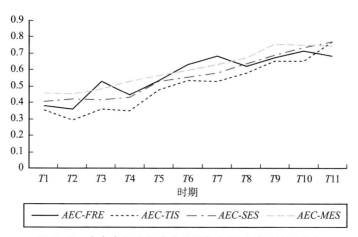

图 8－3　广东省行政经济主分量与各子系统间的耦合度

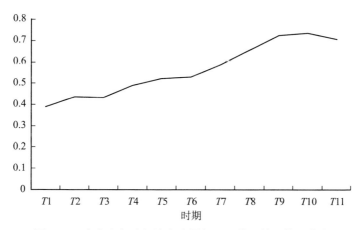

图 8－4　广东省行政经济主分量与子系统间的总体耦合度

8.2.3 各子系统间的耦合度

（1）资源条件子系统与科技创新子系统关联度及系统间耦合度。如表 8 – 43 和表 8 – 44 所示。

表 8 – 43 广东省资源条件子系统与科技创新子系统关联度

关联度	FRE_1	FRE_2	FRE_3
$STIP$-RI	0.5818	0.6031	0.6024

表 8 – 44 广东省资源条件子系统与科技创新子系统间耦合度

时期	$T1$	$T2$	$T3$	$T4$	$T5$	$T6$	$T7$	$T8$	$T9$	$T10$	$T11$
耦合度	0.468	0.462	0.475	0.478	0.493	0.509	0.545	0.579	0.601	0.678	0.734

（2）资源条件子系统与社会环境子系统关联度及系统间耦合度。如表 8 – 45 和表 8 – 46 所示。

表 8 – 45 广东省资源条件子系统与社会环境子系统关联度

关联度	FRE_1	FRE_2	FRE_3
SES_1	0.3210	0.5229	0.5528
SES_2	0.3345	0.5462	0.5314
SES_3	0.4510	0.2913	0.3100
SES_4	0.5320	0.3247	0.3049
SES_5	0.4716	0.3008	0.3357

表 8 – 46 广东省资源条件子系统与社会环境子系统间耦合度

时期	$T1$	$T2$	$T3$	$T4$	$T5$	$T6$	$T7$	$T8$	$T9$	$T10$	$T11$
耦合度	0.384	0.402	0.438	0.476	0.503	0.556	0.591	0.605	0.667	0.680	0.711

（3）资源条件子系统与市场环境子系统关联度及系统间耦合度。如表 8 – 47 和表 8 – 48 所示。

表 8 – 47　　　　　广东省资源条件子系统与市场环境子系统关联度

关联度	FRE_1	FRE_2	FRE_3
MES_1	0.5548	0.5940	0.6830
MES_2	0.5070	0.6839	0.7001

表 8 – 48　　　　　广东省资源条件子系统与市场环境子系统间耦合度

时期	T1	T2	T3	T4	T5	T6	T7	T8	T9	T10	T11
耦合度	0.430	0.461	0.495	0.527	0.552	0.580	0.613	0.644	0.685	0.705	0.733

（4）科技创新子系统与社会环境子系统关联度及系统间耦合度。如表 8 – 49 和表 8 – 50 所示。

表 8 – 49　　　　　广东省科技创新子系统与社会环境子系统关联度

关联度	SES_1	SES_2	SES_3	SES_4	SES_5
$STIP\text{-}RI$	0.4830	0.5529	0.5633	0.6081	0.6143

表 8 – 50　　　　　广东省科技创新子系统与社会环境子系统间耦合度

时期	T1	T2	T3	T4	T5	T6	T7	T8	T9	T10	T11
耦合度	0.393	0.426	0.445	0.472	0.480	0.515	0.570	0.597	0.631	0.695	0.704

（5）科技创新子系统与市场环境子系统关联度及系统间耦合度。如表 8 – 51 和表 8 – 52 所示。

表 8 -51　　　　广东省科技创新子系统与市场环境子系统关联度

关联度	SES_1	SES_2
$STIP\text{-}RI$	0. 5320	0. 6687

表 8 -52　　　广东省科技创新子系统与市场环境子系统间耦合度

时期	$T1$	$T2$	$T3$	$T4$	$T5$	$T6$	$T7$	$T8$	$T9$	$T10$	$T11$
耦合度	0. 468	0. 470	0. 471	0. 483	0. 495	0. 503	0. 577	0. 594	0. 635	0. 678	0. 705

（6）市场环境子系统与社会环境子系统关联度及系统间耦合度。如表 8 - 53 和表 8 - 54 所示。

表 8 -53　　　　广东省市场环境子系统与社会环境子系统关联度

关联度	SES_1	SES_2	SES_3	SES_4	SES_5
MES_1	0. 3772	0. 5330	0. 5619	0. 6133	0. 6482
MES_2	0. 6230	0. 4851	0. 5539	0. 6022	0. 6533

表 8 -54　　　　广东省市场环境子系统与社会环境子系统间耦合度

时期	$T1$	$T2$	$T3$	$T4$	$T5$	$T6$	$T7$	$T8$	$T9$	$T10$	$T11$
耦合度	0. 401	0. 437	0. 428	0. 455	0. 482	0. 527	0. 566	0. 579	0. 610	0. 663	0. 698

（7）子系统间的总体耦合度。如表 8 - 55 所示。

表 8 -55　　广东省依法行政与经济转型耦合系统子系统间的总体耦合度

时期	$T1$	$T2$	$T3$	$T4$	$T5$	$T6$	$T7$	$T8$	$T9$	$T10$	$T11$
耦合度	0. 437	0. 461	0. 470	0. 495	0. 510	0. 532	0. 568	0. 588	0. 632	0. 677	0. 702

（8）子系统间的总体耦合度效果图。如图 8 – 5 和图 8 – 6 所示。

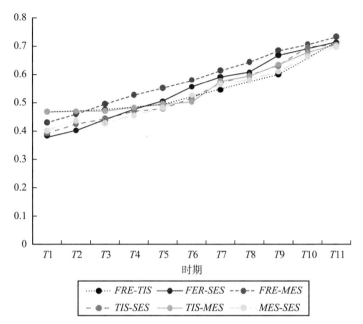

图 8 – 5 广东省依法行政与经济转型耦合系统子系统间的耦合度

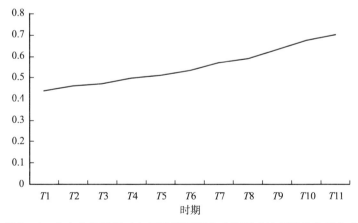

图 8 – 6 广东省依法行政与经济转型耦合系统子系统间的总体耦合度

8.3 广东省林区依法行政与经济转型
系统耦合结果分析

综上所述，广东省林区依法行政与经济转型系统中行政经济主分量各序参量间、行政经济主分量与子系统间以及各子系统间分别呈现出一定的耦合特性和规律，但由于指标实际数据获得的难易程度，使得部分数据统计口径存在一定的差异，最终耦合结果与第 5 章耦合机理的分析结论可能会略有不同。

8.3.1 行政经济主分量各序参量间的耦合分析

8.3.1.1 各序参量间的耦合度

（1）依法行政状况与经济发展状况的耦合度。依法行政状况与经济发展状况序参量的耦合度整体呈上升趋势，在整个考察区间内，大体经历了拮抗耦合到磨合耦合的发展过程，2007～2010 年二者处于拮抗耦合阶段，2010 年之后基本转向磨合耦合，虽然 2012～2014 年，二者耦合度出现较大波动，不影响整体耦合发展趋势，近两年序参量之间的要素相互作用明显增强，有进一步向高阶耦合发展的趋势，其中政府主管部门在国家宏观政策的推动下更加重视依法行政水平，不断提高政府办事效率是进一步提升二者耦合效应的关键因素。

（2）产业发展状况与经济发展状况的耦合度。产业发展状况与经济发展状况序参量的耦合度在 2007～2017 年一直处于磨合耦合阶段，但是总体上看，除了 2010 年由于经济大环境的影响，二者耦合度出现较大下滑以外，整体上仍然处于较平稳的上升趋势，构成要素间的相互关系较稳定，这主要是由于广东省地处我国经济最为活跃的发达地区，各种要素间的关系活跃而紧密，但需要注意的是，近些年二者的耦合度有轻微下滑趋势，主要考虑外围经济环境的波动所致。

（3）依法行政状况与产业发展状况的耦合度。依法行政状况与产业发展状况序参量的耦合度一直处于上升过程，并没有出现较大波动迹象，说明二者之间的耦合关系较稳定，构成要素间的作用机制越来越明显，2007 ~ 2011年二者处于拮抗耦合阶段，2011 年之后逐渐转为磨合耦合，且耦合度近三年有加速上升的趋势，未来有可能快速进入高阶耦合阶段，表明相关政府部门近些年在林业产业管理及其要素资源整合方面所做的努力初显成效，政府职能的转变有效推动了林业产业的转型升级与持续发展。

8.3.1.2　行政经济主分量的总体耦合度

总体上看，行政经济主分量系统整体耦合度处于上升发展态势，2007 ~ 2011年期间，行政经济主分量系统处于拮抗耦合阶段，2011 年之后逐渐转向磨合耦合阶段，近三年耦合度加速上升趋势明显，近几年有转向高阶耦合的可能。因此，综合耦合分析结果显示，2011 年是行政经济主分量各序参量及其要素间耦合状态的关键时间节点，标志着行政经济主分量系统耦合向更高级状态的转换，结合实证分析结论，未来两年很有可能出现行政经济主分量耦合状态跨入高阶耦合的时间节点，这主要取决于政府提高依法行政水平的持续性及其职能转变的动态性。

8.3.2　行政经济主分量与各子系统间耦合分析

8.3.2.1　行政经济主分量与各子系统间的耦合度

（1）行政经济主分量与资源条件子系统的耦合度。行政经济主分量与资源条件子系统的耦合度波动最为明显，其耦合度在 2009 年便由拮抗耦合转为磨合耦合阶段，但由于广东省自然灾害等因素的影响，2010 年耦合度由磨合耦合骤降为拮抗耦合，但并不影响其后续的上升过程。从 2010 年以后，其耦合度整体上处于良性发展态势，但耦合度上升速度较慢，这一方面主要受到森林资源自身恢复较慢等特点的影响，另一方面则受到自然条件等因素的限制，加之经济的快速发展不断增大对森林资源的需求，使得政府在资源与经济发展的平衡问题上面临较大压力。从实证结果来看，未来在森林资源整合与提高利用效率等方面，广东省仍然存在较大的提升空间和潜力。

（2）行政经济主分量与科技创新子系统的耦合度。行政经济主分量与科技创新子系统间的耦合度提升速度较慢，较之其他子系统间的耦合进入磨合耦合的时间较晚，2012 年其耦合度才转向磨合耦合阶段，2012 年之前基本处于拮抗耦合，且在 2008 年一度出现低阶耦合过程，而在 2012 年之后的磨合耦合阶段，其耦合度也在较低水平运行，受近年来广东省深化法治政府建设以及科教兴省战略的深入，15 年起其耦合度出现快速上升迹象，要素间的耦合效应明显增强，未来有进一步加速上升的可能。

（3）行政经济主分量与社会环境子系统的耦合度。行政经济主分量与社会环境子系统的耦合度上升趋势较明显，2011 年之前处于拮抗耦合时期，2011 年进入磨合耦合阶段，特别是在磨合耦合阶段几乎以同样的速度提升，显现出了较为明显的平稳上升态势，预计 2018 年行政经济主分量与社会环境子系统将步入高阶耦合阶段，表明系统间各要素已经形成较为稳定的耦合机制，这主要得益于广东省法治政府与经济发展的良性耦合发展对于相关稀缺资源的吸附效应，耦合效应逐渐向其他子系统传导的结果。

（4）行政经济主分量与市场环境子系统的耦合度。行政经济主分量与市场环境的耦合度在 2010 年之后始终处于 ［0.530，0.768］ 区间运行，即进入磨合耦合阶段，较之其他子系统的耦合发展较快，这主要得益于广东省良好的经济环境以及政府依法行政的有效深化，促进职能部门进一步认清政府与市场的关系，加速推进政府职能的有效转变，但是受外围经济环境以及国际关系波动等因素的影响，耦合度上升速度有减缓的趋势，应该予以重视。

8.3.2.2　行政经济主分量与子系统间的总体耦合度

林区依法行政与经济转型系统的整体耦合度在考察区间内，同样经历了拮抗耦合与磨合耦合两个发展阶段，仍然是以 2011 年为明显分界点，2011 年之前耦合度处于［0.391，0.491］之间，属于拮抗耦合时期，2011 年之后耦合度处于［0.523，0.705］之间运行，属于典型的磨合耦合。同时，依法行政与经济转型系统的整体耦合度在考察期内则出现了三次周期性较为明显的波动时期，第一次是出现在 2009～2010 年，第二次出现在 2014～2015 年，而第三次则是 2016～2017 年，波动是否具有稳定的周期性尚不确定，但是区别于子系统之间的耦合，依法行政与经济转型的整体耦合性具有一定的波动性，系统内部要素之间的耦合关系不够稳定，受外界因素变化的影响，耦合度存在反复的风险。究其原因，一方面可能是由于子系统及其要素数量的增加进一步提升了依法行政与经济转型系统内部要素运行的复杂性，另一方面，依法行政与经济转型系统的开放性特点，使得新要素的介入成为可能，从而进一步决定了其动态性的特点。

综合上述实证结论，2011 年对于广东省无疑是一个较为特殊的年份，它标志着广东省林业经济发展所依托的各种资源要素之间的相互作用更加有序，而加强法治政府建设的有效举措，进一步提升了职能部门依法行政能力与水平，提高了政府行政效率，从而促进经济社会发展中各种资源的有效配置与效用最大化，实现政府、市场与经济发展的良性互动，推动经济社会持续健康发展。

8.3.3　各子系统间的耦合分析

8.3.3.1　各子系统间的耦合度

通过实证结果不难看出，广东省林区依法行政与经济转型系统各子系统间的耦合度呈现出较强的相似度，其中资源条件子系统与市场环境和社会环境子系统之间的耦合度变化趋势相似度较高，社会环境系统与科技创新和市场环境子系统之间的耦合度变化趋势相似度较高，还有科技创新子系统与市场环境和资源条件子系统之间的耦合度变化趋势较为接近。六对子系统的耦合均从 2007 年的拮抗耦合阶段开始，并且大部分子系统的耦合从 2012 年由拮抗耦合转变为磨合耦合，只有资源条件子系统与社会环境子系统和市场环境子系统的耦合分别于 2010 年和 2011 年较早进入磨合耦合阶段，最终六对子系统的耦合在统计数据截止的 2017 年均保持在磨合耦合阶段。这一实证结论与行政经济主分量各序参量间的耦合以及行政经济主分量与子系统间的耦合结果基本一致，也说明 2011 年前后是广东省林区依法行政与经济转型系统耦合效应的重要转折点。

8.3.3.2 各子系统间的总体耦合度

总体上看，各子系统间的总体耦合呈现出较稳定的上升态势，上升速度较稳定。子系统间的总体耦合在 2007～2011 年期间处于拮抗耦合阶段，2011～2017 年逐渐发展为磨合耦合，且在 2017 年末较接近高阶耦合，未来两年有加速发展为高阶耦合的可能，总体耦合结果与前两个层次的实证结论基本一致。说明近年来，广东省在林区执法和林业经济转型发展方面所做的大量工作已初显成效，林业资源可持续发展、林业资源循环利用、科技创新以及独有的林业天然资源和林业经济转型发展的各项政策，为林区经济的转型创造了良好的发展环境和氛围，有效促进了林区依法行政与经济转型的耦合发展。

8.4 本章小结

本章主要是基于上述有关指标体系和耦合度测量方法体系的构建结论，以广东省为例对南方集体林区依法行政与经济转型的耦合发展进行实证研究与分析。针对前述构建的南方集体林区依法行政与经济转型耦合发展评价指标体系，并结合广东省经济社会与依法行政的实际，搜集行政经济主分量与各子系统构成要素的指标值，计算行政经济主分量各序参量与各子系统的指标。依据南方集体林区依法行政与经济转型系统耦合测量方法体系，结合指标数据统计结果分别对广东省依法行政与经济转型系统行政经济主分量内部各序参量之间、行政经济主分量与各子系统之间以及各子系统之间的耦合度进行实证测量，并对测量结果进行综合评价。

第 9 章

南方集体林区依法行政与经济转型
耦合发展的保障对策

9.1 依法行政保障对策

9.1.1 建立行政人员法治思维意识长期培育和有限录用制度

法治思维,"系指以合法性为出发点,追求公平正义为目标,按照法律逻辑和法律价值观思考问题的思维模式。简单地说,符合法治精神的思维模式就是法治思维"。"尽管法治思维是人类多种思维中的一种,但法治思维是新时期最符合国家治理现代化和全面推进依法治国的思维之一。"(胡建淼,2010)然而,由于我国传统法文化的影响,使得法律至上的理念尚未在公民尤其是国家公务人员心中扎根开花,依法行政的理念还有待加强。而南方集体林区由于部分地区集体林权改革得不够彻底,致使个别地区会出现"遇事不用法,办事不用法,解决问题、化解社会矛盾不用法"的现象。为了克服这种传统陋习,应着力提高林区行政执法人员及领导干部的法治思维意识。

一方面,需要建立法制宣传教育的常态化制度。必须在南方集体林区各地政府职能部门或机关逐渐普及和强化法制宣传和教育工作，使得政府各级管理人员都能牢固树立法治思想和法律意识，使依法办事成为政府各级管理人员的日常习惯。因此，南方集体林区各级政府必须采取有效措施，尽快建立起完善的法制宣传与教育培训体制，使法治教育常规化、制度化。通过常态化的法治教育与宣传，在使各级政府管理者牢固树立法治意识、法治观念的同时，还可以进一步加强政府用法、守法在全社会的示范带动作用。

另一方面，建立完善的法治素养和法治能力的用人导向制度。在南方集体林区各级政府职能部门或机构相关领导干部的考核和录用上要进一步重视法治素养和法治能力，使其成为领导干部任命与考核的重要标准，同时要把遵守法律和依法办事作为日常考察领导干部和各级管理人员的重要内容。改革人事考核录用机制，将是否具有法治思维、法治思维意识强与不强作为考察和任用干部的重要依据和标准，对于保障领导干部及行政执法人员依法行政将起到关键性的作用。

9.1.2　健全并严格落实责任追究倒查与责任终身追究制度

当前，随着集体林权改革以及林区法制体系建设，南方集体林区相关法律法规正逐步完善，但是有法不依、违法行政和滥用职权等现象一定程度上仍然存在。究其原因，主要是由于在相对完备的法律体系之上仍然缺失严格的责任追究倒查制度，甚至是责任终身追究制度，使得各级政府及其职能部门或机构的管理者的责任理念缺失，责任追究和倒查不到位，管理者没有责任意识，没有危机感和紧迫感。政府必须对其所制定的公共政策以及行政法规负责，并要对其在执行公共政策与行政法规过程中所产生的直接或间接后果负责，这是任何一个负责人的法治国家都必须履行的法制义务。政府行政机关或职能部门在行使职权过程中发生错误或者造成不良后果，都应该按照相关法律规范的规定承担相应责任，社会公众以及民众也要对各地政府行政机关或职能部门的行政行为及其效果进行监督，当发生错误行权或产生不良后果时，民众有权要求国家相应行政机关按照法律予以裁定，并追究其相应的行政责任。

南方集体林区呈现出的行政职权责任追究不力具体体现在三个方面：一是责任意识相对淡薄，当发生行政失误或者造成不良后果时，不是主动追究行政责任，进行自我剖析和自我检查，而是想方设法为自己开脱责任；二是责任追究不到位，当发生行政事故时，即便进行行政责任追究，也是针对直接责任人进行责任追究和倒查，但是对间接责任人的行政责任则很少过问，导致行政责任追究机制执行不彻底、不到位；三是责任追究不及时，行政责任的追究往往是责任人在位时进行追究，责任人不在位时不追究，导致行政责任追究机制执行不及时。基于此，应该在全面建设行政责任追究和倒查制度的基础上，着重做好以下几方面工作：一是加强宣传教育执行力度，对各级政府职能部门或机关主要负责人和管理者进行定期宣传和教育，以典型案例警示行政权力主要负责人，行政责任追究的重要性和关键性，使各级政府牢固树立责任追究意识，养成责任追究的习惯；二是要进一步明确行政责任追究的职责权限，建立行政责任追究的责任顺序清单与目录，将党政主要负责人作为行政责任的第一顺位责任人，当发生行政事故时，从第一顺位责任人开始倒查追究其行政责任，并深入剖析行政事故全过程，在必要的情况下，依次追究第二责任人、第三责任人，坚决杜绝错追究、漏追究现象；三是对于某些重大行政违法行为，必须深入核查事故全过程，对直接责任人和间接责任人无论在位与否一律追究到底，对于已经离退休的责任人同样履行责任追究义务。总之，必须严格执行违法责任终身追究机制和责任倒查制度，使得现行法律法规真正为民服务、为人民谋福利。

9.1.3 建立和完善全方位与多渠道的权力监督制约制度

要防止滥用权力，就必须以权力制约权力。促进和保障南方集体林区行政机关秉公执法，建成林区法治政府的最为有效的手段就是一整套健全的、高效的权力监督制约制度。2019年6月第一次提请全国人大常委会审议的《中华人民共和国森林法（修订草案）》中就明确指出："加强森林资源保护发展，重要的是明确责任，强化监督"，修订后的《中华人民共和国森林法》

新增"监督检查"一章,强化森林资源保护的监督检查措施,明确有关生态环境损害赔偿的公益诉讼等内容。然而,在南方集体林区的部分省区,由于各种主客观因素仍然会对监督体系构建、监督制度设计以及实施环节产生直接影响,监督职能部门和机构不能形成有机的统一整体,容易导致林区政府监督与社会约束相脱节,不能有效形成监督的合力,容易造成错监、漏监等监督乱象的出现,这将不利于南方集体林区依法行政的推进和实施,必须进一步完善南方集体林区依法行政的监督制约制度。

一方面,逐步建立和完善南方集体林区林业职能机构与部门之间的联系,加强政府上下级之间行政权力的监督与制约,建立多层级的监督制约联动制度。对于那些权力相对集中的职能部门与机构坚决实行决策、执行与监督三大职能相分离的原则,以便使行政权力之间实现相互制衡的效果。此外,应进一步扩大行政诉讼受理案件的范围,加快建立和完善无障碍绿色立案通道,加强南方集体林区司法机关对行政机关行使权力的合法性与合理性的审查力度和强度。加强宣传教育力度,强化思想观念认识,使行政机关养成尊重司法机关的业务习惯,积极配合司法机关的判决和裁定。可以专门设立林区监察委员会或监察院等监督职能部门或机构,有效整合多种行政监督权力,专门履行司法监督职责,确保南方集体林区职能机关有法可依、有法必依。

另一方面,鼓励南方集体林区创新型行政监督模式的开发与运用,特别是大力推行权力清单监督模式。清单管理模式通过对行政权力边界的初步圈定,进一步明确行政权力的职责权限与范围,有效避免权力交叉与权力真空现象,是目前世界上应用最为普遍的一种行政治理模式,也是政府职能转变和行政管理体制变革的新趋势。清单管理模式的具体表现形式多样,主要有权力清单、负面清单、责任清单、职业资格目录清单等都属于清单管理范畴,而权力清单模式则是清单管理中最为重要的一种清单形式。根据权力清单管理模式的基本内涵,南方集体林区政府职能部门或机构的权力清单制度具体可理解为,通过对各级相关职能部门或机构的各项行政权力和公共职能进行统计、分析和综合考量,厘清各级相关职能部门或机构各项职责权力的适用条件、行使边界、使用限度及运行程序等,从而形成清晰的权力目录清单,并采取有效措施公之于众的一种监督管理制度。通过多种监督路径、模式、技术与手段的综合运用，形成一个全方位的、立体式的监督制约制度，以确保南方集体林区行政权力在法治的轨道上有序运行。

9.1.4　建立健全林区依法行政的激励制度

行政执法人员是依法行政工作和理念最终落实与实施的关键，因此，人在依法行政中具有重要地位，其作用无法取代。然而，人又是容易受到外界不良因素影响的，其依法行政的效果具有一定的不确定性，从而给依法行政工作的有效落实带来一定的风险隐患。虽然，传统的权力制约机制能在某种程度上起到规范行政权力，确保依法行政目标有效实现的作用。但是，传统的权力制约经常会因行政执法人员个体差异，而效率不彰。现代行政法机制既要有制约机制，又要有激励机制，才能提高行政效率，实现行政法治。激励是指某种物质和精神的因素对人的行为引起的一种刺激，是促进行为的一种重要手段。由于南方集体林区普遍完成了林权制度改革，林区经济社会发展相对活跃，因此，对林区行政人员来说，激励效应便显得更为重要。依法行政的正面激励诱导制度分为精神激励制度和物质激励制度两种形式。精神激励制度主要包括各种奖励和荣誉、学习深造机会以及考核考评等。而直接的薪酬奖励、职位的晋升等则属于物质激励制度的范畴。激励的制度化、规范化和长效化，将对推动依法行政起到更加积极的作用。

9.2　经济转型发展的保障对策

9.2.1　持续推进动态产业优化

（1）持续推进产业结构调整。

从南方集体林区的发展现状来看，我国南方集体林区十省区林业经济发展不均衡，各省区林业经济实力差距较大，部分省区林业产业优势没能充分发挥出来。因此，有序调整林业产业结构，合理配置林业资源，是有效促进节能减排，实现南方集体林区绿色发展的关键。持续推进南方集体林区林业产业结构的调整，一是需要政府出台政策，积极推行林业产业振兴规划，加强南方集体林区间的合作，在林业产业布局上有效引导产业集聚式发展，不断提高林业产业的核心竞争力；二是加大林业龙头企业的示范效应，大力扶持龙头企业发展，促进龙头企业在生产经营、林业技术以及资金优势方面的示范、辐射和带动作用；三是发展特色旅游产业，加快南方集体林区森林基础设施及配套设施建设，深度挖掘林区特色景观、景点等绿色旅游资源，开辟经典旅游线路，促进林区林业旅游产业快速发展；四是提升林业产品深加工水平，加快现代林业产业示范基地建设，鼓励创新型林业产业发展。

（2）持续升级林下经济优势。

集体林权制度改革对南方集体林区林业生产与经营以及林农的生计等都产生了深刻的影响，不仅集体林区经济社会以及生态环境均发生了变化，林农林业生产与经营管理的模式也变得更加灵活多样。实践表明，多样化的林下经济发展作为一种林业经济运行的新模式，具有较大的灵活性，能够持续推动绿色经济发展，已经成为林农增收的主要手段，也是林区农村经济发展的新增长点，林下经济的快速发展能够有效促进生态效益、经济效益和社会效益三大效益并举。大力发展林下经济应该多种举措并举：一是要树立林下经济发展的意识与理念，积极宣传和鼓励林农及林业企业从事林下经济生产，发挥优势，以长补短，大力发展林草、林药、林菌以及林牧等林下循环经济模式，同时综合利用林地与林木等景观资源大力发展特色旅游产业，促进林业产业转型升级；二是不断创新林业资金运作模式，积极促进创新型林业投融资金融平台建设，为林业合作社等林业经济组织提供必要的金融支持；三是南方集体林区职能部门积极出台相关政策，科学规划区域林下经济发展的种类与规模，鼓励创新型、多样性和灵活定林下经济发展模式，为林下经济持续发展营造良好的政策环境；四是突出特色林业品牌，增强南方集体林区林业产品的市场竞争力，对接国际交易规则，积极参与国际贸易活动。

（3）持续挖掘特色产业潜力。

当前经济的发展追求特色化、个性化，特色产业的发展不仅可以作为一个地区经济发展的名片，更能充分发挥资源禀赋优势，拉动经济持续增长。因此，以林业科技为支撑，深入挖掘南方集体林区特色产业优势，做大做强特色产业，是充分发挥集体林区森林资源优势，加快提升林业产业核心竞争力的有效途径，更是加快新农村建设，全面建成小康社会，进一步缩小城乡二元差距的有力支点。充分利用特色资源，大力发展特色产业，一是要政府相关职能部门出台引导政策鼓励民间资本和企业参与集体林业生产与经营，充分发挥市场调节机制发掘特色产业；二是要重点发展绿色产业和战略性新兴产业，不断提高木材、可再生能源以及森林食品与药材等林产品的供给能力；三是要依托特色优势资源和龙头林业企业，大力发展创新性林业产业科技园区建设，不断促进林业产业集聚和提升林业产业水平；四是充分发挥地理环境气候优势，不断引进特色珍稀苗木与花卉品种，建立一批特色苗木与花卉产业示范基地，持续打造国内一流的苗木与花卉交易中心。

9.2.2　加强完善生态抚育制度

（1）大力推进碳汇林业。

发展林业是当前全球应对气候变化的主流趋势，也是世界各国应对气候变化和节能减排的重要战略选择，而我国南方集体林区由于其独特的地理位置和优越的水热条件，森林资源极其丰富，是我国应对气候变化的重要战略力量。实践证明，通过大力发展森林资源来固碳的效用要远远大于液态生物原料的节能减排所带来的效用，因此，大力发展碳汇林业对于应对气候变化和节能减排具有重要的战略意义，是实现经济可持续发展的重要保障。发展碳汇林业主要应从以下方面入手：一是加快搭建森林碳汇交易平台，大力发展碳汇林基地建设，有效引导和鼓励个人及企业积极参与碳汇交易活动；二是加快林业科技人才储备，积极引进和培养相关林业科技人才，加强人才队伍建设，不断探索碳汇林的高效运营和经营模式；三是继续完善和加快建立森林碳汇监测与计量技术标准体系。

（2）大力推动城乡绿化一体化。

营造适宜的人居生态环境是现代城乡发展的时代主题，通过把森林资源引入城市，以城带乡，开展绿色村镇建设，促进城乡互促发展，以全面树立城乡绿色发展理念，打造城乡绿色生态发展体系，因此城乡一体化绿化是建设 21 世纪生态文明城市的客观要求。推动城乡一体化绿化的具体措施包括：一是加快林业生态工程建设，以山、林、水、田、路等基本生态要素为基础，以骨干交通、水系廊道和集镇乡村为依托全面推进绿色生态网络建设，全面促进自然生态系统的持续修复；二是树立绿色发展理念，通过创建森林乡村和森林城市，大力开展植树造林与"身边绿化"活动；三是加强城乡绿化示范区的带动效应，将农民居住环境改善和农民增收相结合，通过统筹新农村建设与村屯、庭院和房前屋后绿化建设，加快构筑人与自然和谐共处的区域发展格局；四是进一步完善城乡基础设施配套建设，加快城镇一体化建设步伐。

（3）加强林业资源抚育经营。

林业生产与经营的实践证明，森林抚育是从根本上保护森林资源、增加森林面积和森林蓄积量，促进森林资源可持续利用和开发的有效方式，是有效提高森林资源质量的最直接方法和手段，因此，加快建立林业抚育机制是发展现代林业的中心环节，更是转变林业生产方式的必然要求。一方面，需要全面推进实施森林质量提升行动和计划，以提高森林资源质量、森林经营的科技含量以及林业经济的发展水平为着力点，切实增强林产品与生态产品的供给能力和水平。另一方面，编制与实施科学的森林经营方案，具体措施包括：一是实行中幼龄森林抚育、调整与优化森林资源结构以及地产林与灾害受损林的改造与恢复并举；二是通过间伐方式以及引进乔木阔叶品种等持续提升森林资源质量；三是充分发挥现代林业经营与生产技术的先进作用，最大限度地提高林地使用效率和林地生产力，实现各类森林资源的目标效益最大化。

9.2.3　强化科教兴林互促发展

构建强有力的林业科技支撑体系，推进林业科技进步与创新，全面实施科教兴林战略，以科技带动林业经济发展，以林业经济发展促进林业科技水平的全面提升。具体包括四个方面的具体措施：一是加强林业科技信息化网络建设，通过搭建农林科技网络服务平台，使林农和林业企业能够快速获得技术信息、交易价格以及交易渠道等自身生产经营方面的科技信息与市场信息，不断提高林农和林业企业的生产技能和经营素质，促进林农和林业企业有效增收；二是以市场为导向，促进林区产学研紧密结合，打通科技成果流通的市场渠道，大力推广林业科学技术成果，有效促进林业技术成果转化为现实生产力；三是加强人才队伍建设，通过定期举办林农和林业企业员工的科技普及培训与教育，逐渐普及遥感、地理信息技术等在林业生产与经营中的应用，全面提高林业生产全行业的员工素质；四是强化案例示范效应，持续关注林权改革中的典型案例，提高典型案例在林业科技推广中的示范效应。

9.2.4　加快完善社会服务保障制度

集体制度改革完成后，林业生产要素的市场化流动客观上需要建立完善的社会化服务体系，以有效保障和巩固集体林改的系列成果，促进集体林区林业经济科学发展。因此，当前需要做好两方面具体工作：一方面需要尽快建立一个宽松的林业发展环境，可以通过积极引导、扶持和鼓励各类林业经济合作组织和林业协会等社会服务主体，为林农和林业企业以各种形式提供有效发展林下经济的技术服务，通过支持和鼓励林农自办与联办等方式，加快健全林业产品流通市场体系；另一方面则需要加快构建林业经济新型社会化服务体系，现代林业经济的健康发展离不开政策、资金、科学技术以及信息和市场等必备要素，需要全面提高社会化服务水平，促进专业服务与综合服务、私人服务与公共服务的协调有序发展。

9.3　依法行政与经济转型耦合发展的保障对策

随着南方大部分集体林区集体林权制度主体改革的陆续完成，南方集体林区的经济社会将在改革后期的发展过程中出现各种新的问题，一个突出问题是在森林资源保护与利用以及生态恢复方面会逐渐显现出新的矛盾。一方面森林资源保护将面临采伐量的控制与林农的采伐需求之间的矛盾，采伐量控制在森林资源的保护方面是一个重要环节，适度合理的采伐量控制可以最大限度地实现森林生态恢复与社会经济效益之间的平衡，既保持森林资源可持续开发利用，充分满足林业产业与经济发展需要的同时，又能实现林业生产与经济发展的效用最大化，从而促进森林资源与林区人民的和谐共生，持续推动森林生态与经济社会的协调发展；另一方面，林农小规模经营与林业产业化发展之间的矛盾将会日益凸显，南方集体林权制度改革完成以后，南方集体林区的林业经营将以林农、林户为主体，林业经营方式多处于小规模、家庭式生产模式，这就不可避免地导致南方集体林区林业生产与经营规模化程度会进一步降低，林业经济的综合竞争实力下降，小规模经营同时还进一步分散了南方集体林区林业生产的抗风险能力，除此之外，林改后，南方林区普遍生态效益补偿标准偏低，生态保护与林农生活争地矛盾突出等问题也会逐渐成为后续的主要矛盾。如何处理好林改后出现的新情况、新问题是南方现代林业建设过程中必然会面临的难题，这些问题的处理必将成为南方集体林区依法行政与经济转型耦合发展的关键问题。因此，必须充分认识林改后的主要矛盾，积极推进林改后经济社会发展的配套机制建设，打好行政法治与林区经济可持续发展的基础，实现南方集体林区依法行政与经济转型耦合互促与和谐发展。

9.3.1　合理制定与严格执行生态效益补偿制度

林改后森林采伐量控制与林农采伐需求之间的矛盾，以及生态保护与林农生活用地之间的矛盾等突出问题将会影响林农的林业生性收入与效应，进而影响林农生产积极性。由于以林农为主体的经营模式与国有林业生产企业在执行国家森林资源保护与生态恢复有关政策的意愿与倾向具有本质区别，导致林农、林户将更加关注眼前的经济效应，对未来森林资源的可持续性往往关注不够。生态效益补偿制度始终是解决此类矛盾最行之有效的办法。但是，由于南方集体林区 10 省份经济社会发展程度差距较大，导致制定统一的生态效益补偿标准和办法较困难。因此，南方集体林区生态效益补偿应构建国家层面与省域层面的双向补偿制度。

生态服务付费（PES）或生态效益付费（PEB）是目前国际上比较通用的"生态补偿"原则，共有四种具体方式：一是私人直接补偿，通常被称为"自愿补偿"或"自愿市场"，是购买者在没有任何管理动机的情况下进行交易的；二是公共直接补偿，通常被称为"公共补偿"或"公共市场"，是由政府直接向提供生态服务的农村土地所有或其他提供者给予资金补偿的一种方式；三是生态产品认证计划，通过这个计划，消费者可以通过选择，为经独立的第三方根据标准认证的生态友好性产品提供补偿；四是限额交易计划，首先由政府或者其他授权管理机构对生态系统的退化或者一定条件下的破坏量设定一个上限，然后创建一个市场，获得一个市场价格，通过这种"信用限额"的市场交易来达到经济补偿的目的。

建立生态补偿制度，政府与市场均可以发挥重要作用，但是在中国当前的森林补偿状态下，仍然要以政府提供补偿为主体，政府的主导性作用不可替代。而在政府补偿制度中，由于地方省级政府发展差异性较大，财力不足，则往往是依靠中央政府的补偿制度为主。南方集体林区应该进一步创新生态补偿制度，国家层面可根据南方集体林区森林资源分布与实际经济发展状况制定生态补偿制度的最低标准，由国家出资进行生态补偿最低标准的财政拨付。同时，南方集体林区 10 省份根据自身经济社会以及林业经济发展实际制定差别生态补偿，差别生态补偿由各省份财政自行负担。与此同时，应大力提倡与鼓励其他形式的补偿制度，充分发挥市场在生态补偿中的重要作用，为由森林资源保护与生态恢复给林农、林户实际经营造成的损失双重保障，激发林农生产积极性，实现集体林权改革的真正目的。

9.3.2 鼓励与推动林业生产经营创新

当前，南方集体林区的一些地方，林农合作组织主要以林场、专业合作社等形式存在，但存在数量较少，能力较弱，并没有真正发挥其应有的作用。因此，在林业经济有效转型的过程中必须充分发挥政府对市场的调节和引导作用，建立有效的互促机制，促进行政法治与经济社会的耦合发展。围绕南方集体林区林业经营模式单一的问题，应进一步建立与完善相关配套制度。

（1）建立与完善农民技术培训制度。

随着南方集体林区林权改革的逐步完成，林农逐渐在林业生产与经营过程中担任主体，但林农的技术知识储备有限，经营理念与思想不够开放与活跃，导致林农对风险的地域能力偏低，因此，林改后林农对各种技术培训的需求将会进一步旺盛，而当前南方林区开展的各种培训数量较少，且很多培训往往存在作秀之嫌，有些培训只是针对干部，远离农民需求。而林农则希望在林业经营转型过程中，接受各类实用的林业技术与经营理念，比如具有南方集体林区特色的毛竹栽培、垦复、挖冬笋等技术以及新树种的推广技术等培训。因此，必须发挥政府在林农培训中的主体地位，整合社会有限资源，逐步建立适合地方林业经济发展的农户技术培训制度，并制定相应的制度安排，专人专管，特事特办，保障农户技术培训真正发挥实际作用。同时，鼓励类似合作社管理小法等创新培训制度作为农户林业技术培训机制的有效补充。

（2）加强林业经营主体的制度的实施与监管。

当前，林业合作社在南方集体林区的生产经营中仍占有主要地位，尽管林农合作社各项林业资源管理制度、会议制度、工作制度、木材采伐和销售程序、协议办理制度、林场管理人员的职责与林农的责任与义务制度等都有明确的规定，但相关制度的落实却存在极大的问题。尽管林农在生产环节享受到了林场不断完善的林业基础设施、提供护林、运输、调解纠纷等服务带来的生产成本和劳动投入大大下降，从而获取收益的好处，但是这些收益的获得是通过林农向林场让渡林木的销售经营权来实现的,从林木的销售商品链角度看,林农完全处于商品链条的最底层,而且地位相对被动。除此之外,林农普遍对林场或者合作社的财务收支及运作状况不够了解,由于林产管理信息不够透明,使得林农对于林场的内部管理和运作也存在很大疑虑,而且林场管理者对于砍伐指标和林木经营的控制也是导致利益分配不公平存在、引起部分林农不满的主要原因。

因此,政府层面必须进一步加强林业经营主体相关规章制度的监管,有效监督林业经营主体管理制度体系的建立与执行情况,同时可以发挥市场机制的作用,适时引入第三方监管机构,多层次,多渠道地保证林业经营主体经营决策过程的透明度,从根本上保障农户利益,充分调动农户的积极性,促进南方集体林区的持续稳健发展。

(3)建立与完善林业品牌支撑的政策保障制度。

目前,南方集体林区的经营主体林业合作社或林场,其组建方式仍然是以林农中的"能人"带动为主,以部分林农的积极参与为辅。而林农普遍对合作社发展的相关政策缺乏认知,不清楚合作社成立和运行的制度规范、办理程序,以及没有认识到联合生产模式具有更高收益的前提下,以合作社等为联合体进行联合生产经营将难以实现。因此,林农的致富能人应该首先充分认识林农联合经营的优势所在,其次才能成为联合经营模式的组织者和带动者。经考察比对,长期以来,南方林业部门的政策研究一直致力于政策的科学性和有效性,科学与合理的方法是林业政策研究和分析的主要手段,专家和专业技能充当重要角色,林业管理定位亟待调整。将参与式方法用于林业决策和管理,将有效推动"部门林业"向"社会林业"的转变,计划经济体制形成的传统"命令服从型"管理模式,已不适应林业形势发展的变化,将逐渐被市场经济体制下的"引导服务型"管理模式取代。

9.3.3 加快建立林业金融支撑保障制度

目前,尽管多部门联合出台了关于建立加快林业发展的金融支撑体系的相关政策，但关于林业小额贷款和森林保险的相关政策还处于模糊阶段。操作性强、吸引力大、惠农程度高、方便易行、效果明显的金融支撑保障机制尚未建立起来，主要原因体现在林业生产自身的弱质性，激励机制和考评机制缺位，金融企业的投资偏好等三个方面。

林权贷款大致体现出三种不同的模式：一是成立担保公司。这种担保公司多数由民间发起设立，主要目的是降低金融机构贷款风险的同时，提高金融机构向林农发放贷款的效率与额度。具体是吸引林业生产的大户入股发起设立担保公司，有贷款意向的林农在与担保公司办理完担保手续之后向金融机构申请林业授信，金融机构发放贷款后，担保公司按照协议自动履行担保义务，担保费用一般按照金融机构的授信额度按比例计收。二是构建信用平台。该信用平台由国有资产公司和信用协会构成，通常由国有资产公司按照林农和林业企业意愿，统一向金融机构申请林业授信，然后国有资产公司再向林农和林业企业进行林权抵押贷款的发放，而林业信用协会则主要承担林农和林业企业的信用评估工作，只有信用评估合格的林农和林业企业，才可以向国有资产公司申请林业贷款。三是林权证直接抵押贷款。林权所有者持有资源评估中心的评估审核材料可以直接与金融机构办理林权抵押贷款，林权所有者将贷款合同等有关资料报林权登记管理中心审批，审批合格发放林权他项权证，金融机构在拿到他项权证之后向林权所有者发放贷款。

9.3.4　加快建立林业风险保障制度

当前，部分省区林业风险性应对措施仍然不足，林农林木经营风险大。森林经营管理政策在应对突发事件时缺乏一定的灵活性，无法帮助普通林农保障当年的收益。例如，在 2008 年初南方出现冰雪灾害时，政府并没有及时出台相应的政策来鼓励林农利用被大雪压坏的树木，而是仅仅允许乡林业站工作人员拖出山林里的死树，使得林农损失惨重，据部分林农估计，恢复灾前的林木资源水平至少需要 5 年左右的时间。此外，火灾和虫灾也都是森林经营面临的重大风险。相对于农作物生产，林产品有着生产周期长、投资规模大的特点，一旦遇到自然灾害，依靠林业收入为主要生计来源的林农便几乎完全暴露在风险之下。因此，加快建立与完善林业风险保障机制是南方集体林区林业经济转型发展的有效保障。而森林保险仍然是目前防范林业风险的最有效方法之一，但是，森林保险不仅涉及许多林业技术问题，而且往往需要跋山涉水，是一项较复杂且艰苦的工作，承保公司的保险成本较高，导致很多保险公司参与森林保险的积极性不高。因此，如果没有政府或者林业部门的有效介入和参与，森林保险的市场化操作是很难进行与推进的。政府部门应配合林业主管部门尽快建立林业风险的保障制度，制定有效措施积极引导和鼓励以保险公司为主体的社会资源参与森林保险，通过适时介入与干预，合理调配社会有限资源，保障森林保险的持续推进。

9.4　本章小结

　　本章主要针对南方集体林区依法行政与经济转型耦合发展的保障对策进行了研究。结合南方集体林区当前行政法治与林业经济发展的实际，首先给出了依法行政保障对策，其次分析了经济转型保障对策，在此基础上最终对南方集体林区依法行政与经济转型耦合发展的保障对策进行深入分析。其中依法行政保障对策主要关注了行政人员法治思维意识长期培育和有限录用制度、责任追究倒查与责任终身追究制度、权力监督制约制度以及依法行政的激励诱导制度四个方面。经济转型保障对策重点关注了动态产业优化、生态抚育制度、科教兴林互促发展和社会服务保障制度。最后，结合依法行政与经济转型的内生互促机制，主要从生态效益补偿制度、林业生产经营创新、林业金融支撑保障制度以及林业风险保障制度系统论述了政府行政与林业经济转型发展互促共进的配套保障措施。

结　论

　　本书以法经济学理论、依法行政理论、经济转型理论、系统耦合理论以及可持续发展理论为基础，把南方集体林区依法行政与经济转型的耦合分析与数量评价相结合，并提出了南方集体林区依法行政与经济转型耦合发展的评价体系与保障机制，以此作为本书研究的基本思路。本书从南方集体林区依法行政与经济转型耦合发展的现实依据与理论基础出发，通过对二者耦合的运行机理以及功能、结构及耦合路径的系统分析，运用灰色系统理论筛选二者耦合发展的关键影响因素，构建评价指标体系，并利用极差方法、距离协调度以及灰色关联度模型构建一套完整的耦合度测量方法体系，在确定指标权重的基础上，以广东省为例对南方集体林区依法行政与经济转型系统耦合度进行评测，在此基础上提出南方集体林区依法行政与经济转型耦合发展的保障机制。本书立足于南方集体林区依法行政与经济转型耦合发展这一经济发展的重要过程，基于经济学分析的角度研究南方集体林区依法行政与经济转型的内涵、特征及运行机理，并运用系统耦合理论，基于管理学的角度分析南方集体林区依法行政与经济转型的耦合过程，力求理论与实践相结合。纵观全文的研究可得出以下结论：

　　（1）系统耦合理论为全面理解集体林区法治建设与经济发展关系提供了可能。以"法经济学"为理论支撑，以"系统耦合理论"为方法支撑，在集体林范畴下研究"依法行政"与"经济转型"的耦合发展问题，把"依法行政"与"经济转型"的耦合效应作为南方集体林区可持续发展的有效支撑，

243

较系统地在集体林范畴下对依法行政与经济转型耦合发展的演化机理和影响因素进行了分析，属于多领域的融合研究。总体而言，系统耦合理论为全面理解集体林区法治建设与经济发展的关系提供了可能，这种耦合角度的研究范式进一步完善了法治建设与经济发展关系的统一框架。

（2）"三维"分析视角可以更全面地揭示依法行政与经济转型系统的耦合关系。基于南方集体林区依法行政与经济转型耦合发展的关键影响因素，引入"主分量""序参量""子系统"的层次概念来反映集体林区依法行政与经济转型系统内各要素之间以及子系统之间的关系变动。从"三维"视角分别对行政经济主分量各序参量之间、行政经济主分量与子系统之间以及各子系统之间的耦合机理进行深入研究，有助于进一步厘清序参量与子系统要素间的耦合关系。

（3）依法行政与经济转型的耦合属于多属性复杂耦合系统。二者的耦合系统首先是一个开放的动态平衡系统，系统内部的非线性作用使得系统动态地处于涨落起伏状态，同时又通过与外界物质、能量与信息的交换使得系统相对有序的状态得以实现。其次，耦合系统内部各子系统之间的自组织性可以在外部环境变化时推动系统朝着耦合目标发展。最后，依法行政与经济转型耦合系统的变化动力直接表现为系统的优化与控制，是系统动态反馈使得系统向有序状态演变的内部动力过程。因此，从某种意义上说，依法行政与经济转型的耦合是一个包含耗散结构特性、协同特性以及系统动力学特性在内的多属性复杂耦合系统。

（4）灰色系统理论是建立耦合度测量体系的有效方法。构建了依法行政与经济转型耦合度测量的指标体系与方法体系。根据南方集体林区依法行政与经济转型耦合发展的运行特点，本书尝试运用灰色系统理论构建信息挖掘模型，有效辨识南方集体林区依法行政与经济转型耦合发展的关键影响因素，并基于系统耦合理论有效整合关键因素相关信息，进一步构建了依法行政与经济转型耦合度测量指标体系。综合运用极差方法、距离协调度和灰色关联度模型构建南方集体林区依法行政与经济转型系统耦合度评测方法体系。

（5）对广东省的实证研究进一步验证了耦合度测量体系的可行性。基于已建立的南方集体林区依法行政与经济转型耦合发展评价指标体系和耦合度评测方法体系，结合广东省的实际指标数据，对广东省集体林区依法行政与经济转型系统的耦合度进行了实证评测与分析。研究结果表明，广东省集体林区依法行政与经济转型系统主分量与各子系统之间的耦合度在 2007~2017 年间均经历了由拮抗耦合到磨合耦合的发展过程，其中 2011 年为较关键的过渡时间节点。但需要注意的是，广东省集体林区依法行政与经济转型系统的整体耦合度在近两年有加速回落迹象，可能是由于外围经济环境的变化以及林改后突出矛盾仍然没得到有效缓解的结果。

综上所述，本书在南方集体林区依法行政与经济转型耦合发展相关理论分析的基础上，建立了南方集体林区依法行政与经济转型的内生关系，不仅对依法行政与经济转型耦合的机理及结构、功能等进行了分析，而且在二者耦合的外延上也有了很大的扩展。有效整合了南方集体林区依法行政与经济转型发展的构成要素，对南方集体林区依法行政与经济转型系统的耦合度进行客观表征，并通过实证研究给出二者耦合发展的保障对策。要想有效化解南方集体林区林改后的主要矛盾，推动经济社会的可持续发展，就必须充分发挥政府在市场中的调节作用，因此，在经济新常态时期，以一个新的视角重新审视政府行政行为与经济发展的关系应该成为新的课题。

本书的研究不足：

（1）从耦合角度虽然能全面勾勒依法行政与经济转型的内生关系，但二者具体的相互作用过程还需要结合实际情况进行客观辨识，且该研究只是尝试从一个新的视角理解依法行政与经济转型的关系状态，在用耦合度来判断依法行政与经济转型耦合状态时，基点标准如何选择会影响最终辨识的结果，且辨识结果具有相对性。

（2）本书尝试从一个较广范围的地理尺度对集体林区依法行政与经济转型内生关系在不同阶段的真实表征以及内外部因素干扰对于二者耦合关系的影响，但是受限于各地区统计口径与数据的限制，使得本书没能对南方集体林区依法行政与经济转型全系统的耦合关系进行实证检验，只是针对广东省集体林区二者耦合关系进行了实证研究，但其实证结果具体到某一个微观区域可能会出现一定的偏差。

（3）在构建南方集体林区依法行政与经济转型耦合发展的评价指标体系时，指标的选取虽然尽可能多的选择了具有代表性和关键性的指标，但仍有一些指标由于数据的限制以及区域间的差异没能入选，一定程度上对客观情况的反应会有些许偏差。

南方集体林区依法行政与经济转型耦合
发展关键影响因子调查表

　　为了构建一个有效的南方集体林区依法行政与经济转型系统耦合关键影响因子集，在汇总、分类和分析众多专家学者意见的基础上，特设计此调查表，用于各影响因子的重要程度及相关数据的调查，以提取主成分因素。

　　该表每个问题下都有若干个参考的考虑因素，其重要程度由低到高提供七种选择，请根据贵单位的实际情况，在合适的"□"内打"√"；电子版调查表请用"√"替换"□"。

　　（选择项提供 7 点数值量表，1 表示非常不重要——→7 表示非常重要）

　　1. 贵单位是否考虑过依法行政与经济转型耦合的影响因子？

　　2. 对于资源条件的考虑因素？测评数据是否易获得？

	1	2	3	4	5	6	7	易得	不易得
（1）森林覆盖率	□	□	□	□	□	□	□	□	□
（2）天然林比重	□	□	□	□	□	□	□	□	□
（3）林地可开发利用率	□	□	□	□	□	□	□	□	□
（4）林业资源质量	□	□	□	□	□	□	□	□	□
（5）林业资源结合度	□	□	□	□	□	□	□	□	□
（6）林业资源规模	□	□	□	□	□	□	□	□	□

（7）森林蓄积量相对百分比　□　□　□　□　□　□　□　□

（8）森林生长率　□　□　□　□　□　□　□　□

（9）林地坡度　□　□　□　□　□　□　□　□

（10）工业三废综合利用率　□　□　□　□　□　□　□　□

（11）木产品垃圾综合利用率　□　□　□　□　□　□　□　□

（12）树根回收利用率　□　□　□　□　□　□　□　□

（13）其他影响因素（请注明）

　　_____　□　□　□　□　□　□　□　□

　　_____　□　□　□　□　□　□　□　□

　　_____　□　□　□　□　□　□　□　□

3. 对于经济环境的考虑因素？测评数据是否易获得？

	1	2	3	4	5	6	7	易得	不易得
（1）地区生产总值（GDP）	□	□	□	□	□	□	□	□	□
（2）地区生产总值增速	□	□	□	□	□	□	□	□	□
（3）地区生产总值占全国比重	□	□	□	□	□	□	□	□	□
（4）地区财政收入	□	□	□	□	□	□	□	□	□
（5）固定资产投资	□	□	□	□	□	□	□	□	□
（6）人均 GDP 相对水平	□	□	□	□	□	□	□	□	□
（7）人均财政收入	□	□	□	□	□	□	□	□	□
（8）人均固定资产投资	□	□	□	□	□	□	□	□	□

（9）其他影响因素（请注明）

　　_____　□　□　□　□　□　□　□　□

　　_____　□　□　□　□　□　□　□　□

　　_____　□　□　□　□　□　□　□　□

4. 对于科技创新水平的考虑因素？测评数据是否易获得？

	1	2	3	4	5	6	7	易得	不易得
（1）高校及各类科研机构数量	□	□	□	□	□	□	□	□	□
（2）林业科技人员数量	□	□	□	□	□	□	□	□	□

（3）林业科技人员占地区人口比重 ☐ ☐ ☐ ☐ ☐ ☐ ☐ ☐ ☐

（4）年林业科技论文发表数量 ☐ ☐ ☐ ☐ ☐ ☐ ☐ ☐ ☐

（5）年林业科技课题数量 ☐ ☐ ☐ ☐ ☐ ☐ ☐ ☐ ☐

（6）年林业科技发明专利数 ☐ ☐ ☐ ☐ ☐ ☐ ☐ ☐ ☐

（7）林业科技产业产值 ☐ ☐ ☐ ☐ ☐ ☐ ☐ ☐ ☐

（8）其他影响因素（请注明）

_____ ☐ ☐ ☐ ☐ ☐ ☐ ☐ ☐ ☐

_____ ☐ ☐ ☐ ☐ ☐ ☐ ☐ ☐ ☐

_____ ☐ ☐ ☐ ☐ ☐ ☐ ☐ ☐ ☐

5. 对于人文与地理环境的考虑因素？测评数据是否易获得？

	1	2	3	4	5	6	7	易得	不易得
（1）国外留学生数量	☐	☐	☐	☐	☐	☐	☐	☐	☐
（2）高等教育水平人口比重	☐	☐	☐	☐	☐	☐	☐	☐	☐
（3）硕士以上学历人口占比	☐	☐	☐	☐	☐	☐	☐	☐	☐
（4）人才净流入情况	☐	☐	☐	☐	☐	☐	☐	☐	☐
（5）教育培训总人次比重	☐	☐	☐	☐	☐	☐	☐	☐	☐
（6）文化基础设施建设投资比重	☐	☐	☐	☐	☐	☐	☐	☐	☐
（7）教育投入占 GDP 比重	☐	☐	☐	☐	☐	☐	☐	☐	☐
（8）游客平均满意度	☐	☐	☐	☐	☐	☐	☐	☐	☐
（9）物流基础设施建设投资比重	☐	☐	☐	☐	☐	☐	☐	☐	☐

（10）其他影响因素（请注明）

_____ ☐ ☐ ☐ ☐ ☐ ☐ ☐ ☐ ☐

_____ ☐ ☐ ☐ ☐ ☐ ☐ ☐ ☐ ☐

_____ ☐ ☐ ☐ ☐ ☐ ☐ ☐ ☐ ☐

6. 对于资金与市场需求状况的考虑因素？测评数据是否易获得？

	1	2	3	4	5	6	7	易得	不易得
（1）区域金融机构数量	☐	☐	☐	☐	☐	☐	☐	☐	☐

（2）金融机构林业授信比重　□　□　□　□　□　□　□　□　□

（3）林业产品市场占有率　□　□　□　□　□　□　□　□　□

（4）金融机构存贷比　□　□　□　□　□　□　□　□　□

（5）担保机构数量　□　□　□　□　□　□　□　□　□

（6）完善的信用担保体系　□　□　□　□　□　□　□　□　□

（7）其他影响因素（请注明）

_____　□　□　□　□　□　□　□　□　□

_____　□　□　□　□　□　□　□　□　□

_____　□　□　□　□　□　□　□　□　□

7. 对于产业环境的考虑因素？测评数据是否易获得？

	1	2	3	4	5	6	7	易得	不易得
（1）林业产业产值	□	□	□	□	□	□	□	□	□
（2）林业产业企业年均净利润	□	□	□	□	□	□	□	□	□
（3）林业产业产值增长速度	□	□	□	□	□	□	□	□	□
（4）企业资产贡献率	□	□	□	□	□	□	□	□	□
（5）全员劳动生产率	□	□	□	□	□	□	□	□	□
（6）万元产值林地投入降低百分比	□	□	□	□	□	□	□	□	□
（7）林业产业从业人员数量	□	□	□	□	□	□	□	□	□
（8）木产品消费量增长率	□	□	□	□	□	□	□	□	□
（9）林地利用率	□	□	□	□	□	□	□	□	□
（10）木材利用率	□	□	□	□	□	□	□	□	□
（11）一次性林业产品比率	□	□	□	□	□	□	□	□	□
（12）一次性林业产品产量降低百分比	□	□	□	□	□	□	□	□	□
（13）污水处理循环利用率	□	□	□	□	□	□	□	□	□
（14）森林资源恢复比率	□	□	□	□	□	□	□	□	□
（15）人均木材消费量降低百分比	□	□	□	□	□	□	□	□	□
（16）万元产值耗损木材降低百分比	□	□	□	□	□	□	□	□	□
（17）成本费用利润率	□	□	□	□	□	□	□	□	□

（18）其他影响因素（请注明）

    ＿＿＿＿＿＿＿＿＿＿＿＿   □ □ □ □ □ □ □ □ □

    ＿＿＿＿＿＿＿＿＿＿＿＿   □ □ □ □ □ □ □ □ □

    ＿＿＿＿＿＿＿＿＿＿＿＿   □ □ □ □ □ □ □ □ □

8. 对于执政环境的考虑因素？测评数据是否易获得？

	1	2	3	4	5	6	7	易得	不易得
（1）地区法律法规完善程度	□	□	□	□	□	□	□	□	□
（2）政府行政办事效率	□	□	□	□	□	□	□	□	□
（3）林业产业优惠政策情况	□	□	□	□	□	□	□	□	□
（4）依法行政水平	□	□	□	□	□	□	□	□	□
（5）专项政策制定的连续性	□	□	□	□	□	□	□	□	□
（6）政府行政满意度	□	□	□	□	□	□	□	□	□
（7）人才培养与引进政策	□	□	□	□	□	□	□	□	□
（8）年均专项政策修订情况	□	□	□	□	□	□	□	□	□
（9）年均专项政策制定情况	□	□	□	□	□	□	□	□	□

（10）其他影响因素（请注明）

    ＿＿＿＿＿＿＿＿＿＿＿＿＿＿＿   □ □ □ □ □ □ □ □ □

    ＿＿＿＿＿＿＿＿＿＿＿＿＿＿＿   □ □ □ □ □ □ □ □ □

    ＿＿＿＿＿＿＿＿＿＿＿＿＿＿＿   □ □ □ □ □ □ □ □ □

9. 除以上因素外，贵单位认为促进南方集体林区依法行政与经济转型系统耦合还应考虑哪些方面和因素？

说明：本表为无记名调查表，所有数据仅用于规划项目的研究，我们承诺对您提供的数据严格保密，希望贵单位能给予支持和合作，在此深表谢意！

参考文献

［1］白志朋．基层林业部门依法行政难点及对策［J］．农民致富之友，2017（22）：39.

［2］毕艳红．依法行政中的权、责、利［J］．前沿，2008（11）：112－116.

［3］波纳斯．法律的经济分析［M］．苏力，译．北京：法律出版社，2005：75－78.

［4］曹洪华．生态文明视角下流域生态－经济系统耦合模式研究：以洱海流域为例［D］．长春：东北师范大学，2014.

［5］陈海．我国行政许可法的亮点与实施中的困境［J］．内蒙古师范大学学报，2008（11）：70－73.

［6］陈世清．对称经济学［M］．北京：中国时代经济出版社，2010.

［7］陈世清．经济领域的哥白尼革命［M］．北京：中国时代经济出版社，2010.

［8］陈昱．对做好林业行政执法工作的思考［J］．国家林业局管理干部学院学报，2017（3）：19－22.

［9］池英剑．浅谈耗散结构理论的应用和科学价值［J］．三明高等专科学校学报，2002（2）：104－108.

［10］丛中笑．法与经济之学：法经济学与经济法学［J］．当代法学，2011（2）：105－112.

［11］丁锋，陈克伟．中国依法行政发展报告［J］．中国法律，2010

（3）：39-40.

[12] 董沛武，张雪舟．林业产业与森林生态系统耦合度测度研究 [J]．中国软科学，2013（11）：178-184.

[13] 董孝斌，高旺盛．关于系统耦合理论的探讨 [J]．中国农学通报，2005（1）：290-292.

[14] 豆志杰．农业生态安全与农产品质量安全耦合系统协同发展研究：以吉林省为例 [D]．长春：吉林农业大学，2013.

[15] 杜璇，温薇．大力发展非林产业 加速林业经济转型：关于黑龙江省发展林业经济的思考 [J]．中国城市经济，2011（18）：61.

[16] 范从来．我国转型经济学的研究与展望 [J]．中国经济问题，2007（2）：3-8.

[17] 方钦．经济学制度分析的源流、误识及其未来 [J]．南方经济，2018（12）：98-128.

[18] 方韧．"法律人"与"经济人"的比较分析 [J]．贵州社会科学，2005（5）：69-71.

[19] 冯雪艳．改革开放40年中国可持续发展理论的演进 [J]．现代管理科学，2018（6）：27-29.

[20] 冯玉军．法经济学范式 [M]．北京：清华大学出版社，2009.

[21] 冯玉军．法律经济分析的理论前提 [J]．甘肃理论学刊，2000（3）：68-72.

[22] 冯玉军．中国法经济学应用研究 [M]．北京：法律出版社，2006.

[23] 高大权，郑小燕．浅议农村合作经济组织发展中的政府职能 [J]．全国商情（经济理论研究），2009（7）：34-36.

[24] 高明．林业行政执法问题研究 [J]．江西农业，2018（6）：97.

[25] 耿玉德，张朝辉．东北国有林区林业产业生态系统的关键种企业识别研究 [J]．林业经济问题，2013（6）：481-488.

[26] 郭凤城．产业群、城市群的耦合与区域经济发展 [D]．长春：吉林大学，2008.

［27］郭济. 建设法治政府：中国近十年来依法行政回顾与展望［J］. 中国行政管理，2006（1）：47 –53.

［28］郭卫菊. 基层乡镇林业行政科学管理探究［J］. 南方农业，2015（24）：119 –120.

［29］洪银兴. 中国经济转型与转型经济学［J］. 经济学动态，2006（7）：26 –31.

［30］胡建淼. 走向法治强国［M］. 北京：法律出版社，2016.

［31］胡明形，陈文汇，刘俊昌，等. 林权制度改革后南方集体林经营管理模式与机制研究［M］. 北京：中国林业出版社，2014.

［32］胡晓进.1987 年前后美国宪法在中国的翻译与传播［J］. 史学月刊，2018（12）：89 –97.

［33］胡亦琴，王洪远. 现代服务业与农业耦合发展路径选择：以浙江省为例［J］. 农业技术经济，2014（4）：25 –33.

［34］黄剑坚，王保前. 我国系统耦合理论和耦合系统在生态系统中的研究进展［J］. 防护林科技，2012（5）：57 –61.

［35］黄雪菊，白彦锋，姜春前，等. 森林可持续经营标准和指标体系研究［J］. 林业经济，2015（6）：108 –111.

［36］纪小梅. 林业行政执法评议考核制度初探［J］. 经贸实践，2017（17）：156 –157.

［37］姜冬梅. 关于我国森林生态效益补偿机制的研究［J］. 科技创新与应用，2016（33）：286.

［38］姜作培. 以结构调整推进中国经济整体转型［J］国家行政学院学报，2009（10）：21 –24.

［39］蒋天颖，华明浩，许强，等. 区域创新与城市化耦合发展机制及其空间分异：以浙江省为例［J］. 经济地理，2014（6）：25 –32.

［40］焦方义，任嘉嵩. 中国经济转型需要践行依法行政［J］. 社会科学研究，2015（3）：25 –29.

［41］焦建国. 没有纯粹的经济学研究［J］. 经济与管理研究，2006

（2）：90－92.

［42］接剑桥，姚玉梅．法律与经济的契合：哲学视域下经济决定法律的论证［J］.法制与社会，2008（11）：126－128.

［43］景维民，黄秋菊．转型经济学的学科定位与展望［J］.东岳论丛，2010（3）：5－9.

［44］赖先进．发挥村规民约在社会治理中的耦合协同效应和作用［J］.科学社会主义，2017（2）：33－38.

［45］黎禹，刘俊昌，陈文汇，等．张家口市国有林场改革研究［J］.西北林学院学报，2010（6）：235－238.

［46］李成龙，刘智跃．产学研耦合互动对创新绩效影响的实证研究［J］.科研管理，2013（3）：23－30.

［47］李尔彬．林区发展循环经济模式及支撑体系研究［D］.哈尔滨：东北林业大学，2008.

［48］李明．农村生态住区建设系统耦合研究［J］.华中科技大学，2010：29－30.

［49］李荣华．上海合作组织的内部制约因素耦合分析［J］.特区经济，2007（3）：58－59.

［50］联合国粮食及农业组织．南方集体林区森林经营政策研究［M］.北京：中国农业出版社，2013.

［51］梁媚．浅析波斯纳的法律经济分析［J］.法制与经济，2008（8）：91　92.

［52］刘美平．从两级结构到多元结构：中国转型经济学的基本范式［J］.经济经纬，2002（5）：12－18.

［53］刘晓楠，韩梦．黑龙江森工林业经济转型发展研究［J］.现代商业，2018（14）：144－145.

［54］刘艳艳，王少剑．珠三角地区城市化与生态环境的交互胁迫关系及耦合协调度［J］.人文地理2015（3）：64－71.

［55］陆燕春，张瑾瑜．区域技术吸纳效率与产业结构的空间特征及耦

合关系［J］. 软科学，2018（12）：29 - 34.

　　［56］逯进，陈阳，郭志仪. 社会福利、经济增长与区域发展差异：基于中国省域数据的耦合实证分析［J］. 中国人口科学，2012（3）：31 - 43.

　　［57］罗必良，高岚. 集体林权制度改革：广东的实践与模式创新［M］. 北京：中国农业出版社，2013：89 - 90.

　　［58］罗子媛，何宜庆，毛华. 华东地区金融集聚与经济发展耦合关系研究［J］. 企业经济，2013（8）：135 - 138.

　　［59］马超，李冀，严汉平. 中国转型经济学的演进及研究范式评述［J］. 人文杂志，2010（4）：83 - 88.

　　［60］马文学. 伊春国有林区生态保护与经济转型问题研究［J］. 东北林业大学，2012：78 - 83.

　　［61］孟华，朱其忠. 熵、耗散结构理论与价值网络系统演进［J］. 经济论坛，2019（1）：6.

　　［62］钱弘道. 法律的经济分析［M］. 北京：清华大学出版社，2006.

　　［63］钱弘道. 法律的经济分析方法评判［J］. 法制与社会发展，2005（3）：116 - 122.

　　［64］邱栩，黄凌云，刘丰波. 南方集体林区县域普惠林业金融发展策略分析：以福建省尤溪县"福林贷"为案例［J］. 中国林业经济，2018（6）：5 - 8.

　　［65］曲德森. 论工商行政管理的特性［J］. 中国工商管理研究，2012（7）：40 - 43.

　　［66］沈明高. 中国经济转型的动力［J］. 金融发展评论，2010（11）：20 - 27.

　　［67］史浚. 森林生态效益补偿政策进展与经济探究［J］. 绿色科技，2018（12）：243 - 244.

　　［68］舒小林，高应蓓，张元霞，等. 旅游产业与生态文明城市耦合关系及协调发展研究［J］. 中国人口·资源与环境，2015（3）：82 - 90.

　　［69］田国强. 中国经济转型的内涵特征与现实瓶颈解读［J］. 人民论

坛，2012（35）：13-17.

［70］田国强．中国经济转型的内涵特征与现实瓶颈解读［J］．人民论坛，2012（35）：22-25.

［71］田家勇．完善林业行政执法内容的策略分析［J］．南方农业，2016（12）：109-110.

［72］汪守权．推进林业综合行政执法改革若干问题的思考［J］．绿色科技，2018（19）：104.

［73］王宪．建立和完善森林生态效益补偿机制的若干思考［J］．农业科技通讯，2018（10）：19-22.

［74］王凯伟，周波．基于模糊综合评价法的地方政府依法行政监督实施效果评估［J］．中国行政管理，2011（6）：105-110.

［75］王明正．法经济学学科定义文献综述［J］．商业经济，2015（7）：166-168.

［76］王仁祥，杨曼．科技创新与金融创新耦合关系及其对经济效率的影响：来自35个国家的经验证据［J］．软科学，2015（1）：33-36.

［77］王伟华．对于林业经济转型与发展前景的探讨［J］．现代经济信息，2017（12）：23-24.

［78］王翔，李东，后士香．商业模式结构耦合对企业绩效的影响的实证研究［J］．科研管理，2015（7）：96-104.

［79］王艳萍．中国转型经济学20年：兼与国际比较［J］．外国经济学说与中国研究报告，2011（8）：15-16.

［80］王瑜炜，秦辉．中国信息化与新型工业化耦合格局及其变化机制分析［J］．经济地理，2014（2）：93-100.

［81］王志伟，徐俊杰．大兴安岭国有林区经济转型进程测度研究［J］．东北农业大学学报（社会科学版），2011（5）：11-13.

［82］吴翔鸥．推进依法行政要处理好三个关系［J］．奋斗，2013（4）：13-14.

［83］吴瑶．浅谈中国依法行政的历史沿革［J］．法制博览，2015

（36）：149.

[84] 吴用. 耦合系统的动力学分析及其应用 [J]. 重庆理工大学，2013：22-27.

[85] 伍艳梅. 金融对林业发展的支持策略 [N]. 金融时报，2018-06-11.

[86] 徐彬. 中国经济转型成本的阶段性特征分析 [J]. 价值工程，2011（5）：116-119.

[87] 徐秉晖. 论经济转型中的中国经济法 [D]. 重庆：西南政法大学，2009.

[88] 徐革. 我国大学图书馆电子资源绩效评价方法及其应用研究 [D]. 成都：西南交通大学，2006.

[89] 严俊杰. 洞庭湖区村落经济转型发展研究 [D]. 长沙：湖南农业大学，2014.

[90] 杨斌，刘晓宾. 中国经济转型问题研究综述与政策建议 [J]. 人文杂志，2012（5）：182-186.

[91] 杨成钢. 人口质量红利、产业转型和中国经济社会可持续发展 [J]. 东岳论丛，2018（1）：46-53.

[92] 杨慧平，吴勇，鲍文锋，尹瑞安. 关于新型林业生产经营主体培育与组织创新的思考 [J]. 农民致富之友，2018（18）：12-13.

[93] 姚介厚. 略论卢梭的社会契约论 [J]. 济南大学学报（社会科学版），2018（4）：61-65.

[94] 应松年. 论依法行政的基本条件 [J]. 国家行政学院学报，2008（4）：25-29.

[95] 于游. 我国林业行政执法改革问题探析 [J]. 经济师，2018（12）：80-81.

[96] 袁宇翔，梁龙武，付智，余国兴，刘嘉欣. 区域创新能力发展的环境耦合协同效应 [J]. 科技管理研究，2017（5）：9-14.

[97] 曾雄佩，信瑶瑶. 近代以来中国经济转型发展：理论探索与实证

研究的新进展 [J]. 中国经济史研究, 2018 (6): 175 – 178.

[98] 曾玉林. 我国林业经济体制转型的现实制度分析 [J]. 林业经济问题, 2007 (2): 166 – 169.

[99] 翟刚学. 论洛克与孟德斯鸠分权思想之差异 [J]. 山西高等学校社会科学学报, 2007 (7): 13 – 16.

[100] 张蓓蓓. 公务员依法行政能力建设中的问题及对策 [J]. 理论建设, 2012 (2): 110 – 111.

[101] 张家琛. 转型经济学的 "转型" 中外改革道路的对比与反思 [J]. 商业时代, 2012 (33): 14 – 15.

[102] 张雷. 现阶段我国依法行政的制约因素及对策研究 [J]. 河南社会科学, 2009 (4): 51 – 52.

[103] 张林, 李雨田. 金融发展与科技创新的系统耦合机理及耦合协调度研究 [J]. 南方金融, 2015 (11): 53 – 61.

[104] 张清. 解读列宁: 法律与经济的互动 [D]. 南京: 南京师范大学, 2002.

[105] 张双英. 法律经济分析原理的应用: 以私力救济为视角 [J]. 中国商界, 2010 (1): 247 – 248.

[106] 张涛. 西方法律经济分析的理论基础 [J]. 郑州大学学报 (哲学社会科学版), 2005 (2): 122 – 125.

[107] 张文龙. 城市化与产业生态化耦合发展研究 [D]. 广州: 暨南大学, 2009.

[108] 张晓玲. 可持续发展理论: 概念演变、维度与展望 [J]. 中国科学院院刊, 2018 (1): 10 – 16.

[109] 赵景欣. 林业供应链金融模式设计及政策影响分析 [J]. 经贸实践, 2018 (10): 157.

[110] 赵龙. 中国依法行政三十年回顾与总结 [J]. 中共贵州省委党校学报, 2009 (5): 23 – 27.

[111] 赵新华. 基于信息不对称条件的林业保险风险控制研究 [J]. 农

业经济，2011（5）：56 – 58.

[112] 赵宇翔. 中国林业生物安全风险评价与管理对策研究 [D]. 北京：北京林业大学，2012.

[113] 赵云君. 中国经济可持续发展研究观点综述 [J]. 经济纵横，2004（5）：57 – 60.

[114] 仲维维，张滨，张洪瑞. 国有林区林业经济转型博弈分析：基于大小兴安岭生态功能区建设 [J]. 林业经济，2017（12）：46 – 49.

[115] 周冰. 基于中国实践的转型经济学理论构建 [J]. 学术研究，2008（3）：53 – 60.

[116] 周雪，张颖. 森林火灾风险对林业经济发展的影响研究 [J]. 资源开发与市场，2014（10）：1198 – 1202.

[117] 周孜予，海梓晗. 全面停伐背景下完善林业行政执法的路径分析 [J]. 东北林业大学学报，2017（8）：105 – 109.

[118] 朱江涛，谢昌仁，蒋勇. 林业有害生物预警监测及风险评估 [J]. 中国林业，2012（4）：35.

[119] 朱文元. 可持续发展理论的基本认知 [J]. 地理科学进展，2008（3）：1 – 6.

[120] 邹力行. 用平衡思维方法研究中国经济可持续发展 [J]. 国际融资，2018（9）：23 – 27.

[121] 邹邹瑜. 法学大辞典 [M]. 北京：中国政法大学出版社，1991.

[122] Berglof E, Lin J Y, Radosevics. Transition Economics Meet New Structural Economics：Editorial Introduction [J]. Journal of Economic Policy Reform, 2015, 18（2）：89 – 95.

[123] Boehnert J. Anthropocene Economics and Design：Hetcrodox Economics for Design Transitions [J]. The Journal of Design, Economics, and Innovation, 2018, 4（4）：335 – 374.

[124] Cubbage F W, et al. Newman. Forest Policy Reformed：A United States Perspective [J]. Forest Policy and Economics, 2006（9）：25 – 27.

[125] Daly H E. Beyond Growth: The Economics of Sustainable Development [J]. Economia Esociedade, 1998 (4): 6.

[126] Geels F W. Phosphorus Uptake and Translocation in Field-Grown Maize after Application of Rare Earth-Containing Fertilizer [J]. Journal of Plant Nutrition, 2013 (9): 33 - 45.

[127] Ghordaf J E, Hbid M L, Arino O. A Mathematical Study of a Two-Regional Population Growth Model [J]. Comptes Rendus-Biologies, 2004, 327 (11): 977 - 982.

[128] Glück P. Property Rights and Multipurpose Mountain Forest Management [J]. Forest Policy and Economics, 2002, 4 (2): 125 - 134.

[129] Grin J, Rotmans J, Schot J. Transitions to Sustainable Development: New Directions in the Study of Long Term Transformative Change [M]. London: Routledge, 2010: 57 - 59.

[130] Lazdinis M, Carver A. Factors Influencing the Role of Non-Wood Forest Products and Services [J]. Forest Policy and Economics, 2005 (7): 112 - 121.

[131] Liu J L, Zhang S G, Ye J Z, et al. Forestry Revenue Policy in China: What Has Happened and Why [J]. International Forestry Review, 2004, 6 (3 - 4): 335 - 340.

[132] Mercuro N, Medema, S G. Economics and Law: From Posner to Pos-Modernism [M]. Princeton: Princeton University Press, 1997: 78 - 80.

[133] Miller S R. Regression System for Unbalanced Panel Data: A Stepwise Maximum Likelihood Procedure [J]. Econometrics, 2012 (11): 50 - 58.

[134] Sandulescu E, Wagner J E. Harvesting of Non-Timber Forest Products and Implications for Conservation in Two Montane Forests of East Africa [J]. Biological Conservation, 2007 (2): 55 - 61.

[135] Kant S. Economic Theory of Emerging Forest Property Rights [R/OL]. https: //www. fao. org/3/XII/0263-C1. htm, 2003.

［136］ Solarin S A, Shahbaz M, Hammoudeh S. Sustainable Economic Development in China: Modelling the Role of Hydroelectricity Consumption in a Multivariate Framework ［J］. Energy, 2019（2）: 516 – 531.

［137］ Stojanovska M, Miovska M. A Mathematical Study of a Two-Regional Population Growth Model ［J］. Comptes Rendus Biologies, 2014（11）: 75 – 82.

［138］ Wei D. Social Security and Demographic Trends: Theory and Evidence from the International Experience ［J］. Review of Economic Dynamics, 2014（8）: 76 – 82.

［139］ Williams C C, Millington A C. The Diverse and Contested Meanings of Sustainable Development ［J］. The Geographical Journal, 2004（2）: 99 – 104.

［140］ Yin R S, Xu J T, Li Z. Building Institutions for Markets: Experiences and Lessons from China's Rural Forest Sector ［J］. Environment, Development and Sustainability, 2003（5）: 33 – 37.

［141］ Yin X A, Liu Y M, Yang Z F, et al. Eco-Compensation Standards for Sustaining High Flow Events Below Hydropower Plants ［J］. Journal of Cleaner Production, 2018（10）: 1 – 7.